Die Abweichungskompetenz
der Länder gemäß Art. 72 Abs. 3 GG
im konkreten Fall des Naturschutzes
und der Landschaftspflege

Europäische Hochschulschriften

European University Studies

Publications Universitaires Européennes

Reihe II **Rechtswissenschaft**

Series II Law

Série II Droit

Band/Volume **5445**

Stefan Mark Felix Johannes Bröker

Die Abweichungskompetenz der Länder gemäß Art. 72 Abs. 3 GG im konkreten Fall des Naturschutzes und der Landschaftspflege

Eine Untersuchung am Beispiel der Naturschutzgesetze der Länder Brandenburg, Niedersachsen und Bayern

PL ACADEMIC RESEARCH

Bibliografische Information der Deutschen Nationalbibliothek
Die Deutsche Nationalbibliothek verzeichnet diese Publikation in der Deutschen Nationalbibliografie; detaillierte bibliografische Daten sind im Internet über http://dnb.d-nb.de abrufbar.

Zugl.: Frankfurt (Oder), Europa-Univ., Diss., 2012

Dissertation der juristischen Fakultät der Europa Universität Viadrina, Frankfurt (Oder)

Berichterstatter: Prof. Dr. Dr. h.c. Franz-Joseph Peine
Prof. Dr. Heinrich Amadeus Wolff

D 521
ISSN 0531-7312
ISBN 978-3-631-64074-6

Internationaler Verlag der Wissenschaften
Frankfurt am Main 2013

PL Academic Research ist ein Imprint der Peter Lang GmbH

www.peterlang.de

Meinen Eltern und meiner Frau

Inhaltsübersicht

Inhaltsverzeichnis

Abkürzungsverzeichnis

5. HRGÄndG	Das Fünfte Gesetz zur Änderung des Hochschulrahmengesetzes und anderer Vorschriften
a. A.	andere(r) Ansicht
a. E.	am Ende
a. F.	alte Fassung
ABl.	Amtsblatt der Europäischen Union
Abs.	Absatz
AEUV	Vertrag über die Arbeitsweise der Europäischen Union
AEUV	Vertrag über die Arbeitsweise der Europäischen Union
AK	Alternativkommentar
Alt.	Alternative
Anm.	Anmerkung
AöR	Archiv des öffentlichen Rechts (Zeitschrift)
Art.	Artikel
BauGB	Baugesetzbuch
BauO	Bauordnung
Bay	Bayern / bayerische(r)(s)
BayANL	Bayrische Akademie für Naturschutz und Landschaftspflege
BayNatSchG	Bayerisches Naturschutzgesetz
BayRS	Bayerische Rechtssammlung
BayVBL	Bayrische Verwaltungsblätter (Zeitschrift)
Bbg.	Brandenburg / brandenburgische(r)(s)
BbgNatSchAG	Brandenburgisches Ausführungsgesetz zum Bundesnaturschutzgesetz
BbgNatSchG	Brandenburgisches Naturschutzgesetz
Bd.	Band
Begr.	Begründung
ber.	berichtigt
BGBl.	Bundesgesetzblatt
BImSchG	Bundes-Immissionsschutzgesetz
BK	Bonner Kommentar
BMU	Bundesministerium für Umwelt, Naturschutz und Reaktorsicherheit
BNatSchG	Bundesnaturschutzgesetz

BNatSchGNeuregG	Gesetz zur Neuregelung des Rechts des Naturschutzes und der Landschaftspflege und zur Anpassung anderer Rechtsvorschriften
BR	Bundesrat
BRD	Bundesrepublik Deutschland
Brem.	Bremen/Bremische(r)(s)
BremNatG	Bremisches Gesetz über Naturschutz und Landschaftspflege
BSG	Bundessozialgericht
Bsp.	Beispiel
BT	Bundestag
BVerfG	BVerfG
BVerfGE	Bundesverfassungsgerichtsentscheidung
BVerfGG	Bundesverfassungsgerichtsgesetz
bzw.	beziehungsweise
CDU	Christlich Demokratische Union
CSU	Christlich-Soziale Union in Bayern
DDR	Deutsche Demokratische Republik
ders.	derselbe
DJZ	Deutsche Juristenzeitung
DÖV	Die Öffentliche Verwaltung (Zeitschrift)
DPMA	Deutsches Patent- und Markenamt
DRiZ	Deutsche Richterzeitung (Zeitschrift)
Drs.	Drucksache
DRZ	Deutsche Rechts-Zeitschrift
dt.	deutsch
DVBl	Deutsche Verwaltungsblätter (Zeitschrift)
E	Entwurf / Entscheidung
ebd.	ebenda
EG	Europäische Gemeinschaft
EGV	Vertrag zur Gründung der Europäischen Gemeinschaft
etc.	et cetera
EU	Europäische Union
EuGH	Europäischer Gerichtshof
EUV	Vertrag zur Gründung der Europäischen Union (Maastricht Vertrag)
EWG	Europäische Wirtschaftsgemeinschaft
f. (ff.)	folgende
FAZ	Frankfurter Allgemeine Zeitung
FDP	Freie Demokratischen Partei

Fn.	Fußnote
FS	Festschrift
FZU	Forschungszentrum Umweltrecht
g. F.	geltende Fassung
GBl. DDR	Gesetzblatt der Deutschen Demokratischen Republik
GewArch	Das Gewerbearchiv (Zeitschrift)
GG	Grundgesetz
HCh.E.	Herrenchiemsee-Entwurf
HENatG	Hessisches Naturschutzgesetz
HENatG	Hessische Naturschutzgesetz
Hmb.	Hamburg / hamburgische(r)(s)
HmbBNatSchAG	Hamburgisches Gesetz zur Ausführung des Bundesnaturschutzgesetzes
HRG	Hochschulrahmengesetz
HStR	Handbuch des Staatsrechts
i. E.	im Ergebnis
i. S. d.	im Sinne des/der
i. S. v.	im Sinne von
i. V. m.	in Verbindung mit
IUCN	World Conservation Union (früher: International Union for the Conservation of Nature and Natural Resources; dt.: Internationale Union für die Bewahrung der Natur und natürlicher Ressourcen)
IVU-RL	Richtlinie über die Integrierte Vermeidung und Verminderung der Umweltverschmutzung
JöR	Jahrbuch des öffentlichen Rechts der Gegenwart
JuS	Juristische Schulung (Zeitschrift)
JZ	Juristenzeitung (Zeitschrift)
Kz.	Kennziffer
LANA	Länderarbeitsgemeinschaft für Naturschutz
LG NRW	Landschaftsgesetz Nordrhein-Westfalen
L-NatSchG	Landesnaturschutzgesetz
LNatSchG S-H	Landesnaturschutzgesetz – Gesetz zum Schutz der Natur (Schleswig-Holstein)
LT	Landtag
m. w. N.	mit weiteren Nachweisen
MPIfG	Max-Planck-Institut für Gesellschaftsforschung
M-V	Mecklenburg-Vorpommern
n. F.	neue Fassung

NAGBNatSchG	Niedersächsisches Ausführungsgesetz zum Bundesnaturschutzgesetz
NatSchAG M-V	Gesetz des Landes Mecklenburg-Vorpommern zur Ausführung des Bundesnaturschutzgesetzes
Nds.	Niedersachsen / niedersächsische(r)(s)
Nds.VBl	Niedersächsische Verwaltungsblätter (Zeitschrift)
NJW	Neue juristische Wochenschrift (Zeitschrift)
NNatG	Niedersächsisches Naturschutzgesetz
NordÖR	Zeitschrift für Öffentliches Recht in Norddeutschland
Nr.	Nummer
NRW	Nordrhein-Westfalen
NRWVerf.	Nordrhein-Westfälischer Verfassungsgerichtshof
NuR	Natur und Recht (Zeitschrift)
NVwZ	Neue Zeitschrift für Verwaltungsrecht
OECD	Organisation for Economic Co-operation and Development (dt.: Organisation für wirtschaftliche Zusammenarbeit und Entwicklung)
OVG	Oberverwaltungsgericht
PdK	Praxis der Kommunalverwaltung
PISA	Programme for International Student Assessment
PVS	Politische Vierteljahreschrift (Zeitschrift)
R	Recht
RdA	Recht der Arbeit (Zeitschrift)
RG	Reichsgericht
RGBl	Reichsgesetzblatt
RL	Richtlinie
Rn.	Randnummer
RNatSchG	Reichsnaturschutzgesetz
R-P	Rheinland-Pfalz
Rs.	Rechtssache
RVerf.	Reichsverfassung
RVO	Rechtsverordnung
S.	Seite
s.	siehe
s. o.	siehe oben
s. u.	siehe unten
S-A	Sachsen-Anhalt
SH	Sonderheft
S-H	Schleswig-Holstein
Slg.	Sammlungen der Entscheidungen des Gerichtshofs

SPD	Sozialdemokratische Partei Deutschlands
SRU	Sachverständigenrat für Umweltfragen
SRÜ	Seerechtsübereinkommen der UN
StuR	Staat und Recht
TierSchG	Tierschutzgesetz
u.	und
UGB	Umweltgesetzbuch
UGB-KomE	Entwurf der Unabhängigen Sachverständigenkommission zum Umweltgesetzbuch
UmwR	Umweltrecht
UN	United Nations (deutsch. Vereinte Nationen)
UNESCO	United Nations Educational, Scientific and Cultural Organization (dt.: Organisation der Vereinten Nationen für Erziehung, Wissenschaft und Kultur)
UPR	Umwelt und Planungsrecht (Zeitschrift)
USA	United States of America (dt.: Vereinigte Staaten von Amerika)
v.	von
VBl.BW	Verwaltungsblätter für Baden-Württemberg
VerwArch	Verwaltungsarchiv
vgl.	vergleiche
VO	Verordnung
WHG	Gesetz zur Ordnung des Wasserhaushalts (Wasserhaushaltsgesetz)
WRV	Weimarer Reichsverfassung
z. B.	zum Beispiel
ZaöRV	Zeitschrift für ausländisches öffentliches Recht und Völkerrecht
ZBR	Zeitschrift für Beamtenrecht
ZfBR	Zeitschrift für deutsches und internationales Bau- und Vergaberecht
ZG	Zeitschrift für Gesetzgebung
ZGStW	Zeitschrift für die gesamte Staatswissenschaft
Ziff.	Ziffer
zit.	zitiert
ZUR	Zeitschrift für Umweltrecht

Im Übrigen wird verwiesen auf das Abkürzungsverzeichnis von:
Kirchner, Hildebert: Abkürzungsverzeichnis der Rechtssprache, 6. Auflage, Berlin 2008

Kapitel 1: Einführung

A. Problemstellung und Zielsetzung

Die am 1.9.2006 in Kraft getretene Föderalismusreform[1] regelt die Kompetenzverteilung zwischen Bund und Ländern neu.

Ziel der Reform war es, die Handlungs- und Entscheidungsfähigkeit von Bund und Ländern zu verbessern, die politischen Verantwortlichkeiten deutlicher zuzuordnen,[2] die Zweckmäßigkeit und Effizienz der Aufgabenerfüllung zu steigern[3] sowie die Europatauglichkeit des Grundgesetzes zu stärken.[4]

Im Zuge der Reform wurde die bisherige Rahmengesetzgebung abgeschafft und die Kompetenz zur Gesetzgebung für den Naturschutz und die Landschaftspflege der konkurrierenden Gesetzgebung zugeordnet (Art. 74 Abs. 1 Nr. 29 GG). Dadurch ist es dem Bund nunmehr möglich, im Bereich des Naturschutzes und der Landschaftspflege Vollregelungen zu treffen und somit das bestehende Naturschutzrecht in Bund und Ländern wirksam zu kodifizieren.

Hat der Bund von diesem Gesetzgebungsrecht Gebrauch gemacht, können die Länder jedoch nach Art. 72 Abs. 3 GG durch Gesetz hiervon abweichende Regelungen treffen. Von dieser sogenannten Abweichungskompetenz sind einige Bereiche ausgenommen, die auch als „abweichungsfeste Kerne"[5] bezeichnet werden. Darunter insbesondere auch die „allgemeinen Grundsätze des Naturschutzes", das Recht des Artenschutzes und des Meeresnaturschutzes (Art. 72 Abs. 3 Satz 1 Nr. 2 GG). Soweit die Kompetenztitel reichen, gibt es also eine „doppelte Vollkompetenz" von Bund und Ländern.[6] Diese doppelte Vollkompetenz unterliegt allerdings gewissen Beschränkungen bzw. Vorgaben supranationaler sowie verfassungsrechtlicher Art. In Bezug auf diese abweichungsfesten Kerne entfaltet das BNatSchG vom 29.7.2009, das am 1.3.2010 in Kraft trat, eine Sperrwirkung gegenüber den Ländern.

Der durch die Abweichungskompetenz begründeten Möglichkeit einer Kollision von Bundes- und Landesrecht trägt Art. 72 Abs. 3 Satz 3 GG in der Weise Rechnung,

1 BGBl 2006 I, S. 2034.
2 Beides bei: BT-Drs. 16/813, S. 6.
3 BT-Drs. 16/813, S. 7; BR-Drs. 178/06, S. 14.
4 BT-Drs. 16/813, S. 8.
5 Zum Begriff: BT-Drs. 16/813, S. 11.
6 *Ipsen*, NJW 2006, 2801 (2802); *Pieroth* in: Jarass/Pieroth, Art. 72, Rn. 29.

dass das spätere Gesetz vorgeht. Diese „Lex posterior"-Kollisionsregelung[7] könnte theoretisch zu einem Hin und Her zwischen Bundes- und Landesgesetzgeber führen.[8]

Jedes der Länder kann von seinem Abweichungsrecht Gebrauch machen, muss dies aber nicht. Erst recht brauchen die Länder nicht einheitlich abzuweichen. Dies kann in der Praxis dazu führen, dass es wie schon zu Zeiten der Rahmengesetzgebung Bereiche geben wird, in denen in einigen Ländern Landesrecht und in anderen Ländern Bundesrecht bzw. abweichendes Landesrecht gilt,[9] was der Zielsetzung der Reform zumindest hinsichtlich einer klaren Zuordnung der Verantwortlichkeiten nicht deutlich entgegen zu kommen scheint.

Zwar ist in Art. 72 Abs. 3 Satz 1 Nr. 2 GG für den Naturschutz und die Landschaftspflege der abweichungsfeste Bereich so festgelegt worden, dass er die allgemeinen Grundsätze des Naturschutzes, das Recht des Artenschutzes sowie den Meeresnaturschutz von der Abweichungskompetenz der Länder ausklammert, es bleibt jedoch zu untersuchen, wie diese Bereiche konkret auszufüllen sind.

Aufgrund dieses offenkundigen[10] Kompromisscharakters der Abweichungsgesetzgebungskompetenz sind Kompetenzstreitigkeiten vorprogrammiert.[11] Dies führt zu Rechtsunsicherheiten bei der Gesetzgebung auf Landes- und Bundesebene sowie beim Rechtsanwender.

Ziel dieser Arbeit ist es,

1.) Problemzonen der Abweichungskompetenzgesetzgebung aufzuzeigen und diese zu untersuchen. Besondere Aufmerksamkeit soll dabei den „allgemeinen Grundsätzen des Naturschutzes" als abweichungsfestem Kernbereich gewidmet werden;
2.) die Verfassungsmäßigkeit von wesentlichen Vorschriften der L-NatSchG Niedersachsens,[12] Bayerns[13] sowie Brandenburgs[14] unter Berücksichtigung des aktuellen BNatSchG[15] zu überprüfen;

---

7 Zum Begriff: BT-Drs. 16/813, S. 11 a. E.

8 *Häde*, JZ 2006, 930 (932).

9 *Degenhart*, NVwZ 2006, 1209 (1215).

10 So der verfassungsändernde Gesetzgeber selbst in: BT-Drs. 16/767, S. 2.

11 *Fischer-Hüftle*, NuR 2007, 78 (78); *Büchner*, ZfBR, 2010, 220 (221); *Schulze-Fielitz*, NVwZ 2007, 249 (252); *Kloepfer* in: Pitschas/Uhle/Aulehner, FS für R. Scholz, 2007, 651 (651 u. 655) m. w. N. in Fn. 2, bzw. 11.

12 Niedersächsisches Ausführungsgesetz zum BNatSchG vom 19.2.2010 (Nds. GVBl. 2010, 104).

13 Bayerisches Naturschutzgesetz vom 23.2.2011 (Bay. GVBl. 2011, 82; BayRS 791-1-UG).

14 Untersucht wird der Gesetzentwurf der Landesregierung eines Brandenburgischen Ausführungsgesetzes zum BNatSchG (BbgNatSchAG), Bbg. LT-Drs. 5/4349.

15 BNatSchG, in Kraft getreten am 1.3.2010.

3.) auf Grundlage der unter 1. und 2. gewonnenen Erkenntnisse den Fragen nachzugehen,
- ob die Einführung der Abweichungskompetenz im konkreten Fall des Naturschutzes und der Landschaftspflege sowie im Allgemeinen zu einer Verbesserung der „Handlungs- und Entscheidungsfähigkeit von Bund und Ländern",[16] „einer deutlicheren Zuordnung der Gesetzeskompetenzen"[17] und der „Steigerung der Zweckmäßigkeit und Effizienz der Aufgabenerfüllung"[18] sowie zu einer Stärkung der Europatauglichkeit des Grundgesetzes[19] geführt hat;
- ob die Reform insbesondere nach Erlass des BNatSchG und den genannten L-NatSchG geeignet ist, zu einer qualitativen Verbesserung des Naturschutzes in diesen Ländern zu führen.[20]

B. Vorgehensweise

Der Thematik vorangestellt wird ein Exkurs über die Föderalismusreform[21] (Kapitel 1 C) sowie eine Veranschaulichung der Entwicklung und der Ziele des Naturschutzrechts bis zum Erlass des BNatSchG (Kapitel 1 D). Anschließend folgt ein weiterer Exkurs über die Bestrebungen, ein UGB zu erlassen (Kapitel 1 E). Dadurch soll in die Thematik eingeführt und eine Grundlage für die nachfolgende Untersuchung geschaffen werden.

Danach wird die Abweichungsgesetzgebung im Allgemeinen erörtert (Kapitel 2). Hierzu werden die verfassungsrechtlichen Grundlagen sowie die formellen und materiellen Anforderungen der Abweichungskompetenz dargestellt. Unter anderem wird hier der Frage nachgegangen, was eine „Abweichung" i. S. d. Verfassung ist und welches die allgemeinen Schranken der Abweichung sind. In Kapitel 3 werden sodann die konkreten Schranken untersucht, die den abweichungsfesten Kern des Naturschutzes und der Landschaftspflege ausmachen. Im Rahmen dessen sollen die abweichungsfesten Kerne, insbesondere die allgemei-

16 BT-Drs. 16/813, S. 7.
17 Ebd.
18 Ebd.
19 Ebd. S. 8.
20 Im Folgendem vereinfacht als ein „Mehr oder Weniger an Naturschutz" beschrieben.
21 Hierbei konzentrieren sich die Ausführungen im Wesentlichen auf die historische Entwicklung. Etwaige relevante Einzelheiten mit Bezug zum Naturschutz und der Landschaftspflege, insbesondere die Abweichungskompetenz, werden außerhalb dieses Exkurses vertieft abgehandelt.

nen Grundsätze des Naturschutzes, konkretisiert und greifbar gemacht werden. Dies stellt einen Schwerpunkt der Arbeit dar.

Anhand dieser Konkretisierung werden sodann die genannten Naturschutzgesetze des Landes Niedersachsen und des Freistaats Bayern sowie der brandenburgische Entwurf eines L-NatSchG daraufhin untersucht, ob sie Regelungen enthalten, die in den Bereich der abweichungsfesten Kerne fallen (Kapitel 5). Vorab wird hierzu ein Überblick über die geschichtliche Entwicklung des Naturschutzes in den drei Bundesländern gegeben, und die Ziele der jeweiligen Naturschutzgesetze werden veranschaulicht.

Im Anschluss folgt die kritische Beurteilung der eingeführten Abweichungskompetenz im Naturschutzrecht (Kapitel 6). Es wird nach Antworten auf die Frage gesucht, ob die eingangs genannten Ziele der Föderalismusreform erreicht wurden. Des Weiteren soll die Frage beantwortet werden, ob die Reform aus heutiger Sicht zu einem „Mehr" oder einem „Weniger" an Naturschutz in den genannten Ländern führen kann.

C. Exkurs zur Föderalismusreform

Der Föderalismus hat in Deutschland tiefgehende historische Wurzeln und wird als typisches Element der deutschen Staats- und Verfassungsgeschichte angesehen.[22] Eine erste neuzeitliche Kodifizierung der föderalen Staatsstruktur erfolgte mit dem Vertragswerk des Westfälischen Friedens von 1648.[23] Eingängige Ausführungen zu der Entwicklung des Föderalismus und des Staatsaufbaus bis zum Bonner Grundgesetz[24] vom 8. Mai 1949 sind im Handbuch des Staatsrechts[25] von *Isensee* und *Kirchhof* enthalten.

I. Föderalismus – ein „gewichtiges Reformhindernis"?

Der Föderalismus ist seit Verabschiedung des Bonner Grundgesetz von 1949 fest in Art. 20 GG verankert und eines der Leitprinzipien der Verfassung.[26] Auf den ersten Blick hat sich das Prinzip des Föderalismus in der Bundesrepublik Deutschland bewährt, wenn man es an dem relativ hohen Wohlstandsniveau

22 *Flemming*, Entwicklung und Zukunft des Föderalismus in Deutschland, S. 7; *Kimminich* in: Isensee/Kirchhof, HStR I, 1995, § 26, Rn. 1 ff.

23 *Kimminich* in: Isensee/Kirchhof, HStR I, 1995, § 26, Rn. 25.

24 BGBl 1949 I, S. 1.

25 *Kimminich* in: Isensee/Kirchhof, HStR I, 1995, § 26, Rn. 25 ff.

26 „Grundlage der Verfassung", so BVerfGE 1, 14 (34).

misst, das Deutschland nach dem verlorenen Krieg rasch aufbauen und halten konnte. Ob zwischen diesem Wohlstand und dem Föderalismus eine Konnexität besteht, ist allerdings zweifelhaft. Gleichermaßen könnte man auch behaupten, der Föderalismus habe den Aufschwung und wirtschaftlichen Erfolg Deutschlands nicht verhindern können. Einige[27] sprechen davon, dass die alliierten Siegermächte des Zweiten Weltkrieges dem deutschen Volk den Föderalismus in seiner heutigen Ausgestaltung „aufgenötigt" hätten, um Deutschland territorial zu zersplittern und auf Dauer politisch klein zu halten getreu dem Motto „divide et impera".

Untersucht man die Bereiche, in denen sich der Föderalismus tatsächlich auswirkt, wie z. B. im Bereich des Naturschutzes, der Bildung, des Verfassungsschutzes oder der länderübergreifenden Verbrechensbekämpfung, so kann man sicherlich der Frage nachgehen, ob sich der Föderalismus tatsächlich bewährt hat. Deutschland ist im Bereich des Umwelt- und Naturschutzes einer der weltweiten Vorreiter. Dies spiegelt sich z. B. wider in der Zahl der jährlichen Anmeldungen der Patente für Umwelttechnik beim Europäischen Patentamt, wo Deutschland mit rund 23 Prozent aller jährlichen europäischen Anmeldungen an der Spitze steht.[28] Auch sind laut Bundesregierung deutsche Unternehmen mit einem Welthandelsanteil von knapp 19 Prozent in der Umwelttechnik weltweit führend.[29] Es lässt sich jedoch kaum nachweisen, dass dieser Erfolg dem Föderalismus zu verdanken ist.

Leichter überprüfbar sind allerdings die Leistungen im Bereich der Bildung. Angesichts der jährlichen internationalen Schulleistungsstudie der OECD („PISA-Studie"[30]) wachsen Zweifel an dem Erfolg des Föderalismus. In dieser Studie werden die Leistungen der Schüler aus über 30 Staaten geprüft und verglichen. Deutschland belegt dabei alljährlich lediglich einen Platz im Mittelfeld. Im internen Ländervergleich besteht ein auffallendes Nord-Süd-Gefälle. Der Freistaat Bayern, das Land Baden-Württemberg sowie Sachsen sind Spitzenreiter, Hamburg, Niedersachsen und Bremen sind regelmäßig die Schlusslichter.[31] Die

---

27 Etwa *Isensee* in: Bohr, Föderalismus – Demokratische Struktur für Deutschland und Europa, S. 139.

28 Bundesregierung, Stand 2009, abrufbar im Internet auf: http://www.bundesregierung.de/Content/DE/Magazine/emags/economy/043/t-2-umwelt-und-klimaschutzgueter-sind-international-begehrte-produkte.html.

29 Die Bundesregierung in: e.conomy, Nr. 43, 02/2007, einsehbar auf der Internetseite der Bundesregierung unter: http://www.bundesregierung.de/Content/DE/Magazine/emags/economy/043/t-2-umwelt-und-klimaschutzgueter-sind-international-begehrte-produkte.html.

30 Einsehbar auf der Internetseite der OECD unter: http://www.pisa.oecd.org.

31 s. auf der Internetseite der Bundeszentrale für politische Bildung, Stand 18.11.2008, einsehbar auf: http://www.bpb.de/themen/NQNKPL,0,0,Nationale_PisaStudie%3A_Sachsen_an_der_Spitze.html.

hier vorherrschenden Leistungsunterschiede innerhalb des Bundesgebietes sind deutlich. Aufgrund dieser kurzen Darstellung der Schulproblematik kann zwar kein Urteil über die Leistungsfähigkeit des Föderalismus gefällt werden, jedoch sind Schwächen offensichtlich.

In jüngster Vergangenheit zeigte auch der Verfassungsschutz erhebliche Schwächen in der Bekämpfung des rechten Terrorismus. Aufgrund von fehlender oder unzulänglicher Kommunikation beziehungsweise Abstimmung zwischen den Landesverfassungsschutzbehörden blieb der terroristische Hintergrund von deutschlandweiten Tötungen von Immigranten jahrelang unerkannt.[32] Generell bestehen permanent Probleme bei der länderübergreifenden Kooperation von Zoll, Grenzschutz und Polizei.[33]

Es ist also nicht verwunderlich, dass der Föderalismus seit jeher regelmäßig in der Diskussion stand.[34] Von 52 Grundgesetzänderungen seit 1949 betrafen allein 39 die Zuordnung von Kompetenzen zwischen Bund und Ländern.[35] Während des Vollzugs der Wiedervereinigung hat der damalige Bundespräsident sowie ehemalige Richter am Bundesverfassungsgericht (und dessen langjähriger Präsident), *Roman Herzog,* den Föderalismus schließlich sogar als gewichtiges Reformhindernis eingestuft.[36] Der Vorwurf lag in langwierigen und komplizierten Entscheidungsprozessen und übermäßiger institutioneller Verflechtung von Bund und Ländern. Bei der Gesetzgebung des Bundes haben die ausgeprägten Zustimmungsbefugnisse der Länder über den Bundesrat bei unterschiedlichen politischen Mehrheitsverhältnissen in Bund und Ländern immer wieder zur Verzögerung oder sogar Verhinderung wichtiger Gesetzgebungsvorhaben oder zu in sich nicht stimmigen Kompromissen geführt.[37] Man sprach daher teilweise von Blockadepolitik.[38] Auch hatte der Bundesgesetzgeber den bestehenden Rahmen der konkurrierenden Gesetzgebungszuständigkeiten nahezu vollständig ausgeschöpft und auch in der damaligen Rahmengesetzgebung vielfach in Einzelheiten gehende und unmittelbar geltende Regelungen getroffen und somit die in Art.

32 s. etwa: www.faz.net, Artikel vom 28.11.2011, Zwickauer Terrorzelle – „Völlig unverständlich, dass niemand etwas gemerkt hat".

33 s. auf: www.faz.net, Artikel vom 28.11.2000, Nr. 277, S. 73, „Gegen Schleuser und Extremisten Polizeien von Hessen und Thüringen wollen enger kooperieren".

34 *Schenke*, JZ 1989, 653 (661 f.); *Herzog*, BayVBL 1991, 513 (513); *Gramm*, DÖV 1999, 212 (213); *Stern*, in Müller, FS für Huber,1982, S. 326.

35 *Schulze-Fielitz*, NVwZ 2007, 249 (259).

36 *Herzog,* BayVBL 1991, 513 (513); *Benz* in: Seibel/Benz/Mäding, Verwaltungsreform und Verwaltungspolitik im Prozess der deutschen Einheit, S. 454; *Scharpf*, PVS, 1985, S. 323 (323).

37 BR-Drs. 178/06, S. 13.

38 *Scharpf*, PVS 1985, 323 (323 ff.).

72 Abs. 2 GG a. F. vorgesehenen Einschränkungen für den Bund weitestgehend ausgehöhlt.[39]

II. Kleine Verfassungsreform von 1994

Um diese Entwicklung aufzuhalten und ihr in Teilen entgegenzuwirken, hat der verfassungsändernde Gesetzgeber im Jahr 1994 erstmals eine „kleine Verfassungsreform“ verabschiedet.[40] Hauptsächlicher Reformpunkt waren die Neuregelung der konkurrierenden Gesetzgebung des Art. 72 GG sowie die Modifikation der Rahmengesetzgebung des Art. 75 GG. Ziel war die Verstärkung der kompetentiellen Regelungsmöglichkeiten der Länder.[41]

Der Bund hatte bis zum Jahr 1994 im Bereich der konkurrierenden Gesetzgebung nach Art. 72 Abs. 2 GG a. F. (1949) bereits das Gesetzgebungsrecht, soweit ein *Bedürfnis* nach bundesgesetzlicher Regelung besteht, weil

1. eine Angelegenheit durch die Gesetzgebung einzelner Länder nicht wirksam geregelt werden kann (Art. 72 Abs. 2 Nr. 1 GG a. F.) oder
2. die Regelung einer Angelegenheit durch ein Landesgesetz die Interessen anderer Länder oder der Gesamtheit beeinträchtigen könnte (Art. 72 Abs. 2 Nr. 2 GG a. F.) oder
3. die Wahrung der Rechts- oder Wirtschaftseinheit, insbesondere die Wahrung der Einheitlichkeit der Lebensverhältnisse über das Gebiet eines Landes hinaus sie erfordert (Art. 72 Abs. 2 Nr. 3 GG a. F.).

Mit der Reform von 1994 wurde der damalige Art. 72 Abs. 2 GG neu gefasst und die „Bedürfnisklausel“ durch die „Erforderlichkeitsklausel“ ersetzt. Diese ist bis heute in ähnlicher Form in Art. 72 Abs. 2 GG erhalten geblieben. Nach dem in 1994 abgeänderten Abs. 2 hatte der Bund im Bereich der konkurrierenden Gesetzgebung erst dann das Gesetzgebungsrecht, „wenn und soweit die Herstellung gleichwertiger Lebensverhältnisse im Bundesgebiet (Alt. 1) oder die Wahrung der Rechts- oder Wirtschaftseinheit im gesamtstaatlichen Interesse (Alt. 2) eine bundesgesetzliche Regelung *erforderlich* macht“. Dadurch sollten die Voraussetzungen für die Inanspruchnahme der Gesetzgebungskompetenz durch den Bund „konzentriert, verschärft und präzisiert“ werden.[42] Abgrenzungsprobleme bestanden bei der bis dahin geltenden Bedürfnisklausel vor allem deswegen, weil nach ständiger Rechtsprechung des BVerfG die Feststellung eines Bedürfnis-

---

39 *Ipsen*, Staatsrecht I., Rn. 539; BR-Drs. 178/06, S. 13.

40 Grundgesetznovelle vom 27.10.1994; BGBl. 1994 I, S. 3146.

41 BT-Drs. 12/7109, S. 10; 12/6633, S. 9 f.

42 BT-Drs. 12/7109, S. 9.

ses in das Ermessen des Bundesgesetzgebers fiel.[43] Damit sah sich das BVerfG auch nicht für die Überprüfung der Frage des Bedürfnisses verantwortlich, diese sei grundsätzlich nicht justitiabel.[44] Zeitgleich mit der Neufassung des Art. 72 Abs. 2 GG im Jahr 1994 wurde Art. 93 Abs. 1 Nr. 2a GG eingeführt, der die Überprüfung der Erforderlichkeitsfrage im Streitfall ausdrücklich dem BVerfG zur Klärung zuweist.

Auch hat der verfassungsändernde Gesetzgeber von 1994 die Sperrwirkung von Art. 72 Abs. 1 GG a. F. zeitlich präzisiert. Diese Formulierung wurde wortgleich von der großen Reform von 2006 übernommen. Danach haben die Länder im Bereich der konkurrierenden Gesetzgebung die Befugnis zur Gesetzgebung, nur solange und soweit der Bund von seiner Gesetzgebungszuständigkeit nicht durch Gesetz Gebrauch gemacht hat.

Des Weiteren wurde mit der Reform von 1994 Art. 75 GG dergestalt modifiziert, dass mit Abs. 2 eine Regelung eingeführt wurde, welche vorsah, dass Rahmenvorschriften in „Ausnahmefällen“ in Einzelheiten gehende oder unmittelbar geltende Regelungen enthalten durften. Diese Regelung wurde eingeführt, da der Art. 75 GG a. F. entgegen seiner ursprünglichen Konzeption von der Praxis zunehmend als „Vollkompetenz“ behandelt wurde. Die Ergänzung um Abs. 2 sollte diesem Trend Einhalt bieten, das BVerfG zu einer strengeren Kontrolle veranlassen und somit die Position der Länder stärken.[45]

III. Ausschlaggebende Entscheidungen des BVerfG

In der Folge dieser Reform und der verschärften Anforderungen des Art. 72 GG ergingen zulasten des Bundes mehrere grundlegende Entscheidungen des BVerfG zur Erforderlichkeitsklausel sowie zur Reichweite der damaligen Rahmengesetzgebung. Grundlegend war hier das Urteil zur Altenpflege,[46] welches u. a. durch die Urteile zu Kampfhunden,[47] zum Ladenschluss[48] und zu Studiengebühren[49] bestätigt wurde.

---

43 BVerfGE 2, 213 (244 f.); 4, 115 (127 f.); 13, 230 (233 f.); 33, 224 (229); 65, 1 (63); 65, 283 (289); 67, 299 (327); 78, 249 (270).

44 BVerfGE 1, 264 (272 f.); 2, 213 (224); 10, 234 (245); 33, 224 (229); 34, 9 (39); 39, 96 (114 f.); 65, 1 (63); 65, 283 (289); 67, 299 (327).

45 *Ipsen*, NJW 2006, 2801 (2803).

46 BVerfGE 106, 62 ff.

47 BVerfGE 110, 141 ff.

48 BVerfGE 111, 10 ff.

49 BVerfGE 112, 226 ff.

1. „Altenpflege-Entscheidung“

In der „Altenpflege-Entscheidung“ ging es um die Zulassung zum Beruf des Altenpflegehelfers, einem „anderen Heilberuf“ i. S. d. Art. 74 Abs. 1 Nr. 19 GG. Das Gericht stellte zunächst fest, dass ein von verfassungsgerichtlicher Kontrolle freier gesetzgeberischer Beurteilungsspielraum hinsichtlich der Voraussetzungen des Art. 72 Abs. 2 GG a. F. nicht bestehe.[50] Damit wurde bestätigt, dass die Auslegung der Voraussetzungen des Art. 72 Abs. 2 GG a. F. vollständig gerichtlich kontrollierbar ist.

Bei seiner Urteilsfindung legte das BVerfG anschließend eine äußerst strenge Interpretation der Tatbestandsmerkmale des Art. 72 Abs. 2 GG a. F. zugrunde. Die angestrebten gleichwertigen Lebensverhältnisse im Bundesgebiet gemäß Art. 72 Abs. 2 Alt. 1 GG werden nach dem BVerfG nunmehr „erst dann bedroht, wenn sich die Lebensverhältnisse in den Ländern der Bundesrepublik in erheblicher, das bundesstaatliche Sozialgefüge beeinträchtigender Weise auseinanderentwickelt haben oder sich eine derartige Entwicklung konkret abzeichnet“.[51]

Zu der zweiten (alternativen) Tatbestandsvoraussetzung, nämlich der Wahrung der Rechtseinheit im gesamtstaatlichen Interesse, entschied das Gericht, dass diese Voraussetzung nur dann gegeben sei, wenn „eine Rechtszersplitterung mit problematischen Folgen“ drohe, „die im Interesse sowohl des Bundes als auch der Länder nicht hingenommen werden“ könne.[52] Das BVerfG urteilte weiter, dass eine Wahrung der Wirtschaftseinheit im gesamtstaatlichen Interesse nur dann anzunehmen sei, wenn es um die Erhaltung der Funktionsfähigkeit des Wirtschaftsraums der Bundesrepublik durch bundeseinheitliche Rechtsetzung gehe.[53]

Nach Überzeugung des Gerichts konnte im konkreten Fall nicht oder nicht hinreichend begründet werden, dass eines der Schutzgüter von Art. 72 Abs. 2 GG verletzt sei und damit eine Kompetenz des Bundes vorläge. Bei lediglich gleicher Eignung gebühre den Ländern der Vorrang.[54]

Die Altenpflege-Entscheidung und die bestätigenden Entscheidungen machten deutlich, dass weiterhin die Notwendigkeit einer deutlicheren Zuordnung der Handlungs- und Entscheidungsfähigkeit von Bund und Ländern bestand sowie die Effizienz der Aufgabenerfüllung verbesserungsbedürftig war.[55]

50 BVerfGE 106, 62 (135).
51 Ebd. (144).
52 Ebd. (145).
53 Ebd. (146).
54 Ebd. (149).
55 BR-Drs. 178/06, S. 14.

2. „Juniorprofessur-Entscheidung“

In seinem Urteil vom 27.7.2004, der sogenannten „Juniorprofessur-Entscheidung“,[56] hat sich das BVerfG mit den Voraussetzungen des „Ausnahmefalls“ aus Art. 75 Abs. 2 GG a. F. auseinandergesetzt. Das BVerfG setzte die länderfreundliche Rechtsprechung aus der Altenpflegeentscheidung mit diesem Urteil fort.

Der Entscheidung lag im Kern folgender Sachverhalt zugrunde: Die Bundesregierung wollte die Personal- und Besoldungsstruktur an Hochschulen reformieren und den Qualifikationsweg zum Hochschullehrer verkürzen.[57] Es sollte zu diesem Zwecke das Hochschulrahmengesetz (HRG) novelliert und u. a. eine „Juniorprofessur“ eingeführt werden.[58] Diese Juniorprofessur zeichnete sich durch eine verkürzte Qualifikationsphase zum Professorenamt aus. Umstritten war die Frage, ob die Regelung einer Juniorprofessur mit Art. 72 Abs. 2 GG a. F. vereinbar oder die Rahmenkompetenz des Bundes wegen zu großer Einzelheitennähe nicht gegeben war.

Vor dem Hintergrund der Verfassungsänderung in 1994 musste das BVerfG bei der Auslegung des Begriffs „Ausnahmefall“ i. S. v. Art. 72 Abs. 2 GG a. F. berücksichtigen, dass die Rahmenvorschriften des Bundesgesetzgebers nunmehr in besonderer Weise eine eigenständige gesetzgeberische Gestaltung durch den Landesgesetzgeber ermöglichen sollten.[59] Ist eine bundesgesetzliche Regelung „erforderlich“, so muss anschließend das Vorliegen eines Ausnahmefalls eigenständig geprüft werden.[60] Ein Ausnahmefall i. S. d. Art. 75 Abs. 2 GG a. F. liegt nach Auffassung des BVerfG vor, wenn die Rahmenvorschriften ohne die in Einzelheiten gehenden oder unmittelbar geltenden Regelungen verständigerweise nicht erlassen werden können, diese also „schlechthin unerlässlich“ seien.[61]

Damit verschärfte das BVerfG abermals die Voraussetzung zum Erlass einer bundesrechtlichen Rahmenregelung. Konkret bedeutete dies, dass in Einzelheiten gehende Detailregelungen und unmittelbar geltende Regelungen im Bundesrahmenrecht nur in wenigen Ausnahmefällen zulässig waren und eines noch höheren Begründungsaufwands bedurften.[62]

---

56 BVerfGE 111, 226 ff.

57 Ebd. (227).

58 Vgl. „Das Fünfte Gesetz zur Änderung des Hochschulrahmengesetzes und anderer Vorschriften“ (5. HRGÄndG) vom 16.2.2002, BGBl. 2002, S. 693 ff.

59 BVerfGE 111, 226 (251).

60 Ebd.

61 Ebd. (226, Tenor u. 252).

62 Vgl. *Sannwald* in: Schmidt-Bleibtreu/Klein, GG, 2004, Art. 75, Rn. 23b, d.

IV. Große Föderalismusreform von 2006

Es folgte schließlich in der 15. Wahlperiode in 2003 unter der Regierung *Schröder/Fischer* der Versuch, durch eine gemeinsame Kommission von Bundestag und Bundesrat eine weitreichende Reform des Föderalismus vorzubereiten.[63] Der Versuch scheiterte jedoch an unüberbrückbaren Meinungsverschiedenheiten in Fragen der Kompetenzen für die Bildungspolitik.[64]

Schließlich, am 30.6.2006, hat der Bundestag[65] mit der notwendigen Zweidrittelmehrheit[66] das Reformpaket zur großen Föderalismusreform[67] beschlossen, dem der Bundesrat am 7.7.2006 mit der ebenfalls erforderlichen Zweidrittelmehrheit[68] zugestimmt hat.

Die von der großen Koalition aus CDU und SPD beschlossene Föderalismusreform trat am 1.9.2006 in Kraft.[69] Ziel war es wiederum, die Handlungs- und Entscheidungsfähigkeit von Bund und Ländern zu verbessern, die politischen Verantwortlichkeiten deutlicher zuzuordnen, die Zweckmäßigkeit und Effizienz der Aufgabenerfüllung zu steigern[70] sowie die häufig bemängelte[71] Europatauglichkeit des Grundgesetzes zu stärken.[72]

Die weit überdurchschnittliche Dauer[73] des Gesetzgebungsverfahrens von rund drei Jahren begründete die Bundesregierung damit, dass es sich bei den im Koalitionsvertrag enthaltenen Regelungsvorschlägen zur Modernisierung der bundesstaatlichen Ordnung insgesamt um das Ergebnis einer politischen Verständigung handele, welche naturgemäß den Charakter eines Kompromisses

63 Vgl. BT-Drs. 15/1685 u. BR-Drs. 750/03.

64 *Kluth* in: Kluth, Föderalismusreformgesetz, Einführung Rn. 50.

65 BT-Drs. 16/813, 16/2010, 16/2069.

66 Das genaue Ergebnis der Abstimmung laut Sitzungsprotokoll zur 44. Sitzung vom 30.6.2006: 428 Ja zu 161 Nein bei 3 Enthaltungen.

67 Gesetz zur Änderung des GG vom 28.8.2006, BGBl. 2006 I, S. 2034.

68 Fast alle Länder stimmten dafür; nur M-V stimmte dagegen, S-H enthielt sich.

69 BGBl. 2006 I, S. 2034.

70 BR-Drs. 178/06, S. 14.

71 *Rozek* in: v. Mangoldt/Starck/Klein, GG, Band 2, 2005, Art. 75, Rn. 5; *Rehbinder/Wahl*, NVwZ 2002, 21 (23); *Sendler*, NJW 2000, 2871 (2871 f.); *Kloepfer*, DÖV 2004, 566 (570); *Stern*, Nds.VBl. 2004, 321 (325).

72 BT-Drs. 16/813, S. 8 u. 11.

73 Laut einer Untersuchung des Max-Planck-Instituts betrug vor der Föderalismusreform die durchschnittliche Dauer des Gesetzgebungsverfahrens bei Einspruchsgesetzen bei 201 Tagen und bei Zustimmungsgesetzen 217 Tage (*Burkhart/Manow*, MPIfG Working Paper 06/6, 2006, einsehbar auf der Internetseite des MPIfG unter: http://www.mpifg.de/pu/workpap).

zwischen unterschiedlichen Positionen trage.[74] Ziel sei es gewesen, eine Lösung zu finden, die die Belange von Bund und Ländern angemessen berücksichtigt.[75]

Durch diese Föderalismusnovelle ist Art. 72 Abs. 2 GG in der Weise geändert worden, dass die Erforderlichkeitsprüfung sich zukünftig auf die in dieser Vorschrift aufgelisteten Kompetenztitel des Art. 74 Abs. 1 Nrn. 4, 7, 11, 13, 15, 19a, 20, 22, 25 und 26 GG beschränkt. Für alle anderen in Art. 74 Abs. 1 GG enthaltenen Kompetenztitel stellt sich die Frage nach der Erforderlichkeit nicht. Dort gilt eine unwiderlegliche Erforderlichkeitsvermutung zugunsten des Bundes.[76]

Als konzeptionelle Kernänderung wurde die Rahmengesetzgebung abgeschafft. Die bisherigen Rahmenkompetenzen des Art. 75 Abs. 1 Nrn. 3 und 4 GG a. F. (u. a. auch Naturschutz und Landschaftspflege) wurden größtenteils in die konkurrierende Gesetzgebungskompetenz des Art. 74 Abs. 1 GG überführt.

Andere Kompetenzen wie das Melde- und Ausweiswesen sowie der Schutz des deutschen Kulturguts gegen Abwanderung ins Ausland wurden der ausschließlichen Gesetzgebungskompetenz des Bundes zugeordnet. Die Zuständigkeit für die allgemeinen Rechtsverhältnisse der Presse entfiel vollständig.

In Bezug auf den Naturschutz und die Landschaftspflege gilt gemäß Art. 72 Abs. 3 Satz 1 Nr. 2 GG die unwiderlegliche Erforderlichkeitsvermutung zugunsten des Bundes. Die Kompetenzausübung durch den Bund steht also insoweit nicht mehr unter dem Vorbehalt, dass die Regelung zur „Herstellung gleichwertiger Lebensverhältnisse oder der Wahrung der Rechts- und Wirtschaftseinheit" erforderlich sein muss, wie es Art. 72 Abs. 2 GG noch immer für andere Gegenstände des Art. 74 Abs. 1 GG vorsieht. Die Länder haben jedoch für die in Art. 72 Abs. 3 GG aufgezählten Kompetenztitel, zu denen auch der Naturschutz und die Landschaftspflege gehören, das Recht, abweichende Regelungen zu treffen. Im Bereich des Naturschutzes und der Landschaftspflege sind aber einige Kernelemente des Naturschutzes von dem Abweichungsrecht ausgenommen. Diese Kernelemente sind die allgemeinen Grundsätze des Naturschutzes, das Recht des Artenschutzes und des Meeresnaturschutzes (Art. 72 Abs. 3 Satz 1 Nr. 2 GG). Soweit die Kompetenztitel von Art. 72 Abs. 3 Satz 1 Nrn. 1 bis 6 GG reichen, gibt es jetzt also eine doppelte Vollkompetenz von Bund und Ländern.[77] Die Reform hat damit abermals die Rechte der Länder gestärkt.[78]

Neben den Änderungen im Bereich der Gesetzgebungskompetenzen wurden verschiedene weitere Änderungen vorgenommen, die im Folgenden vollständigkeitshalber kurz erwähnt werden sollen.

---

74 *Meyer*, Die Föderalismusreform 2006, S. 164 f.; s. auch BT-Drs. 16/767, S. 2.

75 Antwort der Bundesregierung auf eine Kleine Anfrage, BT-Drs. 16/767, S. 2.

76 Vgl. Begr., BT-Drs. 16/813, S. 9.

77 *Ipsen*, NJW 2006, 2801 (2802).

78 Ebd. (2805).

So wurde Art. 84 GG neugefasst. Die dortigen Voraussetzungen, unter denen der Bund in die Organisation und das Verfahrensrecht der Länder eingreifen kann, wurden deutlich verschärft und die Mitwirkungsrechte des Bundesrates abgebaut. Im Bereich der Mischfinanzierung wurden Art. 91a und Art. 91b GG novelliert. Die Gemeinschaftsaufgaben wurden erheblich reduziert und erstrecken sich jetzt nur noch auf wenige Bereiche.[79] Neu eingeführt wurde außerdem Art. 104a Abs. 6 GG. Durch diesen Abs. müssen sich nun die Länder an Strafzahlungen an die Europäische Union beteiligen, die der Bund wegen einer verspäteten Umsetzung von Richtlinien zahlen muss.

Die mit diesen Maßnahmen verfolgten Ziele sind in dem am 14.12.2005 zwischen der Bundeskanzlerin und den Regierungschefs der Länder vereinbarten „Entwurf eines Gesetzes zur Änderung des GG“[80] wie folgt stichwortartig zusammengefasst.

Die Hauptziele der Reform waren danach:

- die Stärkung der eigenständigen Gesetzgebungskompetenzen von Bund und Ländern,
- Abbau von Zustimmungsrechten des Bundesrates,
- Abbau von Mischfinanzierung (Art. 91a und 91b GG) und
- Stärkung der Europatauglichkeit des Grundgesetzes.

D. Exkurs zum Naturschutzrecht

Das Naturschutzrecht umfasst die Natur und Landschaft.[81] Natur, so *Lorz*,[82] ist der Inbegriff der Formen, Stoffe und Kräfte der materiellen Wirklichkeit unabhängig davon, ob sie belebt oder unbelebt sind, soweit sie wesensgemäß ohne menschliches Zutun entstanden ist. Sie offenbart sich in der Landschaft als einem Ausschnitt der Erdoberfläche in seiner gegenwärtigen Ausprägung. Der Naturschutz behandelt nicht nur die Abwehr von Gefahren für Natur und Landschaft, sondern auch die gestalterische Tätigkeit des Staats zum Schutz und zur Verbesserung des Landes[83] und des Bodens.[84]

79 Im Einzelnen vgl. die Zusammenfassung bei: *Kluth* in: Kluth, Föderalismusreformgesetz, Einführung, Rn. 63 ff.

80 Vgl. BT-Drs. 16/813, S. 7 f.

81 *Kratsch/Schumacher*, Naturschutzrecht, S. 6; vgl. auch § 1 BNatSchG.

82 *Lorz/Müller/Stöckel*, Naturschutzrecht mit Artenschutz, 2003, Vorb., Rn. 1; ähnlich auch: *Kratsch/Schumacher*, Naturschutzrecht, S. 6; *Louis*, BNatSchG 2000, § 1, Rn. 4; BayANL, S. 77.

83 BVerwGE 85, 348 (357); *Pieroth* in: Jarass/Pieroth, Art. 74, Rn. 68.

84 *Peine*, NuR 1992, 353 (359).

Das politisch geprägte Bewusstsein der Menschen bezüglich der Natur und ihrer Pflege hat sich allgemein erst in den späten 60er und 70er Jahren ausgeprägt. Das erste BNatSchG trat erst am 24.12.1976 in Kraft. Bei der Darstellung der Entwicklung des Naturschutzes wird daher im Folgenden das Hauptaugenmerk auf den Zeitraum nach Inkrafttreten des BNatSchG von 1976 gerichtet. Zusammenfassend soll aber auch kurz die Entwicklung vor diesem Datum dargestellt werden.

I. Entwicklung des Naturschutzes bis zum Inkrafttreten des BNatSchG

Erste Ansätze des Naturschutzrechts zeigten sich ab 1836 in der Unterschutzstellung einzelner Naturdenkmäler.[85] In den folgenden Jahrzehnten kam dem Naturschutz ein immer höherer Stellenwert zu. Im Jahr 1870 wurde z. B. das Preußische Gesetz über die Schonzeiten des Wildes erlassen. Die WRV von 1919 enthielt sogar die Staatszielbestimmung mit der Schutzpflicht des Staats für die Natur und die Landschaft.[86]

Eine umfassende und systematische gesetzliche Regelung des Naturschutzes erfolgte erstmals im RNatSchG von 1935, das nach Inkrafttreten des GG am 24.5.1949 als Landesrecht weiter galt.[87] Nach Art. 75 Nr. 3 GG (a. F.) hatte der Bund das Recht, unter den für die konkurrierende Gesetzgebung geltenden Voraussetzungen über den Naturschutz und die Landschaftspflege Rahmenvorschriften zu erlassen. Von dieser Kompetenz wurde in den ersten Jahren der BRD kein Gebrauch gemacht.[88] Den Grund dafür sahen einige darin, dass das RNatSchG zwar nicht als Ganzes, wohl aber insoweit Bundesrecht geworden sei, als es sachlich Rahmenvorschriften i. S. d. Art. 75 GG (a. F.) enthielt.[89] Am 14.10.1958 entschied das BVerfG[90] jedoch, dass das RNatSchG nicht als Bundesrecht, sondern als Landesrecht fortgelte. Durch diese Entscheidung wurde das RNatSchG für Novellierungen durch Landesrecht zugänglich. Von dieser Novellierungsmöglichkeit haben die Länder sodann auch in zunehmendem, wenngleich unterschiedlichem Maße Gebrauch gemacht.[91] Wegen der im Bereich des Natur-

85 *Marzik/Wilrich,* BNatSchG, 2004, Einleitung Rn. 3.

86 „Die Denkmäler der Kunst, der Geschichte und der Natur sowie die Landschaft genießen den Schutz und die Pflege des Staates." (Art. 150 Abs. 1 WRV; RGBl. 1919 I S. 1383).

87 Vgl. BVerfGE 8, 186, 193.

88 *Marzik/Wilrich,* BNatSchG, 2004, Einleitung Rn. 9.

89 *Lorz,* Naturschutzrecht mit Artenschutz, 1985, S. 2 unten.

90 BVerfGE 8, 186.

91 *Lorz,* Naturschutzrecht mit Artenschutz, 1985, S. 3 oben.

schutzes entstandenen Diskrepanzen zwischen den einzelnen Ländern wurde das Interesse an Rechtseinheit und damit an einer bundesrechtlichen Neuregelung des Naturschutzes geweckt.[92]

Verschiedene Gesetzentwürfe zur Änderung des GG, durch die die Grundlage für die Schaffung eines einheitlichen Bundesgesetzes für Naturschutz und Landschaftspflege geschaffen werden sollte, scheiterten jedoch.[93] Im Jahr 1962 wurde schließlich das Artenschutzrecht durch das sogenannte Naturschutzergänzungsgesetz[94] neu geordnet und modifiziert.

II. Entwicklung des BNatSchG von 1976 bis 2002

Die aufgrund der Entscheidung des BVerfG vom 14.10.1958 entstandene Lücke auf Bundesebene wurde erst in 1976 durch das BNatSchG ausgefüllt. Der Bund hatte gemäß Art. 75 GG a. F. hierfür die Kompetenz, ein Rahmengesetz zu erlassen. Das Gesetz basierte vor allem auf der Vorarbeit der Initiative der LANA und insbesondere der Länder S-H und Rheinland-Pfalz.[95] Diesen Ländern gelang es aufgrund von Kompetenzstreitigkeiten auf Bundesebene, bereits Jahr vor dem Inkrafttreten des ersten BNatSchG eigenständige L-NatSchG zu erlassen.[96] Die Auseinandersetzung auf Bundesebene zwischen Regierung und Opposition konnte erst durch die Einschaltung eines Vermittlungsausschusses beigelegt und das Gesetzgebungsverfahren daher nur mit erheblicher Verzögerung abgeschlossen werden.[97] Das BNatSchG wurde am 23.12.1976 verkündet und trat am 24.12.1976 als Rahmengesetz in Kraft.[98] Die Länder, die bereits eigene Naturschutzgesetze erlassen hatten, waren gehalten, diese dem damaligen BNatSchG als Rahmengesetz anzupassen. Die wohl entscheidendste Neuerung des damaligen BNatSchG war die Einführung der Eingriffsregelung als Instrument des flächendeckenden Mindestschutzes.[99] Damit wurde das bis dahin maßgebliche Reservatsdenken abgelöst, das sich eher durch eine lokale Einzelfallbehandlung auszeichnete.

---

92 *Marzik/Wilrich,* BNatSchG, 2004, Einleitung Rn. 9.

93 Gesetzentwürfe: BT-Drs. 6/1298; 7/886; 7/324.

94 Naturschutzergänzungsgesetz vom 29.6.1962 (GVBl S. 95).

95 *Marzik/Wilrich,* BNatSchG, 2004, Einleitung Rn. 11.

96 Bspw. BayNatSchG vom 27.7.1973 (Bay. GVBl S. 437); LandschaftspflegeG von S-H vom 16.4.1973 (S-H GVBl. S. 122); LandespflegeG von R-P vom 14.6.1973 (R-P GVBl. S. 147); LandschaftsG von NRW vom 18.2.1975 (NRW GVBl. S. 190).

97 BT-Drs. 7/5566

98 BNatSchG vom 20.12.1976, BGBl. I 1976, S. 3574.

99 BT-Drs. 7/3879, S. 1; BT-Drs. 7/5251, S. 8.

In der Folgezeit ist das BNatSchG mehrfach geändert worden. Beispielsweise fand 1980 der Denkmalschutz im BNatSchG Berücksichtigung.[100] In 1987 wurde der artenschutzrechtliche Teil umfassend novelliert.[101] Dadurch wurden die infolge der EG-VO zum Washingtoner Artenschutzübereinkommen[102] erforderlichen Änderungen vorgenommen.

Das Investitionserleichterungs- und Wohnbaulandgesetz von 1993 regelte das Verhältnis zum Baurecht neu. Es führte die Eingriffsregelung in die Bauleitplanung ein und regelte ihre Anwendung im Innenbereich (§ 34 BauGB) neu. In 1998 überführte das Bau- und Bauleitplanungsgesetz die Eingriffsregelung für die Bauleitplanung in das BauGB. Nach § 1a Abs. 3 BauGB sind voraussichtlich erhebliche Beeinträchtigungen des Landschaftsbildes zu vermeiden und der Ausgleich sowie die Leistungs- und Funktionsfähigkeit des Naturhaushalts i. S. d. Eingriffsregelung des BNatSchG zu berücksichtigen.

Nachdem der EuGH einen Verstoß der BRD gegen die EU-Richtlinie zum Vogelschutz[103] festgestellt hatte,[104] wurden in 1998 die Bestimmungen dieser Richtlinie in das BNatSchG eingefügt.[105]

Mitte der 90er Jahre wurden erste Überlegungen zur grundlegenden Novellierung angestellt. Der Entwurf[106] zur Neuregelung des BNatSchG scheiterte aber am Bundesrat.

Im Jahr 1998 wurden dann das 2. ÄnderungsG 1998[107] und das 3. ÄnderungsG 1998[108] erlassen. Durch die Novellierungen sollten die natürlichen Grundlagen auch für die nachkommenden Generationen gesichert und den gewandelten Anforderungen des Naturschutzes Rechnung getragen werden.[109] Um dieses Ziel zu erreichen, wurden u. a. folgende Änderungen vorgenommen: Der Flächen-

---

100 Gesetz zur Berücksichtigung des Denkmalschutzes im Bundesrecht vom 1.6.1980, BGBl. 1980 I, S. 649.

101 Erstes Gesetz zur Änderung des BNatSchG vom 10.12.1986, BGBl. 1986 I, S. 2349, Neubekanntmachung am 12.3.1987, BGBl. 1987 I, S. 889.

102 EG-Artenschutz-VO 2626/82/EWG des Rates vom 3.12.1982.

103 Vogelschutz-RL 79/409/EWG des Rates vom 2.4.1979.

104 EuGH, Urteil vom 17.9.1987, NuR 1988, 53.

105 Ergänzung durch Art. 2 des Gesetzes über die Errichtung eines Amtes für Naturschutz und zur Änderung von Vorschriften auf dem Gebiet des Artenschutzes vom 6.8.1993, BGBl. 1993 I, S. 1458.

106 Entwurf eines Gesetzes zur Neuregelung des Rechts des Naturschutzes und der Landschaftspflege, zur Umsetzung gemeinschaftsrechtlicher Vorschriften und zur Anpassung anderer Rechtsvorschriften vom 6.9.1996, BR-Drs. 636/96 u. BT-Drs. 13/6441.

107 Zweites Gesetz zur Änderung des BNatSchG vom 30.4.1998, BGBl. 1998 I, S. 823.

108 Drittes Gesetz zur Änderung des BNatSchG vom 26.8.1998, BGBl. 1998 I, S. 2481.

109 BT-Drs. 14/6378, S. 28.

schutz wurde geändert und der Artenschutz wurde durch die Umsetzung[110] der europäischen FFH-RL[111] gestärkt.

III. Entwicklung in der ehemaligen DDR

In der ehemaligen DDR wurde zunächst das weitergeltende RNatSchG von 1935 durch das Naturschutzgesetz vom 4.8.1954 ersetzt.[112] 1970 wurde dieses wiederum durch die §§ 10–16 Landeskulturgesetz[113] und die auf dessen Grundlage erlassenen Verordnung zum Naturschutz[114] und Artenschutz[115] ersetzt.[116] Vorausgegangen war in 1968 die Verankerung des Umweltschutzes oder wörtlich der „Landeskultur"[117] in der Verfassung der DDR.[118] Mit dem Landeskulturgesetz schuf die DDR als einer der ersten europäischen Staaten ein umfassendes und ökologisch fortschrittliches Gesetz.[119]

Die Normen des Landeskulturgesetzes wurden schließlich durch die Vorschriften des Umweltrahmengesetzes vom 29.6.1990 ergänzt. Nach Art. 6 Abs. 2 i. V. m. Anlage 1 des Umweltrahmengesetzes galt ab dem 1.7.1990 das BNatSchG von 1976 als unmittelbar geltendes Recht in der DDR. Mit Inkrafttreten des Einigungsvertrages[120] am 3.10.1990 trat das damalige BNatSchG sodann unmittelbar an die Stelle des Umweltrahmengesetzes der ehemaligen DDR.

IV. Entwicklung des BNatSchG von 2002 bis heute

Mit dem Gesetz zur Neuregelung des Rechts des Naturschutzes und der Landschaftspflege und zur Anpassung anderer Rechtsvorschriften (BNatSchGNeu-

110 Neufassung des BNatSchG vom 21.9.1998, BGBl. 1998 I, S. 2994.

111 FFH-RL 92/43/EWG des Rates vom 21.5.1992.

112 Gesetz zur Erhaltung und Pflege der heimatlichen Natur, Naturschutzgesetz vom 4.8.1954, GBl. DDR 1954 S. 695.

113 Gesetz über die planmäßige Gestaltung der sozialistischen Landeskultur in der Deutschen Demokratischen Republik vom 14.5.1970, GBl. DDR 1970, S. 67.

114 Erste Durchführungs-VO zum Landeskulturgesetz – Schutz und Pflege der Pflanzen- und Tierwelt und der landschaftlichen Schönheiten vom 14.5.1970, GBl. DDR 1970, S. 331.

115 Erste Durchführungsbestimmung zur Naturschutz-VO – Schutz von Pflanzen- und Tierarten vom 1.10.1984, GBl. DDR 1984, S. 381.

116 Vgl. *Marzik/Wilrich,* BNatSchG, 2004, Einleitung, Rn. 7.

117 Zum Inhalt des Begriffs s. *Christoph,* StuR 1970, 1453 (1453 f.).

118 s. Verfassung der DDR von 1968 in der Fassung vom 7.10.1974, GBl. DDR, S. 425.

119 *Kloepfer/Franzius/Reinert,* Zur Geschichte des deutschen Umweltrechts, S. 140.

120 Vertrag zwischen der Bundesrepublik Deutschland und der Deutschen Demokratischen Republik über die Herstellung der Einigung Deutschlands vom 31.8.1990, BGBl. 1990, S. 889.

regG) vom 25.3.2002[121] wurde das BNatSchG, das zu weiten Teilen noch aus dem Jahr 1976 stammte, umfassend novelliert. Rechtsgrundlage war der damalige Art. 75 Abs. 1 Satz 1 Nr. 3 GG.

Ziel war eine grundlegende Modernisierung.[122] Auch sollten und wurden mit dem BNatSchGNeuregG europarechtliche Vorschriften wie z. B. die europäische Jungrobben-RL[123] und die Zoo-RL[124] in nationales Recht übernommen. Die Novellierung trat am 4.4.2002 in Kraft.

Wesentliche Neuerungen waren u. a. die Neubestimmung des Verhältnisses von Land-, Forst- und Fischereiwirtschaft zum Naturschutz durch die Umsetzung der europarechtlichen Ausgleichsregelung für Nutzungsbeschränkungen in eine allgemeine Rahmenregelung. Auch die Vorschriften über Landschaftsplanung, Flächen- und Objektschutz sowie den allgemeinen Arten- und Biotopschutz hatte der damalige Gesetzgeber als Rahmenrecht ausgestaltet. Die besonderen artenschutzrechtlichen Vorschriften der §§ 20a ff. BNatSchG von 2002 galten nicht bloß als auszufüllende Rahmenvorschriften, sondern voll und unmittelbar. Die Regelungen über europäische Vogelschutzgebiete und Gebiete von gemeinschaftlicher Bedeutung waren weitestgehend ebenfalls Rahmenrecht.

In der 16. Legislaturperiode (2005–2009) beschloss die große Koalition aus CDU und SPD die Föderalismusreform.[125] Im Zuge dieser Reform wurde die bisherige Rahmengesetzgebung abgeschafft und die Kompetenz zur Gesetzgebung für den Naturschutz und die Landschaftspflege der konkurrierenden Gesetzgebung zugeordnet (Art. 74 Abs. 1 Nr. 29 GG). Anstelle der Rahmengesetzgebung ist als Neuerung die eingangs skizzierte Abweichungskompetenz eingeführt worden. Hier ist am deutlichsten der zuvor erwähnte Kompromisscharakter zu erkennen. Aus diesem Grund musste dieser neue Kompetenztypus einige Kritik hinnehmen.[126]

Nun war es dem Bund erstmals möglich, im Bereich des Naturschutzes und der Landschaftspflege umfassende Regelungen in Eigenregie zu treffen und dadurch das in Bund und Ländern bestehende Naturschutzrecht wirksam zu kodifizieren. Von dieser Möglichkeit machte der Bund am 6.8.2009 Gebrauch, als er das „Gesetz zur Neuregelung des Rechts des Naturschutzes und der Landschafts-

---

121 BGBl. 2002 I, S. 1193.

122 BT-Drs. 14/6378, S. 27; 14/6878, S. 7, 20.

123 Jungrobben-RL 83/129/EWG des Rates vom 28.3.1983.

124 Zoo-RL 1999/22/EG. des Rates vom 29.3.1999.

125 s. bei Fn. 65.

126 *Fischer-Hüftle*, NuR 2007, 78 (78); *Büchner*, ZfBR, 2010, 220 (221): „…fällt es schwer, für solche partikulare Sonderwege [Anm. Autor: bezieht sich auf die Abweichungskompetenz] Verständnis aufzubringen“; verhalten auch: *Schulze-Fielitz*, NVwZ 2007, 249 (252): „(relative) Vernünftigkeit“; *Kloepfer* in Pitschas/Uhle/Aulehner, FS für R. Scholz, 2007, 651 (651 u. 655) m. w. N. in Fn. 2, bzw. 11.

pflege" verkündete,[127] welches entsprechend seinem Art. 27 am 1.3.2010 in Kraft trat. In seinen Kernelementen orientiert sich der Gesetzentwurf an der Struktur und den Regelungen des im Jahr 2002 bereits umfassend novellierten BNatSchG.

V. Ziele des Naturschutzrechts nach dem BNatSchG

Die Ziele des Naturschutzes sind in § 1 BNatSchG definiert. Dort heißt es im ersten Absatz:

„Natur und Landschaft sind aufgrund ihres eigenen Wertes und als Grundlage für Leben und Gesundheit des Menschen auch in Verantwortung für die künftigen Generationen im besiedelten und unbesiedelten Bereich nach Maßgabe der nachfolgenden Abs. so zu schützen, dass

1. die biologische Vielfalt,
2. die Leistungs- und Funktionsfähigkeit des Naturhaushalts einschließlich der Regenerationsfähigkeit und nachhaltigen Nutzungsfähigkeit der Naturgüter sowie
3. die Vielfalt, Eigenart und Schönheit sowie der Erholungswert von Natur und Landschaft

auf Dauer gesichert sind; der Schutz umfasst auch die Pflege, die Entwicklung und, soweit erforderlich, die Wiederherstellung von Natur und Landschaft (allgemeiner Grundsatz)."

Dies spiegelt die drei Grundziele des Naturschutzes wider, nämlich die Diversitätssicherung, die Sicherung der materiell-physischen Funktionen sowie die Sicherung der immateriellen Funktionen im Zusammenhang mit dem Wahrnehmen und Erleben von Natur und Landschaft.[128] Erstmals wurde die biologische Vielfalt ausdrücklich in die eigentliche Zielbestimmung in § 1 aufgenommen. Im BNatSchG von 2002 war sie nicht Bestandteil der Ziele des Naturschutzes, sondern lediglich als nachgeordneter „Grundsatz des Naturschutzes und der Landschaftspflege" in § 2 Abs. 1 Nr. 8 BNatSchG 2002 enthalten.

E. Exkurs zum Vorhaben eines UGB

Das aufwendigste[129] Projekt im Bereich des Umweltrechts in den letzten Jahrzehnten ist der Versuch, ein bundeseinheitliches UGB zu verabschieden. Dadurch

127 BGBl. 2009 I, S. 2542.
128 BT-Drs. 16/12274, S. 50.
129 „Weitgespanntes Vorhaben" so UGB-KomE, Einleitung, S. 71.

soll das Problem des deutschen unübersichtlichen „Vorschriftendschungels" gelöst werden.[130] Damit würde Deutschland dem internationalen „Trend zum integrierten Umweltschutz"[131] und zur „Harmonisierung des Umweltrechts"[132] nachgehen und dem Vorbild anderer europäischer Staaten folgen. So sind in anderen Staaten wie etwa Portugal, den Niederlanden, Belgien, Schweden, Polen, Italien, mit Einschränkungen auch Frankreich, Finnland, Schweiz und England bereits einheitliche Umweltrechtskodifikationen entstanden.[133] Mehrfache Versuche, ein einheitliches UGB zu kodifizieren, sind bislang gescheitert. Nachfolgend werden die Gründe und Hintergründe des Scheiterns dargestellt.

I. Ein Vorschriftendschungel – Verhinderung von Rechtszersplitterung

In den letzten Jahrzehnten wuchsen die Aufgaben des Umweltschutzes stetig. Die Gesetzeslage in diesem Gebiet konnte dem Wachstum nicht entsprechend folgen. *Kloepfer* hat die umweltbezogenen Gesetzgebungskompetenzen des GG zu Recht als „nicht mehr zeitgemäß"[134] beschrieben. Gemeint ist damit vor allem, dass die Gesetzgebungskompetenz umweltrelevanter Materien in den Bereich der ausschließlichen Gesetzgebung des Bundes, der konkurrierenden Gesetzgebung sowie in den Bereich der Abweichungsgesetzgebung oder früher in den der Rahmengesetzgebung fällt bzw. fiel. Heute fallen in die ausschließliche Gesetzgebungskompetenz des Bundes etwa die Erzeugung von Kernenergie und die Beseitigung radioaktiver Stoffe (Art. 71 i. V. m. Art. 73 Abs. 1 Nr. 14 GG), während in die konkurrierende Gesetzgebung z. B. die Abfallwirtschaft und Luftreinhaltung (Art. 72 Abs. 1 und 2 i. V. m. Art. 74 Abs. 1 Nr. 24 GG) fallen. Zu der Abweichungskompetenz gehören der Naturschutz oder auch der Wasserhaushalt (Art. 72 Abs. 3 Satz 1 Nrn. 2 bzw. 4 i. V. m. Art. 74 Abs. 1 Nrn. 29 bzw. 32 GG). Bemängelt wird also der eingangs erwähnte unübersichtliche und unsystematische Vorschriftendschungel.[135] Für Bereiche wie den Klimaschutz oder die erneuerbaren Energien fehlen noch immer Kompetenztitel.[136] Hier lassen sich Zuständigkeiten nur unter Hinzu-

130 Begriff bei: BT-Drs. 7/5684, S. 23; *Peine*, Kodifikation des Landesumweltrechts, 1996, S. 26 ff.; *Kloepfer/Durner*, DVBl 1997, 1081 (1081).

131 *Rengeling*, DVBl. 1998, 997 (998).

132 Koalitionsvereinbarung vom 16.1.1991, vgl. *Kloepfer*, JZ 1992, 817 (817).

133 *Kloepfer* in: Bohne/Kloepfer, Das Projekt eines Umweltgesetzbuchs 2009, S. 9.

134 *Koch* in: Kloepfer, Das kommende Umweltgesetzbuch, S. 22.

135 Begriff bei: BT-Drs. 7/5684, S. 23; *Peine*, Kodifikation des Landesumweltrechts, 1996, S. 26 ff.; *Kloepfer/Durner*, DVBl 1997, 1081 (1081).

136 *Köck/Ziehm*, ZUR 2006, 337 (337).

ziehung anderer Kompetenztitel begründen, wie z. B. des „Rechts der Wirtschaft" (Art. 74 Abs. 1 Nr. 11 GG). Umweltrechtliche Normen sind auf mehrere verschiedene Gesetzeswerke verteilt und haben jeweils selbstständige Kompetenzzuweisungen.[137] Aufgrund ihrer unterschiedlichen Entstehungsgeschichte weisen die jeweiligen Umweltschutzgesetze für vergleichbare Regelungsbereiche wie z. B. das Immissionsschutzrecht und das Atomrecht im Detail erheblich voneinander abweichende Regelungsstrukturen auf.[138] So sind im derzeit geltenden Atomrecht Genehmigungstatbestände auf verschiedene Regelungsebenen aufgeteilt. Einige Tatbestände sind in der Strahlenschutz-VO[139] geregelt, andere im Atomgesetz.[140] Anlagenbezogene Vorschriften des Immissionsschutzrechts dagegen finden sich im gesamten BImSchG[141] verstreut.[142] Die Bedeutung des Landesrechts im Bereich des Immissionsschutzes ist sehr begrenzt.[143]

Diese Unterschiede beruhen meist nicht auf sachlichen Notwendigkeiten, sondern auf historischen Zufälligkeiten.[144] Durch Erlass eines UGB soll einer derartigen Rechtszersplitterung oder auch „Mosaikarbeit"[145] u. a. mithilfe des juristischen Prinzips des „Vor-die-Klammer-Ziehens"[146] Einhalt geboten und eine „integrierte Vorhabengenehmigung"[147] geschaffen werden. Dies sollte wiederum europarechtlichen Vorgaben gerecht werden.

II. Integrierter Umweltschutz – Europarechtliche Vorgaben

Vor allem wegen der Umsetzung europarechtlicher Umweltrichtlinien besteht ein weiterer vorrangiger Motivationsgrund[148] für den Erlass eines UGB darin,

137 *Kloepfer*, JZ 1992, 817 (820).
138 UGB-KomE, Einleitung, S. 72.
139 Strahlenschutz-VO vom 20.7.2001 (BGBl. I S. 1714; 2002 I S. 1459), zuletzt geändert durch Art. 1 der VO vom 4.10.2011 (BGBl. I S. 2000).
140 „Gesetz über die friedliche Verwendung der Kernenergie und den Schutz gegen ihre Gefahren" in der Fassung der Bekanntmachung vom 15.7.1985 (BGBl. I S. 1565), zuletzt geändert durch Art. 4 des Gesetzes vom 8.11.2011 (BGBl. I S. 2178).
141 Gesetz zum Schutz vor schädlichen Umwelteinwirkungen durch Luftverunreinigungen, Geräusche, Erschütterungen und ähnliche Vorgänge
142 UGB-BT – *Kloepfer*, Einleitung, S. 18 f.
143 UGB-BT – *Jarass*, S. 634 unten.
144 UGB-KomE, Einleitung, S. 72.
145 *Koch* in: Kloepfer, Das kommende Umweltgesetzbuch, S. 22.
146 *Kloepfer*, Umweltschutzrecht, § 1, Rn. 45.
147 UGB-KomE, Einleitung, S. 87 f.
148 „Herzstück" *Miersch* in: Bohne/Kloepfer, Das Projekt eines UGB 2009, S. 130.

einen integrierten Umweltschutz einzuführen. Unter dem Terminus „integrierter Umweltschutz" versteht man eine medien- (z. B.: Wasser, Luft oder Boden) und sektorübergreifende (z. B.: Abfall, Immissionen) Bewertung möglicher Auswirkungen umweltbelastender Vorhaben und Stoffe.[149] „Vorhaben" meint insbesondere Bauvorhaben. Ein solcher medienübergreifender Umweltschutz setzt voraus, dass bei der Bewertung eines Vorhabens alle Umweltmedien auf mögliche Auswirkungen des Vorhabens überprüft werden.

Mit Normierung eines integrierten Umweltschutzes soll insbesondere der IVU-RL[150] und der UVP-RL[151] Rechnung getragen werden. Die teilweise als „Kernstücke"[152] des integrativen Umweltschutzes bezeichneten europäischen Vorgaben sehen eine vollständige medienübergreifende Koordination der Genehmigungsauflagen vor. Daher sollte § 83 UGB-KomE die Grundpflichten einer gebundenen Vorhabengenehmigung regeln. In § 83 Abs. 2 Satz 1 des Entwurfs heißt es, dass die für das Vorhaben geltenden Grundpflichten und die Anforderungen an die Zulässigkeit von Eingriffen in Natur und Landschaft so zu erfüllen sind, „dass unter Berücksichtigung aller Belastungspfade und der Wechselwirkung zwischen den Umweltgütern die Maßnahmen getroffen werden, die die Umwelt in ihrer Gesamtheit möglichst wenig belasten".

III. Scheitern der Entwürfe

Ende der achtziger, Anfang der 90er Jahre erarbeiteten Rechtswissenschaftler unter dem Vorsitz von *Michael Kloepfer* erstmalig Entwürfe[153] einer einheitlichen Kodifikation des Umweltrechts – ein UGB. Später setzte der damalige Bundesumweltminister Töpfer die „Unabhängige Sachverständigenkommission zum UGB" ein, die ihre Arbeit 1997 abschloss[154] und im Folgejahr an die damals neue Umweltministerin Merkel übergab.[155] Der Versuch, ein UGB auf den Weg

---

149 *Kloepfer*, Umweltrecht in Bund und Ländern, 2004, § 21, Rn. 25; *Schröder*, NuR 2000, 481 (481 f.); *Grandjot*, DÖV 2006, 511 (512).

150 RL des Rates vom 7.6.1990 über den freien Zugang zu Informationen über die Umwelt (90/313/EWG), ABl. Nr. L. 158 vom 23.6.1990, S. 56.

151 RL des Rates über die Umweltverträglichkeitsprüfung bei bestimmten öffentlichen und privaten Projekten vom 27.6.1985 (85/337/EWG), Abl. Nr. L 175 vom 5.7.1985, S. 40.

152 *Grandjot*, DÖV 2006, 511 (512); *Bischoff*, DVBl. 2008, 1039 (1040) mit Zitat von *Sangenstedt* anlässlich des 13. Leipziger Umweltrechts-Symposion, 17./18.4.2008 in Leipzig.

153 Entwurf eines Allgemeinen Teils von *Kloepfer/Rehbinder/Schmidt-Aßmann* unter Mitwirkung von *Kunig*, UGB 1991; Entwurf eines Besonderen Teils von *Jarass/Kloepfer/Kunig/Papier/Peine/Rehbinder/Salzwedel/ Schmidt-Aßmann*, UGB, 1994.

154 UGB-KomE, 1998.

155 *Kloepfer* in: Bohne/Kloepfer, Das Projekt eines UGB 2009, S. 9.

zu bringen, scheiterte zuletzt im Jahr 2009. Wie auch schon in den Jahren zuvor, können für das Scheitern im Wesentlichen zwei Gründe ausgemacht werden. Zunächst ist für das Scheitern ein politisches Tauziehen über naturschutz- und wasserrechtliche Kompetenzen verantwortlich.[156] Diese nicht ausgeräumten Differenzen veranschaulicht die Pressemitteilung des Bundesumweltministers[157] vom 1.2.2009, welche den bezeichnenden Titel trägt: „UGB ist am Widerstand Bayerns und der Union gescheitert".[158] In der Tat fürchtete die bayerische CSU die Schaffung einer „Monster-Bürokratie", die – nach der Einschätzung des bayerischen Umweltministers *Söder* – auf einen Schlag 10.000 Neugenehmigungen erforderlich machen würde.[159]

Wie auch schon bei den gescheiterten Anläufen zuvor, ist das UGB aber auch an Unstimmigkeiten bei der Frage gescheitert, ob die Gesetzgebungskompetenz des Bundes dieses Vorhaben deckt.[160] Als problematisch wurde es gesehen, den integrierten Ansatz sachgerecht umzusetzen, da die Gesetzgebungskompetenzen damals in mehreren Teilbereichen unübersichtlich auf Bund und Länder verteilt waren.[161] Denn die alleinige und einheitliche Umsetzung oder Durchführung von europäischen Rechtsakten kann der Bund allein nicht gewährleisten. In Fällen, in denen die Gesetzgebungskompetenz bei den Ländern lag, erschien es besonders kompliziert und zeitaufwendig, auf Bundesebene einheitliche Regelungen zu erlassen.

Durch die Föderalismusreform 2006 könnte der Weg für ein UGB nunmehr kompetenzrechtlich gebahnt sein. Problematisch ist hierbei jedoch die neu eingeführte Abweichungskompetenz aus Art. 72 Abs. 3 GG, die sich vor allem auf Kompetenztitel bezieht, die umweltschutzrechtlich relevant sind. Nach erfolgter Umsetzung europarechtlicher Vorgaben durch den Bund könnten die Länder hiervon abweichende Regelungen erlassen, die möglicherweise nicht mit dem

156 Ebd.: An „parteipolitischen Egoismen…gescheitert".

157 Sigmar Gabriel (SPD).

158 Pressemitteilung 033/09 des BMU, 16 Legislaturperiode, 1.2.2009 „Umweltgesetzbuch ist am Widerstand Bayerns und der Union gescheitert".

159 So *Söder* in mehreren Stellungnahmen zum Scheitern des UGB, s. z. B.: http://www.tagesschau.de/inland/umweltgesetzbuch110.html; vgl. auch *Kloepfer* in Bohne/Kloepfer, Das Projekt eines UGB 2009, S. 12.

160 *Oeter* in: v. Mangoldt/Klein/Stark, GG, 2010, Art. 74, Rn. 183; *Sendler* in: Erbguth, Europäisierung des nationalen Umweltrechts, S. 18; *Kloepfer* in: Bohne/Kloepfer, Das Projekt eines UGB 2009, S. 11; auch schon: Pressemitteilung 139/99 des BMU, 16 Legislaturperiode, 2.9.1999; *Rehbinder/Wahl*, NVwZ 2002, 21 (22); *Schmidt-Preuß*, NVwZ 2000, 252 (252).

161 *Epiney*, NuR 2006, 403 (407); *Kloepfer* in: Pitschas/Uhle/Aulehner, FS für R. Scholz, 2007, 651 (652 f.); angedeutet auch in: *Oeter* in v. Mangoldt/Klein/Stark, GG, 2010, Art. 74, Rn. 183.

Unionsrecht vereinbar sind. Es ist vor diesem Hintergrund heftig umstritten, ob kompetenzrechtlich die Voraussetzungen zum Erlass eines UGB erfüllt sind.[162]

162 Bejahend: *Kluth* in: Kluth, Föderalismusreformgesetz, Art. 74, Rn. 27; *Kloepfer*, ZG 2006, 250 (253 f.); vorsichtig: *Scheidler*, GewArch 2006, 453 (458); wohl auch: *Frenz*, NVwZ 2006, 742 (747);
Verneinend: *Ekardt/Weyland*, NVwZ 2006, 737 (739 ff.) mit Verweis auf SRU, Stellungnahme vom 8.2.2006, Ziff. 20; Gemeinsame öffentliche Anhörung des Rechtsausschusses des Deutschen Bundestages und des Ausschusses für Innere Angelegenheiten des Bundesrates zur Föderalismusreform, Mai 2006, Stellungnahmen von *Erbguth*, S. 6 A, *Schmidt-Jortzig*, S. 16 B, C und *Schrader*, S. 17 B; *Epiney*, NuR 2006, 403 (408 f.).

Kapitel 2: Die Abweichungsgesetzgebung gemäß Art. 72 Abs. 3 GG

Hat der Bund von seiner konkurrierenden Gesetzgebungszuständigkeit gemäß Art. 72 Abs. 1 GG Gebrauch gemacht, können die Länder gemäß Art. 72 Abs. 3 Satz 1 GG durch Gesetz von der Bundesregelung abweichende Regelungen treffen. Dies gilt jedoch nur für die in Abs. 3 Satz 1 abschließend aufgezählten Kompetenztitel. Diese sind das Jagdwesen, der Naturschutz und die Landschaftspflege, die Bodenverteilung, die Raumordnung und der Wasserhaushalt sowie die Hochschulzulassungen.

Bei einigen dieser Titel sind teilweise Bereiche ausgenommen. In dem für diese Arbeit relevanten Bereich des Naturschutzes und der Landschaftspflege handelt es sich hierbei konkret um „die allgemeinen Grundsätze des Naturschutzes, das Recht des Artenschutzes oder des Meeresnaturschutzes" (Art. 72 Abs. 3 Satz 1 Nr. 2 GG). Diese Regelungsgegenstände sind die sogenannten „abweichungsfesten Kerne" oder auch „Kernkompetenzen". In diesem Kapitel wird das Konzept der Abweichungskompetenz im Allgemeinen dargestellt und später konkret in Bezug auf den Naturschutz und die Landschaftspflege aufgearbeitet. Vorab wird die verfassungsrechtliche Kompetenzzuweisung untersucht.

A. Grundlagen der Abweichungsgesetzgebung

Im Zuge der Föderalismusreform von 2006 wurde die Rahmengesetzgebung abgeschafft und die Abweichungsgesetzgebungskompetenz eingeführt.

Die Abweichungskompetenz ist ein Novum im deutschen Verfassungsrecht.[163] Sie geht zurück auf einen Vorschlag der Enquete-Kommission zur Verfassungsreform aus dem Jahr 1977; die Idee konnte sich aber damals nicht durchsetzen.[164] Die damaligen Regierungsparteien waren die SPD und FDP, die gegenüber der Opposition nur eine knappe Mehrheit im Bundestag innehatten. Im Rahmen der Beratungen zur Föderalismusreform 2006 konnte aber eine Mehrheit für die Aufnahme der Abweichungskompetenz in das GG gefunden werden.

163 *Uhle* in: Kluth, Föderalismusreformgesetz, Art. 72, Rn. 47: „kennt keinen grundgesetzlichen Vorläufer"; *Huber* in: Blanke/Schwanengel, Zustand und Perspektiven des deutschen Bundesstaates, 2005, S. 30: „neuer Typus der Gesetzgebung"; *Degenhart*, NVwZ 2006, 1209 (1212); *Ipsen*, NJW 2006, 2801 (2803): „neue Kategorie"; *Häde*, JZ 2006, 930 (932 f.).

164 s.: BT-Drs. 7/5924, S. 137 f.

I. Einschränkung des Vorbehalts der Erforderlichkeit

Die Kompetenzausübung durch den Bund im Bereich des Art. 72 Abs. 3 GG steht jetzt nicht mehr unter dem Vorbehalt, dass die Regelung zur „Herstellung gleichwertiger Lebensverhältnisse oder der Wahrung der Rechts- und Wirtschaftseinheit" erforderlich sein muss, wie es vor der Reform nicht nur bei der Rahmengesetzgebung, sondern auch der konkurrierenden Gesetzgebung vorgesehen war.[165] In Bezug auf den Naturschutz und die Landschaftspflege gilt also eine unwiderlegliche Erforderlichkeitsvermutung zugunsten des Bundes. Dies stellt eine Abkehr von der länderfreundlichen Rechtsprechung des BVerfG zu Zeiten der Rahmengesetzgebung dar.[166]

Die Länder können nun jederzeit aufgrund des neuen Art. 72 Abs. 3 GG durch eigene Gesetze von dem jeweiligen Bundesgesetz abweichen. Dadurch sollen die Länder die Möglichkeit gewinnen, „in bestimmten Bereichen abweichend von der Regelung des Bundes eigene Konzeptionen zu verwirklichen und auf ihre unterschiedlichen strukturellen Voraussetzungen und Bedingungen zu reagieren."[167] Ob von der Abweichungsmöglichkeit Gebrauch gemacht wird, ist letztlich eine politische Entscheidung des Landesgesetzgebers.[168] Im Bereich des Naturschutzes und der Landschaftspflege haben mit Stand Februar 2012 zehn Bundesländer[169] von ihrem Abweichungsrecht Gebrauch gemacht.

II. Problem des Ping-Pong-Effekts

Da die Abweichungskompetenz nicht auf ein einmaliges Gebrauchmachen beschränkt ist, darf der Bund auch nach dem Erlass von Landesgesetzen wiederum unter den gleichen Voraussetzungen erneut Bundesgesetze erlassen. Gleiches gilt auch für die Länder. Das von einigen[170] befürchtete Hin und Her zwischen Bundes- und Landesgesetzgeber, das auch als „Ping-Pong-Effekt" beschrieben wird,[171] ist bislang nur ein theoretisches Problem geblieben. Zwar haben einige

---

165 Vgl. Art. 72 Abs. 2 GG a. F.

166 Vgl. Altenpflege-E (BVerfGE 106, 62 ff.) und Juniorprofessur-E (BVerfGE 111, 226 ff.).

167 BT-Drs. 16/813, S. 11.

168 BT-Drs. 16/813, S. 11.

169 Bayern (Bay. GVBl 2011, S. 82); Bremen (GVBl. HB 2010, S. 315); Hamburg (HmbGVBl. 2010, S. 350); Hessen (GVBl. Hessen 2010, 629); M-V (GVOBl. M-V 2010, S. 66); Niedersachsen (Nds. GVBl. 2010, 104); NRW (GV. NRW. 2010, S. 185); Sachsen (Sächs. GVBl. 2010, S. 114); S-A (GVBl. LSA 2010, S. 569); S-H (GVOBl. S-H 2010, 301, ber. S. 486).

170 *Häde*, JZ 2006, 930 (932); *Möstl*, ZG 2003, 297 (304).

171 Z. B. *Uhle* in: Kluth, Föderalismusreformgesetz, Art. 72 Rn. 53.

Länder von ihrem Abweichungsrecht Gebrauch gemacht, jedoch hat dies bislang den Bund nicht dazu verleitet, seinerseits neue naturschutzrechtliche Regelungen zu erlassen. Gleichwohl ist es nicht von der Hand zu weisen, dass dieses potentielle Problem besteht und für erhebliche Rechtsunsicherheit sorgen könnte.

1. Karenzzeit von 6 Monaten

Um die Gefahr des Ping-Pong-Effekts zu mindern, treten Bundesgesetze auf den in Art. 72 Abs. 3 Satz 1, Nrn. 1 bis 6 GG genannten Gebieten gemäß Art. 72 Abs. 3 Satz 2 GG frühestens sechs Monate nach ihrer Verkündung in Kraft. Diese „Karenzzeit" wurde geschaffen, um den Ländern die Gelegenheit zu geben, noch vor Inkrafttreten des Bundesgesetzes darüber zu entscheiden, ob und in welchem Umfang sie abweichendes Recht erlassen möchten.[172] Die einzelnen Länder können dadurch also verhindern, dass Bundesrecht in dem jeweiligen Land zur Anwendung gelangt.[173]

Laut Gesetzesbegründung sollen durch die Sechsmonatsfrist kurzfristig wechselnde Rechtsbehelfe an den Bürger und ein zu häufiger Wechsel der Rechtslage vermieden werden.[174] Ob eine Karenzzeit von sechs Monaten für den Landesgesetzgeber zu kurz[175] oder zu lang[176] sei, wurde im Vorfeld und nach Inkrafttreten der Föderalismusreform strittig diskutiert. Tatsächlich hat sich das sechsmonatige Moratorium für das Inkrafttreten von Bundesrecht als äußerst knapp bemessen erwiesen. So ist es nur den Ländern Niedersachsen, M-V und S-H gelungen, ihr Landesnaturschutzrecht „rechtzeitig" zum Inkrafttreten des BNatSchG zum 1.3.2010 zu erlassen.

2. Keine Karenzzeit in Eilfällen

Nach Art. 72 Abs. 3 Satz 2 GG besteht jedoch in Eilfällen die Möglichkeit eines früheren Inkrafttretens, wenn eine 2/3-Mehrheit im Bundesrat dem zustimmt. Diese Zustimmungsbedürftigkeit bezieht sich nur auf die Fristverkürzung, nicht aber auf das Gesetz an sich.[177] Den Ländern wurde keine Frist für den Gebrauch des Abweichungsrechts gesetzt. Sinn und Zweck dieser Regelung ist insbeson-

---

172 BT-Drs. 16/813, S. 11; vgl. auch *Ipsen*, NJW 2006, 2801 (2804).

173 *Uhle* in: Kluth, Föderalismusreformgesetz, Art. 72, Rn. 52.

174 BT-Drs. 16/813, S. 11.

175 *Louis*, ZUR 2006, 340 (342): „wirklichkeitsfremd"; *Kotulla*, NVwZ 2007, 489 (491); *Krings*, NordÖR 2010, 181 (182).

176 *Meyer*, Die Föderalismusreform 2006, S. 168.

177 *Pieroth* in: Jarass/Pieroth, Art. 72, Rn. 31; *Dittmann* in: Sachs, GG, Art. 84, Rn. 14; *Meyer*, Die Föderalismusreform 2006, S. 168.

dere, in Eilfällen einer europarechtlichen Umsetzungspflicht genügen zu können.[178]

B. Gesetzgebungszuständigkeit – Verfassungsrechtl. Kompetenzzuweisung

Der Bund hat gemäß Art. 70 Abs. 1 GG nur dann die Gesetzgebungskompetenz, wenn sie ihm durch das GG „verliehen" wird, im Übrigen haben die Länder das Recht der Gesetzgebung. Dabei bemisst sich die Abgrenzung der Zuständigkeit zwischen Bund und Ländern nach den Artt. 71 ff. GG über die *ausschließliche* und die *konkurrierende* Gesetzgebung (Art. 70 Abs. 2 GG).

I. Vorbehalt der „Verleihung durch das GG" (Art. 70 Abs. 1 GG)

Es gilt der Grundsatz, dass jede Gesetzgebungskompetenz des Bundes ihre Grundlage in geschriebenem Recht finden muss.[179] Gebiete, die in der Verfassung nicht als Gegenstände der Bundesgesetzgebung genannt sind, fallen gemäß Art. 30 und Art. 70 Abs. 1 GG grundsätzlich den Ländern zu.

1. Grundsatz: Verleihung der Gesetzgebungskompetenz durch die Verfassung

Um eine Gesetzgebungskompetenz des Bundes annehmen zu können, bedarf es einer entsprechenden Kompetenzverleihung im GG. Im Bereich der ausschließlichen Gesetzgebung des Bundes gemäß Art. 71 GG lässt sich eine derartige Verleihung leicht nachvollziehen. Durch Art. 73 GG, wird dem Bund hier vom verfassunggebenden Gesetzgeber für die dort genannten Bereiche die Gesetzgebungsbefugnis klar und ausdrücklich zugewiesen („Der Bund hat die ausschließliche Gesetzgebungskompetenz über: …").

Bei der konkurrierenden Gesetzgebungszuständigkeit ist zu differenzieren. Hier haben die Länder gemäß Art. 72 Abs. 1 GG die Befugnis zur Gesetzgebung, solange und soweit der Bund von *seiner* Gesetzgebungszuständigkeit nicht durch Gesetz Gebrauch gemacht hat.

---

178 BT-Drs. 16/813, S. 11; *Dittmann* in: Sachs, GG, Art. 84, Rn. 14.

179 *Pieroth* in: Jarass/Pieroth, Art. 70, Rn. 5.

a) Ausdrückliche Verleihung in Art. 72 Abs. 2 GG

Die Gesetzgebung verleiht in Art. 72 Abs. 2 GG dem Bund ausdrücklich für die Gebiete des Art. 74 Abs. 1 Nrn. 4, 7, 11, 13, 15, 19a, 20, 22, 25 und 26 GG („hat der Bund das Gesetzgebungsrecht“). Hier ist die Verleihung für die genannten Bereiche ebenso ausdrücklich erfolgt wie bei der ausschließlichen Gesetzgebung aus Art. 73 GG, wenn auch unter gewissen Voraussetzungen.

b) Keine ausdrückliche Verleihung in Art. 72 Abs. 3 GG

Für die Gebiete aus Art. 72 Abs. 3 Satz 1 GG fehlt eine ausdrückliche Verleihung. Zu diesen Gebieten zählen insbesondere auch der Naturschutz und die Landschaftspflege. Nach Art. 72 Abs. 3 Satz 1 GG heißt es lediglich: „Hat der Bund von seiner Gesetzgebungszuständigkeit Gebrauch gemacht, können die Länder durch Gesetz hiervon abweichende Regelungen“ über die in Abs. 3 benannten Materien treffen.

Die Länder können also nur dann abweichen, wenn der Bund von *seiner* Gesetzgebungszuständigkeit Gebrauch gemacht hat. Mit „seiner Gesetzgebungszuständigkeit“ kann nur eine ihm verliehene Gesetzgebungszuständigkeit gemeint sein. Es wird durch diese Formulierung unterstellt, dass dem Bund die Kompetenz verliehen wurde. Eine explizite Verleihung der Bundeskompetenz für die besagten Materien aus Art. 72 Abs. 3 GG enthält das GG anders als bei Art. 72 Abs. 2 und Art. 73 Abs. 1 GG nicht.

In der Konsequenz würde dies bedeuten, dass die in Abs. 3 genannten Materien gemäß Art. 72 Abs. 1 GG in Verbindung mit Art. 74 Abs. 1 Nrn. 28 bis 33 GG mangels Verleihung der Bundeskompetenz in die Zuständigkeit der Länder fallen müssten, da die Länder grundsätzlich das Recht zur Gesetzgebung haben. Damit würde aber die neu eingeführte Abweichungskompetenz nie zum Tragen kommen können. Dies kann so nicht gewollt sein.[180]

2. Verleihung durch Auslegung

a) Zulässigkeit einer Kompetenzverleihung durch Auslegung

Eine ungeschriebene Gesetzgebungskompetenz gibt es nicht.[181] Es ist nach allgemeiner Meinung aber auch eine Kompetenzverleihung zulässig, die sich erst

180 Vgl. BT-Drs. 16/813, S.11.

181 *Sannwald* in: Schmidt-Bleibtreu/Hofmann/Hopfauf, GG, 2011, Art. 72, Rn. 28; *Pestalozza* in: v. Mangoldt/Klein/Pestalozza, GG, 1996, Art. 70, Rn. 88; *Pieroth* in: Jarass/Pieroth, Art. 70, Rn. 5.

durch Auslegung des geschriebenen Verfassungsrechts ergibt.[182] Der Begriff „Verleihung“ aus Art. 70 Abs. 1 GG steht einer Kompetenzbegründung durch Auslegung der Verfassung nicht zwangsläufig entgegen.[183] Das BVerfG hat in einigen Entscheidungen zwar von „ungeschriebenen“ Bundeskompetenzen „kraft Sachzusammenhangs“[184] oder „aus der Natur der Sache“[185] gesprochen, jedoch können die Kompetenzzuweisungen in diesen Entscheidungen stets auf geschriebenes Recht gestützt werden.[186] Die Anknüpfung an geschriebenes Verfassungsrecht ist für die Begründung der Gesetzgebungskompetenz zwingend erforderlich, da das Wort „Verleihung“ anderenfalls gänzlich sinnentfremdet würde.[187]

Ob man eine Bundeskompetenz nun durch Auslegung der Verfassung ermittelt oder ob man sie – wie vorgenannt das BVerfG – auf eine Kompetenz kraft Sachzusammenhangs bzw. aus der Natur der Sache bestimmt, ist im Ergebnis unbedeutend. In all diesen Fällen wird versucht, eine Kompetenz für den Bund zu begründen, die ihm in der Verfassung nicht explizit verliehen wurde. Wie auch immer man den Lösungsweg bezeichnet, so handelt es sich im Kern um eine Auslegung der Verfassung.[188] Bei dieser Auslegung der Kompetenzverleihung ist nicht nur der Sinn und Zweck zu berücksichtigen,[189] sondern auch die Historie und Staatspraxis.[190]

b) Verleihung vor der Föderalismusreform

Das Versäumnis, die Gesetzgebungskompetenz des Bundes für die genannten Gebiete explizit zu verleihen, kann nur auf die Umstellung des Art. 72 GG im Zuge der Föderalismusreform zurückzuführen sein. Vor der Reform von 2006 war der damalige Abs. 1 identisch mit dem heutigen. Der erste Halbsatz von Abs. 2 enthielt aber keine konkrete Nennung ausgewählter Rechtsgebiete aus Art. 74

182 *Isensee* in: Isensee/Kirchhof, HStR IV, 2008, § 133, Rn. 79; *Umbach/Clemens* in: Umbach/Clemens, GG, Art. 70, Rn. 15; *Pieroth* in: Jarass/Pieroth, Art. 70, Rn. 5; *Rozek* in: v. Mangoldt/Klein/Starck, GG, 2010, Art. 70, Rn. 38.

183 *Rozek* in: v. Mangoldt/Klein/Starck, GG, 2010, Art. 70, Rn. 38.

184 Bejaht wurde so z. B. eine Bundeskompetenz für das Rundfunkrecht im Hinblick auf Sendezeiten für Parteien, s. BVerfGE 12, 205 (240 f.).

185 So wurde z. B. eine Bundeskompetenz für die Bestimmung der Bundessymbole und des Sitzes der Bundesregierung bejaht, s. BVerfGE 3, 407 (420).

186 *Pieroth* in: Jarass/Pieroth, Art. 70, Rn. 5; *Kunig* in: v. Münch/Kunig, GG, 2003, Art. 70, Rn. 22; *Bothe* in: AK, GG, Art. 30, Rn. 13 ff.; *Stern*, Staatsrecht II, S. 610; *Bullinger*, AöR 1971, 237 (280 ff.).

187 *Kunig* in: v. Münch/Kunig, GG, 2003, Art. 70, Rn. 22.

188 *Bullinger*, AöR 1971, 237 (246 f.); so i. E. auch *Pieroth* in: Jarass/Pieroth, Art. 70, Rn. 5, dort m. w. N.

189 *Pieroth* in: Jarass/Pieroth, Art. 70, Rn. 7.

190 BVerfGE 68, 319 (328 ff.); 106, 62 (105).

Abs. 1 GG, sondern hieß bloß: „Der Bund hat in diesem Bereich das Gesetzgebungsrecht, wenn …". Damit wurde dem Bund, unter den Einschränkungen des zweiten Halbsatzes, die Gesetzgebungsbefugnis für den gesamten Katalog des Art. 74 Abs. 1 GG verliehen. In seiner damaligen Formulierung des Art. 72 GG war die Kompetenzverleihung an den Bund umfassend ausdrücklich erfasst.

c) Redaktionelle Gestaltung im Zuge der Reform

Das zuvor in sich geschlossene System aus den Artt. 70, 72 und 74 GG wurde im Zuge der Föderalismusreform 2006 durch Änderung des ersten Halbsatzes des Art. 72 Abs. 2 GG durchbrochen. Denn nun bezieht sich die ausdrückliche Verleihung der Gesetzgebungsbefugnis zugunsten des Bundes ausschließlich auf die in Abs. 2 genannten Bereiche und nicht mehr auf den gesamten Katalog des Art. 74 Abs. 1 GG. Es stellt sich die Frage, warum der Gesetzgeber die in Art. 70 Abs. 1 GG geforderte Verleihung, anders als bei den anderen aufgelisteten Titeln, nicht ausdrücklich formuliert hat. Es fehlt ein einleitender Satz, der dem Bund das Gesetzgebungsrecht verleiht. Denkbar wäre eine Formulierung, die sich an Abs. 2 orientiert. So hätte Abs. 3 des Art. 72 GG zur Vermeidung von Zweifeln etwa wie folgt formuliert werden können:

> *„Auf den Gebieten des Art. 74 Abs. 1 Nrn. 28 bis 33 hat der Bund das Gesetzgebungsrecht. Hat der Bund von seiner Gesetzgebungszuständigkeit Gebrauch gemacht, können die Länder durch Gesetz hiervon abweichende Regelungen treffen.*
> *Von dem Abweichungsrecht der Länder ausgeschlossen sind die folgenden Bereiche:*
> *1. das Recht der Jagdscheine beim Jagdwesen;*
> *[... weiter wie bekannt]"*

Unstrittig sollte dem Bund hier die Gesetzgebungskompetenz verliehen werden, da ansonsten die neu eingeführte Abweichungsgesetzgebungskompetenz ad absurdum geführt würde. Auch die Gesetzesbegründung zur Föderalismusreform besagt ausdrücklich, dass der Bund auf den Gebieten des Art. 72 Abs. 3 Nr. 1–6 GG „die Gesetzgebung hat".[191] Dieser gesetzgeberische Wille wurde schlicht technisch unsauber in den Gesetzestext übertragen.

191 BT-Drs. 16/813, S. 11 u. auch S. 9.

d) Kompetenzverleihung durch Auslegung

aa) Literatur

In der Literatur wird die mangelnde Verleihung für die Titel der Abweichungskompetenz größtenteils nicht kommentiert und schlicht als gegeben angesehen.[192] So einfach gestaltet sich die Rechtslage jedoch nicht. Einige[193] behaupten allgemein, die Gesetzgebungsbefugnis des Bundes ergebe sich aus Art. 73 bzw. 74 GG. Bei der Abweichungsgesetzgebung, als Unterfall der konkurrierenden Gesetzgebung, wäre Art. 74 GG die relevante Vorschrift. Die Bundeskompetenz für das Naturschutzrecht müsste sich dieser Meinung nach aus der Formulierung ergeben: „Die konkurrierende Gesetzgebung erstreckt sich auf folgende Gebiete: [...] den Naturschutz und die Landschaftspflege [...]“ und daraus, dass das GG im Übrigen einen entsprechenden Nachweis nicht mehr verlange.[194] Dies ergebe sich im Umkehrschluss aus dem Umstand, dass Art. 72 Abs. 2 GG nur noch für die dort genannten Gebiete an der Erforderlichkeit festhielte.[195]

bb) Eigene Position

Dieser Ansatz ist fraglich. Richtig ist, dass Art. 73 Abs. 1 GG dem Bund ausdrücklich die Kompetenz für die dort genannten Gebiete verleiht. Die Formulierung „der Bund hat die ausschließliche Gesetzgebung über: [...]“ ist eindeutig. Jedoch in der unmittelbar folgenden Vorschrift des Art. 74 GG steht lediglich: „Die konkurrierende Gesetzgebung erstreckt sich auf folgende Gebiete“. Hiermit wir meines Erachtens keine Kompetenz verliehen, sondern nur der Umfang der konkurrierenden Gesetzgebung geregelt. Diese Auffassung wird dadurch bestätigt, dass vor der Reform die Verleihung – konsequenterweise richtig – ausdrücklich in Art. 72 Abs. 2 GG a. F. erfolgte. Dort hieß es unmissverständlich: „Der Bund hat in diesem Bereich das Gesetzgebungsrecht [...]“. Wie oben dargestellt, hat der verfassungsändernde Gesetzgeber im Zuge der Neugestaltung der Kompetenzverteilung an dieser Stelle redaktionell unsauber gearbeitet.

192 Weder *Rozek* noch *Oeter* in: v. Mangoldt/Klein/Stark, GG, 2010, Artt. 70 bzw. 72; auch nicht *Sannwald* in: Schmidt-Bleibtreu/Hofmann/Hopfauf, GG, 2011, Art. 70 ff. oder *Pieroth* in: Jarass/Pieroth, Art. 70 ff.

193 *Pieroth* in: Jarass/Pieroth, Art. 72, Rn. 3 u. Art. 74 Rn. 2 „vorbehaltlich einer anderweitigen Verleihung“; *Sannwald* in: Schmidt-Bleibtreu/Hofmann/Hopfauf, GG, 2011, Art. 72, Rn. 27; *Uhle* in: Kluth, Föderalismusreformgesetz, Art. 72, Rn. 29; *Rengeling*, DVBl. 2006, S. 1537 (1542).

194 *Uhle* in: Kluth, Föderalismusreformgesetz, Art. 72, Rn. 30 unten.

195 Ebd.

In der Literatur ist diese konkrete Thematik der mangelnden ausdrücklichen Verleihung nicht nachhaltig aufgegriffen worden. Eine Auseinandersetzung mit dem Wortlaut der Art. 70 ff. GG (insbesondere der Artt. 72 und 74 GG) fehlt weitestgehend. Es besteht der Eindruck, man ignoriere und meide die Tatsache, dass es nach der Reform an einer ausdrücklichen Verleihung fehlt. Meines Erachtens ist die Verleihung der Bundeskompetenz für die Titel der Abweichungsgesetzgebung aus Sinn und Zweck, der Historie sowie Systematik der Artt. 70 ff. GG zu ermitteln.

Im Fall der Gebiete der Abweichungskompetenz ergibt sich die Verleihung der Bundeskompetenz aus der in Art. 72 GG enthaltenen indirekten Unterstellung einer Bundeskompetenz. In Art. 72 Abs. 1 GG ist nämlich geregelt, dass die Länder die Kompetenz haben, „sofern der Bund nicht von seiner Kompetenz Gebrauch gemacht hat". In Abs. 3 steht: „Hat der Bund von seiner Gesetzgebungszuständigkeit Gebrauch gemacht [...]" Aus diesen sich aus dem jeweiligen Wortlaut ergebenden Unterstellungen kann inhaltlich entnommen werden, dass der Bund eine solche Kompetenz hat oder haben soll und darin eine Verleihung enthalten ist. Hierfür spricht sicherlich Sinn und Zweck der Reform und es ist außer Zweifel, dass auch der Wille[196] des verfassungsändernden Gesetzgebers diese Zielrichtung hatte. Schließlich hatte der Bund vor der Reform grundsätzlich auch die Bundeskompetenz für alle Gebiete der konkurrierenden Gesetzgebung gemäß Art. 72 Abs. 2 GG a. F. Wollte man nicht zu einem widersprüchlichen und in der Konsequenz abstrusen Ergebnis der Länderkompetenz aufgrund fehlender ausdrücklicher Verleihung an den Bund kommen, muss eine solche Auslegung erlaubt sein.

II. Neue Kategorien der konkurrierenden Gesetzgebung

Wie im vorhergehenden Abs. bereits angedeutet, wurde die konkurrierende Gesetzgebung mit der Föderalismusreform erstmalig in drei Kategorien unterteilt:

Beim ersten Typus gemäß Art. 72 Abs. 1 GG hat der Bund uneingeschränkt die Gesetzgebungskompetenz für die Kompetenztitel aus Art. 74 Abs. 1 Nrn. 1, 2, 3, 6, 9, 10, 12, 14, 16, 17, 18, 19, 21, 23, 24 und 27 GG, sofern er von seiner Gesetzgebungszuständigkeit Gebrauch macht.

Der zweite Typus (Art. 72 Abs. 2 GG), ist die an das Kriterium der Erforderlichkeit gebundene Bundesgesetzgebung bezüglich der Titel aus Art. 74 Abs. 1 Nrn. 4, 7, 11, 13, 15, 19a, 20, 22, 25 und 26 GG. Hier hat der Bund die Gesetz-

196 So ausdrücklich in: BT-Drs. 16/813, S. 11 u. auch S. 9.

gebungskompetenz, wenn und soweit die Herstellung gleichwertiger Lebensverhältnisse im Bundesgebiet oder die Wahrung der Rechts- oder Wirtschaftseinheit im gesamtstaatlichen Interesse eine bundesgesetzliche Regelung erforderlich macht.

Der dritte Typus ist die Abweichungsgesetzgebung (Art. 72 Abs. 3 GG), die auf die Materien des Art. 74 Abs. 1 Nrn. 28 bis 33 GG beschränkt ist. Hier haben der Bund und die Länder gleichermaßen eine Vollkompetenz, wobei für die Gesetzgebung der Länder einige Kernbereiche von dieser Vollkompetenz ausgeklammert werden.[197] Das heißt, dass jeweils Bund und Länder, abgesehen von den abweichungsfesten Kernen wie etwa dem Recht der Jagdscheine oder den allgemeinen Grundsätzen des Naturschutzes, umfassende Regelungen treffen können. Die abweichungsfesten Kerne allein betrachtet fallen faktisch unter die alleinige Gesetzgebungskompetenz des Bundes und haben damit eher den Charakter einer ausschließlichen Bundeskompetenz entsprechend Art. 71 GG.

Diese Annahme ist aber nur dann richtig, wenn der Bundesgesetzgeber abweichungsfeste Kernregelungen aufgestellt und damit von „seiner Gesetzgebungszuständigkeit Gebrauch gemacht" hat (Art. 72 Abs. 3 Satz 1 GG). Hat er dies unterlassen, so können die Länder auch nicht von ihnen abweichen und erst recht nicht in verfassungswidriger Weise. Die Länder könnten dann theoretisch diese abweichungsfesten Kerne unter Berücksichtigung supranationaler Vorschriften und sonstiger verfassungsrechtlicher Vorgaben eigenständig regeln. Sofern abweichungsfeste Regelungen vom Bundesgesetzgeber aufgestellt wurden, er also von seinem Gesetzgebungsrecht Gebrauch gemacht hat, erlangen diese Kernregelungen den Charakter einer ausschließlichen Gesetzgebung.

C. Verfahren und Form

Abweichende Landesgesetze auf den Gebieten des Art. 72 Abs. 3 GG unterliegen grundsätzlich den gleichen formellen Anforderungen wie jedes andere Landesgesetz. Es muss die Zuständigkeit gegeben sein sowie Verfahren und Form müssen gewahrt werden.[198] Anforderungen an die Zuständigkeit wurden zuvor ausführlich dargestellt.[199] Im Folgenden wird mangels Relevanz nur kursorisch auf die Anforderungen an Verfahren und Form eingegangen.

---

197 *Ipsen*, NJW 2006, 2801 (2802).

198 *Frenzel*, JuS 2010, 119 (119 ff.).

199 s. bei Fn. 179.

I. Gesetzgebungsverfahren

Das Gesetzgebungsverfahren muss entsprechend der jeweiligen Landesverfassung erfolgen. Die entsprechenden Verfahrensvorschriften sind z. B. in der brandenburgischen Landesverfassung in Artt. 75 bis 81 normiert; in der bayerischen Landesverfassung sind die Vorschriften zum Gesetzgebungsverfahren in Art. 70 bis 76 geregelt.

II. Abweichung durch formelles Gesetz

Nach dem Wortlaut des Art. 72 Abs. 3 Satz 1 GG können die Länder durch Gesetz abweichende Regelungen treffen. Mit dem Begriff „durch Gesetz“ ist ein Gesetz im formellen Sinne gemeint.[200]

Ob daneben auch materielle Vorschriften wie etwa Verordnungen erfasst werden, ist umstritten. Soweit der Landesgesetzgeber seinerseits Rechtsetzungsbefugnisse zum Verordnungserlass delegieren kann, so argumentiert *Degenhart*,[201] würde das Abweichungsrecht auch für die Verordnungsermächtigung gelten. Es sei nicht ausgeschlossen, dass auch in Verordnungen von Bundesrecht abweichende Regelungen enthalten sind. Die eigentliche Abweichungsentscheidung jedoch müsse vom Landesgesetzgeber getroffen werden.

Der Ansicht *Degenharts* ist jedoch nicht zu folgen. Sie würde die durch den Gesetzgeber gewählte Formulierung „durch Gesetz“ unnötig aufweichen. Die Formulierung „durch Gesetz“ ist ein gesetzgeberisches Standardwerkzeug. Hätte der Gesetzgeber auch materielle Gesetze einschließen wollen, so hätte er dies leicht klarstellen können und eine entsprechende Formulierung in Art. 72 Abs. 3 GG aufgenommen.

D. Materielle Anforderungen – Begriff „Abweichung“

Nach dem allgemeinen Sprachgebrauch versteht man unter einer „abweichenden Regelung“ eine Regelung, die einen Sachverhalt anders bzw. alternativ regelt. Der Duden schlägt als Synonyme etwa Wörter wie „unterscheiden“ oder „variie-

---

200 *Sannwald* in: Schmidt-Bleibtreu/Hofmann/Hopfauf, GG, 2011, Art. 72, Rn. 80f.; *Pieroth* in: Jarass/Pieroth, Art. 72, Rn. 29; *Uhle* in: Kluth, Föderalismusreformgesetz, Art. 72, Rn. 51; *Degenhart*, DÖV 2010, 422 (423).

201 *Degenhart*, DÖV 2010, 422 (423).

ren" vor.[202] In der Rechtswissenschaft ist es jedoch umstritten, wann im Einzelfall eine solche Unterscheidung oder Variation i. S. v. Art. 72 Abs. 3 Satz 1 GG vorliegt. Hier ist zu differenzieren.

I. Abweichen durch mildere, schärfere oder verschiedene Regelungen

Unproblematisch meint „Abweichen" Regelungen, die von ihrer Qualität her im Verhältnis von Landes- zu Bundesrecht milder, schärfer oder grundverschieden sind.[203] Der Begriff „Abweichen" ist der Oberbegriff, der all diese Begriffe umfasst.

Die Abweichung kann auch darin bestehen, dass eine bundesrechtliche Norm konkretisiert wird, etwa durch die Nennung von Regelbeispielen.[204] So haben einige Landesgesetzgeber in ihren L-NatSchG Vorschriften aufgenommen, die das BNatSchG „ergänzen". Beispielsweise sollen laut Art. 13 BayNatSchG „Nationalparke ergänzend zu § 24 Abs. 1 Nr. 1 BNatSchG eine Mindestfläche von 10.000 Hektar haben". Hier handelt es sich prima facie um eine Abweichung i. S. v. Art. 72 Abs. 3 GG, da der Regelungsgehalt der bundesgesetzlichen Vorschrift verändert wird.

Normen, die bloß konkretisierend sind, stellen auch eine Abweichung dar, denn sie engen den Auslegungsspielraum einer Regelung ein und haben somit auch einen abweichenden Charakter. Als theoretisches Beispiel kommt etwa eine Legaldefinition eines Landesgesetzgebers in Betracht, die einen Begriff aus dem BNatSchG erklärt.

II. Öffnungsklauseln im BNatSchG – Fortsetzung der Rahmengesetzgebung?

Das BNatSchG enthält unterschiedliche Formulierungen, durch die den Landesgesetzgebern ein Regelungsspielraum für bestimmte Sachverhalte oder Verfahrensfragen eingeräumt wird. Man spricht allgemein von „Öffnungsklauseln".[205]

---

202 Duden, Bd. 10, S. 68 zu „abweichen".

203 *Pieroth* in: Jarass/Pieroth, Art. 72, Rn. 30; *Uhle* in: Kluth, Föderalismusreformgesetz, Art. 72, Rn. 51; *Fischer-Hüftle*, NuR 2007, 78 (80); *Degenhart*, DÖV 2010, 422 (425); wohl auch *Seiler* in: Epping/Hillgruber, GG, Art. 72, Rn. 24.2.

204 *Fischer-Hüftle*, NuR 2007, 78 (80).

205 Etwa *Fischer-Hüftle* in: Schumacher/Fischer-Hüftle, BNatSchG, vor § 1, Rn. 9 a. E.; *Heusch* in: Schmidt-Bleibtreu/Hofmann/Hopfauf, GG, 2011, Art. 95, Rn. 8.

So formuliert der Bund etwa: „Die Landesregierungen werden ermächtigt, das Nähere zu bestimmen“, oder „abweichendes Landesrecht bleibt unberührt“. Insbesondere erstere Formulierung erinnert inhaltlich an die abgeschaffte Rahmengesetzgebung. Nachfolgend wird untersucht, ob hier möglicherweise ein verfassungsrechtlich bedenklicher Rückfall in die Rahmengesetzgebung vorliegt.

1. Das Nähere richtet sich nach Landesrecht

Teilweise richten sich Zuständigkeit, Form oder Verfahren laut BNatSchG nach Landesrecht (z. B.: § 10 Abs. 4 oder § 11 Abs. 5 BNatSchG). Über dieses Prozedurale hinausgehend, richtet sich in wenigen Einzelfällen auch Inhaltliches nach Landesrecht, wie z. B. das Nähere zur Kompensation von Eingriffen (§ 15 Abs. 7 Nr. 2 BNatSchG) oder die Befugnis der Bediensteten der Naturschutzbehörden, Grundstücke zu betreten, (§ 65 Abs. 3 BNatSchG). Der Bundesgesetzgeber verzichtet in beiden Konstellationen auf ein „Gebrauchmachen“ i. S. v. Art. 72 Abs. 3 Satz 1 GG.[206] Die Länder haben in diesen Bereichen die Vollkompetenz nach Art. 72 Abs. 1 GG. Die Formulierung „richtet sich nach Landesrecht“ setzt nicht voraus, dass es sich um bestehendes Landesrecht handeln muss.[207]

2. Rückfall in die Rahmengesetzgebung?

Durch die Benutzung von Formulierungen wie etwa: „Das Nähere richtet sich nach Landesrecht“ (§ 68 Abs. 2 letzter Satz BNatSchG) zeigt das BNatSchG deutlich seine rahmengesetzgeberischen Wurzeln. Einige sprechen bei der neuen Abweichungsgesetzgebungskompetenz nicht ohne Grund von einer Fortsetzung der Rahmengesetzgebung in anderem Gewand.[208] Diese Öffnungsklauseln erscheinen bedenklich, da durch die Abweichungsgesetzgebung gemäß Art. 72 Abs. 3 GG jeweils Bund und Länder in den dortigen Bereichen eine Vollkompetenz innehaben sollen.[209] Bundesregelungen, bei denen sich das Nähere nach Landesrecht richtet, müssen in der Konsequenz auch ohne ausfüllende Landesregelungen durchsetzbar sein, um den verfassungsrechtlichen Vorgaben des Art. 72

206 So auch zu § 66 Abs. 5 BNatSchG: DNotI-Report, 2010, 64 (66); *Heinze*, NJW 2010, 388 (390).

207 *Schütte/Kattau*, ZUR 2010, 253 (257); *Louis*, NuR 2010, 77 (78); *Berghoff/Steg*, NuR 2010, 17 (19).

208 *Reinhardt*, AöR 2010, 459 (482); *Grünewald*, S. 83; *Kotulla*, NVwZ 2007, 489 (493 u. 495); *Franzius*, NVwZ 2008, 492 (495 unten); *Klein/Schneider*, DVBl. 2006, 1549 (1554); mit Verweis auf *Pestalozza*, Rechtsausschussprotokoll 12 vom 15./16.5.2006, S. 315 (324 unten); *Rehbinder/Wahl*, NVwZ 2002, 21 (27); mit Bezug auf die „altbekannten Abgrenzungsschwierigkeiten“ *Papier*, NJW 2007, 2145 (2148).

209 *Ipsen*, NJW 2006, 2801 (2802).

Abs. 3 GG zu entsprechen. Anders als bei der damaligen Rahmengesetzgebung besteht nach dem neuen Art. 72 Abs. 3 GG nun gerade keine zwingende Ausfüllungsbedürftigkeit mehr, sondern allein eine Ausfüllungsfähigkeit.[210] Letztere ist eine rein politische Entscheidung der Landesregierungen.[211]

Durch Formulierungen wie: „Das Nähere richtet sich nach dem Landesrecht" werden die Länder jedoch nicht ausdrücklich angewiesen, gesetzgeberisch tätig zu werden. Hierzu fehlt dem Bund nach Abschaffung der Rahmengesetzgebung nunmehr die Kompetenz.[212] In der hohen Zahl der Öffnungsklauseln könne man eine faktische Notwendigkeit für die Neuschaffung ausführender Landesregelungen sehen.[213] Dieser Überlegung ist im Ergebnis nicht zu folgen. Denn bei der Novellierung des BNatSchG lagen bereits entsprechende Landesregelungen der Bundesländer vor. Die Landesregierungen waren also nicht „genötigt", neue ausführende Regelungen zu erlassen, da die alten Regelungen fortgelten, die in den Bereich von Öffnungsklauseln fallen.[214] So sehen auch heute noch, also zwei Jahre nach Inkrafttreten des BNatSchG 2010, immerhin fünf Länder nicht die Notwendigkeit, ihrerseits ihr L-NatSchG zu novellieren. Es liegt allein im politischen Ermessen der jeweiligen Landesregierung, ob sie das Bundesrecht an den besagten Stellen ausfüllen möchten oder nicht.[215]

Unabhängig davon hatte der Bund im Bereich der konkurrierenden Gesetzgebung schon vor der Föderalismusreform die Möglichkeit, bestimmte Vorbehalte zugunsten der Landesgesetzgebung zu machen.[216] So folgt bereits aus Art. 84 Abs. 1 GG, dass Zuständigkeits- und Verfahrensregelungen grundsätzlich durch die Länder getroffen werden.[217]

Auch die Öffnungsklauseln, die nicht bloße prozedurale Regelungen dem Landesrecht, sondern inhaltliche materiellrechtliche Regelungen den Landesgesetzgebern überlassen, begründen keine Pflicht der Länder zur Gesetzgebung. Wie auch bei Verfahrensregeln gilt das bestehende Landesrecht hier fort.[218] Gegebenenfalls ist durch einen Vergleich von Bundes- und Landesrecht jeweils im konkreten Einzelfall zu ermitteln, welche Landesnorm gegenüber dem Bundesrecht Bestand hat.[219] Dieses „Gegenlesen" ist im Fall der Landesgesetze, die nach dem geltenden

---

210 Zur alten Rechtslage s. BVerfGE 4, 115 (129 f.).

211 BT-Drs. 16/813, S. 11.

212 *Fischer-Hüftle* in: Schumacher/Fischer-Hüftle, BNatSchG, vor § 1, Rn. 10.

213 Angedacht, aber i. E. ablehnend: *Schütte/Kattau,* ZUR 2010, 253 (257).

214 *Schütte/Kattau,* ZUR 2010, 253 (257); *Louis*, NuR 2010, 77 (78); *Berghoff/Steg*, NuR 2010, 17 (19).

215 BT-Drs. 16/813, S. 11.

216 Vgl. BVerfGE 109, 190 ff.; BVerfGE 29, 125 ff.

217 s. auch: *Berghoff/Steg*, NuR 2010, 17 (20).

218 *Schütte/Kattau,* ZUR 2010, 253 (257).

219 Ebd.

BNatSchG erlassen worden sind, um ein Vielfaches einfacher, da die neuen Landesgesetze zum einen den Aufbau des BNatSchG im Wesentlichen kopieren und zum anderen Verweise auf das zu ergänzende Bundesrecht enthalten.[220]

III. Unberührtheitsklausel

In anderen Fällen formuliert der Bundesgesetzgeber, dass „weiter gehende" (z. B.: § 30 Abs. 9 oder § 43 Abs. 5 BNatSchG) oder „abweichende" (z. B.: § 11 Abs. 1 oder § 66 Abs. 5 BNatSchG) Vorschriften des Landesrechts zu bestimmten Materien des Naturschutzes „unberührt" bleiben. Auch hier liegt ein teilweises Nichtgebrauchmachen der Gesetzgebungszuständigkeit durch den Bund vor.[221] Insofern ist die Formulierung des Bundesgesetzgebers, soweit er von „abweichend" spricht, unglücklich gewählt, da sie eine unbeabsichtigte Assoziation zur Abweichungsgesetzgebung provoziert.[222] Hätte der Bundesgesetzgeber es zum Ausdruck bringen wollen, dass die Landesgesetzgeber von den entsprechenden Regelungen i. S. d. Abweichungsgesetzgebungskompetenz „abweichen" dürfen, so hätte es einer derartigen Erklärung überhaupt nicht bedurft. Denn dies ergibt sich bereits aus der grundgesetzlichen Regelung des Art. 72 Abs. 3 GG.

Im Bereich derartiger „Unberührtheitsklauseln" gilt bestehendes Landesrecht fort.[223] Unmaßgeblich ist hierbei, ob es sich um bereits bestehende Regelungen handelt oder um Vorschriften, die erst nach Verkündung bzw. Inkrafttreten des BNatSchG 2010 erlassen worden sind.[224]

IV. Ergänzungen

Die Landesgesetzgeber unterscheiden zwischen „Abweichungen" und „Ergänzungen". Da die Begriffe in den L-NatSchG alternativ verwendet werden, könnte man dem Trugschluss unterliegen, dass „Ergänzungen" nach dem Dafürhalten der Länder keine „Abweichungen" i. S. v. Art. 72 Abs. 3 GG sein sollen. Dieser Schluss ist nicht für alle Landesgesetze zutreffend, denn die Begriffe „ergänzen" und „abweichen" werden von den Landesgesetzgebern unterschiedlich verwendet und unterschiedlich interpretiert.

---

220 s. dazu im Detail unten bei Fn. 226.

221 So auch *Kraft* in: Lütkes/Ewer, BNatSchG, § 65, Rn. 14; *Schütte/Kattau,* ZUR 2010, 253 (256); *Krings*, NordÖR 2010, 181 (182).

222 *Heinze*, NJW 2010, 388 (390).

223 *Schütte/Kattau,* ZUR 2010, 253 (256).

224 *Kraft* in: Lütkes/Ewer, BNatSchG, § 65, Rn. 14; *Krings*, NordÖR 2010, 181 (182).

Der niedersächsische Landesgesetzgeber z. B. spricht von „Abweichungen“, wenn das Landesgesetz Sachverhalte milder oder schärfer regelt als das BNatSchG oder demgegenüber grundverschieden (s. etwa § 20 NAGBNatSchG zu Naturparken: „*Abweichend* von § 27 Abs. 1 Nr. 2 BNatSchG muss der Naturpark großenteils aus Landschaftsschutzgebieten oder Naturschutzgebieten bestehen.“). Das niedersächsische L-NatSchG spricht in unterschiedlichen anderen Konstellationen von „Ergänzungen“:

Einmal spricht es von „Ergänzungen“, wenn er Sachverhalte regelt, die der Bundesgesetzgeber überhaupt nicht normiert hat, wie z. B. beim Bodenabbau aus §§ 8 bis 13 NAGBNatSchG. In diesen Fällen verzichtet der Bund auf das Gebrauchmachen seiner Gesetzgebungskompetenz, sodass die Länder in diesen Bereichen die Gesetzgebungskompetenz nach Art. 72 Abs. 1 GG haben. Es handelt sich hierbei also nicht um eine „Abweichung“ i. S. v. Abs. 3. Auch spricht der niedersächsische Landesgesetzgeber von „ergänzen“, wenn er Öffnungsklauseln des BNatSchG ausfüllt. Hierbei handelt es sich ebenfalls nicht um eine „Abweichung“ i. S. v. Art. 72 Abs. 3 Satz 1 GG, sondern um das Gebrauchmachen von der landeseigenen Kompetenz nach Abs. 1 (vgl. oben).

In einigen Fällen, wie etwa § 20 Abs. 1 Satz 3 NAGBNatSchG (Naturparke) fügt Niedersachsen „ergänzend“ zu den in § 27 Abs. 1 BNatSchG genannten Voraussetzungen hinzu, dass ein Naturpark einen Träger haben muss, der diesen zweckentsprechend entwickelt und pflegt. Bei der Bundesregelung handelt es sich jedoch nicht um eine Öffnungsklausel. Da die landesrechtliche „Ergänzung“ den Auslegungsspielraum des § 27 BNatSchG einengt, handelt es sich hierbei um eine „Abweichung“ i. S. v. Art. 72 GG und nicht etwa eine grundgesetzneutrale „Ergänzung“.

Auch der Freistaat Bayern benutzt die beiden Begriffe „Abweichung“ und „Ergänzung“. Bayern spricht durchgehend konsequent nur in den Fällen von „Ergänzungen“, in denen es sich auf eine bundesrechtliche Norm bezieht und diese konkretisiert. In Art. 13 BayNatSchG wird z. B. der § 24 BNatSchG „ergänzt“. In diesem konkreten Fall regelt der bayerische Landesgesetzgeber, dass Naturparke eine Mindestgröße von 10.000 Hektar haben müssen. Der Bundesgesetzgeber sieht keine Mindestgröße vor. Der einzige weitere Fall, in dem der bayerische Landesgesetzgeber von „Ergänzung“ spricht, ist Art. 54 Abs. 3 Satz 1 BayNatSchG (Zutrittsrecht). Hier regelt er „ergänzend“ zu § 22 Abs. 3 BNatSchG, dass in geplanten Naturschutzgebieten ab der Bekanntmachung der Auslegung bis zum Inkrafttreten der Schutzverordnungen, aber längstens ein Jahr lang, alle Veränderungen verboten sind. Der Bund sieht ein derartiges zeitlich limitiertes Veränderungsverbot nicht vor. Diese „Ergänzungen“ engen den Auslegungsspielraum der jeweiligen Regelung des BNatSchG ein und sind damit keine verfassungsrechtlich neutrale „Ergänzung“, sondern eine „Abweichung“ i. S. d. Abweichungsgesetzgebungskompetenz.

Auch im novellierten L-NatSchG Bremens,[225] das am 13.12.2011 in Kraft getreten ist, wird an einigen Stellen die Formulierung „abweichend von [dem BNatSchG]“ verwendet, obwohl das BremNatG als einziges Bundesland bei der Novellierung des Landesrechts auf Abweichungen i. S. d. Abweichungskompetenz verzichtet hat.[226] Gemeint sind damit lediglich Ausfüllungen von Öffnungsklauseln.[227] Verwirrung beim Rechtsanwender ist auch hier vorprogrammiert.

Der brandenburgische Entwurf eines L-NatSchG versucht Verwirrungen dadurch zu vermeiden, dass er in § 1 Satz 2 BbgNatSchAG alle Landesregelungen auflistet, die nach dem Dafürhalten des brandenburgischen Gesetzgebers vom BNatSchG abweichen i. S. v. Art. 72 Abs. 3 GG. Ob diese Auflistung vollständig ist, wird an späterer Stelle untersucht.[228]

Zusammenfassend ist festzustellen, dass die Landesgesetzgeber uneinheitlich und teilweise inkonsequent von „Ergänzungen“ sprechen. In einigen Fällen handelt es sich um das Gebrauchmachen von der landeseigenen Gesetzgebungskompetenz aus Art. 72 Abs. 1 GG, in anderen Fällen um „Abweichungen“ i. S. v. Abs. 3.

V. Inhaltsgleiche Regelungen

Die Antwort auf die Frage, ob inhaltsgleiche oder sogar formulierungsidentische Landesnormen eine abweichende Regelung in diesem Sinne darstellen, ist umstritten.

Einige Vertreter der Lehre[229] gehen davon aus, dass eine inhaltsgleiche oder formulierungsidentische Regelung als Abweichung allein keine Abweichung in diesem Sinne darstellt. Unter Berufung auf Sinn und Zweck sowie den Wortlaut von Art. 72 Abs. 3 Satz 1 GG, der von abweichender „Regelung“ spricht, argumentieren sie, dass ein formulierungsidentisches oder völlig inhaltsgleiches

225 Bremisches Gesetz über Naturschutz und Landschaftspflege (BremNatG) vom 27.4.2010; Brem.GBl. Nr. 26 vom 7.5.2010, S. 315.

226 Näheres zum Verzicht bei *Schütte/Kattau,* ZUR 2010, 253 (255); *Krings*, NordÖR 2010, 181 (190); s. auch Bremische Bürgschaft, Entwurf eines Bremischen Ausführungsgesetz zum BNatSchG, Mitteilung des Senats vom 23.3.2010, Brem.LT-Drs. 17/1232, S. 1.

227 Im Detail: *Schütte/Kattau,* ZUR 2010, 253 (255).

228 s. u. bei Fn. 832.

229 *Fischer-Hüftle* in: Schumacher/Fischer-Hüftle, BNatSchG, vor § 1, Rn. 28; *Sannwald* in: Schmidt-Bleibtreu/Hofmann/Hopfauf, GG, 2011, Art. 72, Rn. 80i; *Uhle* in: Kluth, Föderalismusreformgesetz, Art. 72, Rn. 51; *Rengeling*, DVBl 2006, 1537 (1542); *Degenhart*, DÖV 2010, 422 (424); ders., NVwZ 2006, 1209 (1213).

Landesgesetz keine Abweichung begründen könne. Würde man solche Normen als abweichend verstehen, sei auf Landesebene eine andere Auslegung als auf Bundesebene möglich. Dies würde nicht ohne Rückwirkung auf das Bundesrecht bleiben. Sollte ein Landesverfassungsgericht – so argumentiert *Degenhart*[230] – das jeweilige Landesverfassungsrecht als Prüfungsmaßstab für die Verfassungskonformität der landesrechtlichen Bestimmungen heranziehen, so würde damit in der Sache eine Prüfungskompetenz hinsichtlich der bundesrechtlichen Bestimmungen in Anspruch genommen.[231]

Laut *Ipsen*[232] und *Pieroth*[233] setzt die eingeräumte Abweichungsmöglichkeit dahingegen nicht voraus, dass die landesrechtlichen Regelungen sich inhaltlich oder formulierungstechnisch von denen des Bundes unterscheiden. *Ipsen* und *Pieroth* verstehen „Abweichen" i. S. v. Art. 72 Abs. 3 Satz 1 GG nicht ein rein wörtliches, sondern auch ein inhaltliches Abweichen. Um abweichende Regelungen handele es sich danach auch dann, wenn überhaupt ein Landesgesetz auf dem betreffenden Rechtsgebiet erlassen wird. Allein die Tatsache, dass ein Sachverhalt nicht mehr durch Bundesgesetz, sondern durch Landesgesetz geregelt wird, habe zur Folge, dass eine andere Rechtslage herbeigeführt wird.[234] Denn dadurch ist z. B. der Rechtsweg ein anderer.[235] Auch können formulierungsidentische landesrechtliche Normen, anders als deren bundesrechtliche Pendants, nicht durch Revision angegriffen werden.[236] Diese Lösung hat auch einen nicht zu unterschätzenden praktischen Vorteil. Würde man der Ansicht folgen, dass inhaltsgleiches Landesrecht keine Abweichung begründe, so müssten Bürger und Wirtschaft als Gesetzesadressaten bei Neuerlass eines Landesgesetzes das Bundesgesetz gegenlesen, um zu prüfen, ob hier eine inhaltsgleiche oder formulierungsidentische Regelung vorliegt. Der Rechtsicherheit dienlich ist dieser Ansatz nicht. Folgt man aber der Gegenansicht, so würde der Adressat vergleichsweise problemfrei erkennen können, welches Gesetz für ihn gültig ist, nämlich schlicht das jüngere. Folgte man der Gegenansicht, würde die Rechtsklarheit und Rechtssicherheit gestärkt werden.

Auch ist ein Sachverhalt immer im Kontext der Gepflogenheiten der jeweiligen Länder zu beurteilen. Eine inhaltsgleiche Regelung kann in einem Land in einem anderen Zusammenhang stehen als in einem anderen Land oder gar dem Bund.

---

230 Ders., DÖV 2010, 422 (424).

231 Ebd.

232 *Ipsen*, NJW 2006, 2801 (2804).

233 *Pieroth* in: Jarass/Pieroth, Art. 72, Rn. 30.

234 Ebd.

235 *Degenhart*, DÖV 2010, 422 (424).

236 Trotz i. E. anderer Ansicht: Ebd.; vgl. auch BVerwG, Beschluss vom 11.3.2009, Az. 4 BN 7/09.

Im Wege der Auslegung können somit inhaltsgleiche Regelungen unterschiedliche Bedeutung erfahren.

Zwar mögen die Argumente von *Degenhart* im Ansatz richtig sein, jedoch lassen sie die Praktikabilität aus den Augen, berücksichtigen nicht die Unterschiede in der Auslegung der jeweiligen Landesgesetze und bedenken nicht die Auswirkung auf den Rechtsweg. Im Ergebnis ist daher die Auffassung von *Ipsen* und *Pieroth* zu teilen, nämlich dass auch inhaltsgleiche Regelungen eine Abweichung i. S. v. Art. 72 Abs. 3 GG darstellen.

VI. Negativgesetzgebung

Fraglich ist, ob ein Landesgesetz, das auf bestimmte Regelungen des BNatSchG verzichtet, ohne diese positiv anders zu regeln, eine Abweichung i. S. v. Art. 72 Abs. 3 GG darstellt. Derartige Fälle werden als „Negativgesetzgebung“ bezeichnet.[237] S-H z. B. hat eine entsprechende Negativgesetzgebung in § 50 S-H NatSchG erlassen, mit welcher § 66 BNatSchG für unanwendbar erklärt wird. Auch der Entwurf eines sächsischen Naturschutzgesetzes sieht eine entsprechende Regelung vor.[238] Ein solcher ersatzloser Regelungsverzicht kann nicht nur ausdrücklich angeordnet sein, sondern auch konkludent erfolgen.[239]

1. Negativgesetzgebung – Abweichung im verfassungsrechtlichen Sinn

Der Wortlaut des Art. 72 Abs. 3 GG lässt darauf schließen, dass eine Negativgesetzgebung ohne zeitgleiche positive Regelung grundsätzlich keine „abweichende Regelung“ in diesem Sinne darstellen kann, da die Verfassung hier ausdrücklich eine „Regelung“ der Länder fordert. Rein sprachlich fällt es schwer, eine „Regelung“ nicht als ein Schaffen von etwas Anderem oder Neuem zu verstehen. Es ist unstreitig, dass eine Negativgesetzgebung insofern einen eigenen Regelungscharakter hat, als damit auf Bundes- und Landesebene eine jeweils andere Rechtslage herbeigeführt wird.[240] So ist etwa wie bei den zuvor dargestellten inhaltsgleichen oder wortgleichen Regelungen der Rechtsweg ein anderer.[241] Insbesondere bei bundesgesetzlichen Verbotsnormen wird deutlich, dass ein Verzicht auf Landes-

237 Begriff etwa bei: *Degenhart*, NVwZ 2006, 1209 (1213).
238 s. Gesetzentwurf der Staatsregierung für ein Gesetz zur Vereinfachung des Landesumweltrechts vom 10.2.2010, LT-Drs. Sachsen 5/1356.
239 *Degenhart*, DÖV 2010, 422 (425).
240 *Pieroth* in: Jarass/Pieroth, Art. 72, Rn. 30.
241 Vgl. oben bei Fn. 235.

ebene eine abweichende Regelung schafft, nämlich diejenige, dass ein bestimmtes Verhalten nicht verboten, sondern gestattet ist.[242]

Auch ist der Verzicht auf konkretisierende Normen dazu geeignet, Einfluss auf die Auslegung anderer Normen zu haben. So hat in ähnlichem Zusammenhang auch das BVerfG entschieden. Denn zu der Frage, wann ein „Gebrauchmachen" i. S. v. Art. 72 Abs. 1 GG vorliegt, hat das Gericht geurteilt, dass ein Gebrauchmachen auch im absichtsvollen Unterlassen einer Regelung vorliegen kann.[243] Eine Negativgesetzgebung ist auch aus diesem Grund eine „abweichende Regelung" i. S. d. Verfassung.

Im Ergebnis schließen sich dieser Meinung auch andere Autoren[244] an, ohne dies jedoch näher zu begründen. Der Begriff „Abweichung" i. S. v. Art. 72 Abs. 3 Satz 1 GG muss nach allgemeiner Meinung derartig weit auszulegen sein, dass er nicht nur inhaltsgleiche Regelungen umfasst, sondern auch jede andere gesetzestechnische Methode, durch die eine irgendwie geartete Abweichung geschaffen wird.

2. Zulässigkeit einer Negativgesetzgebung

Umstritten ist in diesem Zusammenhang jedoch die Frage, ob eine Negativgesetzgebung überhaupt zulässig sei. Dies wird von einem großen Teil der Literatur stark angezweifelt.[245] Argumente für diese Auffassung sucht man jedoch vergeblich. *Fischer-Hüftle* begründet seine „Zweifel" zumindest damit, dass ein Land vom Bundesgesetz nur noch ein „Skelett" überlassen könnte, wenn Regelungen ohne Surrogat gestrichen werden dürften.[246]

Degenhart argumentiert, dass bereits aus Gründen der Rechtsklarheit eine Negativgesetzgebung unzulässig sein muss, wenn abweichungsfeste Kerne und deren konkretisierende Normen betroffen seien, da die Negativgesetzgebung die intensivste Form der Abweichung sei.[247] Eine ersatzlose Streichung würde in

---

242 *Pieroth* in: Jarass/Pieroth, Art. 72, Rn. 30; so auch zum Art. 72 GG a. F.: *Oeter* in: v. Mangoldt/Klein/Stein, GG, 2005, Art. 72, Rn. 119; nur im „Einzelfall": *Uhle* in: Kluth, Föderalismusreformgesetz, Art. 72, Rn. 51.

243 BVerfGE 32, 319 (327); 98, 265 (300).

244 So z. B.: *Degenhart* in: Sachs, GG, Art. 72, Rn. 43; *Fischer-Hüftle* in: Schumacher/Fischer-Hüftle, BNatSchG, vor § 1, Rn. 34; *Mayen*, DRiZ 2007, 51 (54); *Köck/Wolf*, NVwZ 2008, 353 (356); *Uhle* in Kluth, Föderalismusreformgesetz, Art. 72, Rn. 51; *Hendrischke,* NuR 2007, 454 (455); *Franzius*, ZUR 2010, 346 (351).

245 So z. B.: *Degenhart* in: Sachs, GG, Art. 72, Rn. 43; *Mayen*, DRiZ 2007, 51 (54); *Köck/Wolf*, NVwZ 2008, 353 (356); tendenziell auch: *Uhle* in: Kluth, Föderalismusreformgesetz, Art. 72, Rn. 51; *Hendrischke,* NuR 2007, 454 (455).

246 *Fischer-Hüftle,* NuR 2007, 78 (81).

247 *Degenhart*, DÖV 2010, 422 (425).

diesen Fällen die abweichungsfesten Kerne selbst berühren und damit zumindest an diesen Stellen unzulässig sein.

Die Tatsache, dass für *Degenhart* die Negativkompetenz nur dort ausscheidet, wo die abweichungsfesten Kerne berührt werden, bedeutet im Umkehrschluss, dass *Degenhart* eine Negativgesetzgebung nicht per se für unzulässig erachtet. Auch andere Rechtswissenschaftler zeigen hier Unsicherheit dadurch, dass sie eine Formulierung wie „dürfte unzulässig sein“ gebrauchen.[248] *Fischer-Hüftle* hält die Zulässigkeit der Negativgesetzgebung zumindest für „mehr als zweifelhaft“.[249] Die Literatur wagt es in der Gesamtschau nicht, zu dieser Frage eine verbindlichere Antwort zu geben.

Das Argument von *Fischer-Hüftle*,[250] die Länder hätten die Möglichkeit, nur ein Skelett des Bundesgesetzes übrigzulassen, überzeugt nicht. Zwar ist in der Tat eine Verschlankung des Bundesgesetzes möglich, aber es ist nicht zu erkennen, wie dies rechtlich bedenklich sein kann. Ein politisch anders orientierter Landesgesetzgeber mag die Möglichkeit der „Skelettierung“ gerade als positiv empfinden. Letztlich wird einer ausufernden Abweichung im Sinne einer Verschlankung durch die abweichungsfesten Kerne sowie andere verfassungsrechtliche Schranken und europarechtliche Grenzen Einhalt geboten.[251] Sinn und Zweck der Abweichungskompetenz ist es, dass den Ländern gerade die Möglichkeit eingeräumt werden soll, „in bestimmten Bereichen abweichend von der Regelung des Bundes eigene Konzeptionen zu verwirklichen und auf ihre unterschiedlichen strukturellen Voraussetzungen und Bedingungen zu reagieren.“[252] *Grünewald*[253] sagt mit ähnlich magerer Begründung wie die obengenannten Autoren, dass eine Negativgesetzgebung „wohl ausgeschlossen sein“ dürfte. Eine Negativgesetzgebung würde nicht der Figur der konkurrierenden Gesetzgebung entsprechen, für die es untypisch wäre, eine einmal getroffene Regelung ersatzlos „wieder vollständig wegzuwischen“. *Grünewald* lässt dabei außer Betracht, dass dieses „vollständige Wegwischen“ gerade durch die neu eingeführte Abweichungsgesetzgebung ermöglicht werden soll.

Es ist also nicht verwunderlich, dass einige Vertreter der Lehre die Negativgesetzgebung für zulässig halten.[254] Eine ausführliche Begründung sucht man hier

248 Ders. in: Sachs, GG, Art. 72, Rn. 43; *Mayen*, DRiZ 2007, 51 (54); *Köck/Wolf*, NVwZ 2008, 353 (356); die Unsicherheit offen aussprechend: *Uhle* in: Kluth, Föderalismusreformgesetz, Art. 72, Rn. 51.

249 *Fischer-Hüftle,* NuR 2007, 78 (81).

250 Ebd.

251 Ähnlich auch: *Reinhardt*, AöR 2010, 459 (485 f.); *Louis*, ZUR 2006, 340 (343).

252 BT-Drs. 16/813, S. 11.

253 *Grünewald*, Die Abweichungsgesetzgebung der Bundesländer, S. 39.

254 *Pieroth* in: Jarass/Pieroth, Art. 72, Rn. 30; *Seiler* in: Epping/Hillgruber, GG, Art. 72, Rn. 24.2; *Haug*, DÖV, 2008, 851 (854);

jedoch ebenso vergeblich. Die Argumentation stützt sich im Wesentlichen darauf, dass auch durch eine Negativgesetzgebung eine andere Rechtslage herbeigeführt werde und daher Regelungscharakter habe.[255] Im Fall einer Negativgesetzgebung gerate die Regelungsmaterie in kein „rechtliches Niemandsland", vielmehr bleibe der Rechtszustand bestehen, der vor Erlass der Bundesnorm galt.[256] Auch darin könne sich ein politischer Gestaltungswille z. B. als Deregulierungsmaßnahme realisieren.

Die Befürchtung, dass dabei das BNatSchG von den Landesgesetzgebern soweit ausgehöhlt werden könnte,[257] dass der Schutz der Natur ernsthaft in Gefahr geriete, ist meines Erachtens unbegründet. Denn die Länder sind in ihrer Abweichungsgesetzgebungskompetenz an umfangreiche Schranken aus supranationalem Recht, der deutschen Verfassung sowie den abweichungsfesten Kernen des Naturschutzes gebunden. Durch diese Beschränkung ist eine untragbare Aushöhlung des Naturschutzes nicht möglich. Die neueingeführte Abweichungskompetenz soll gerade die Handlungs- und Entscheidungsfähigkeit nicht nur des Bundes, sondern auch der Länder steigern.[258] Meines Erachtens ist eine Negativgesetzgebung damit grundsätzlich zulässig. Wie jede andere Abweichung ist sie nur dann verfassungswidrig, wenn sie einen abweichungsfesten Kern des Naturschutzes oder andere verfassungsrechtliche bzw. supranationale Vorgaben verletzt.

VII. Ergebnis zur Definition von „Abweichung"

Zusammenfassend ist festzustellen, dass „Abweichen" i. S. d. Art. 72 Abs. 3 Satz 1 GG jede Unterscheidung der Regelung umfasst, sei sie äußerlich oder inhaltlich. Aus Praktikabilitätsaspekten sowie aus Gesichtspunkten der Rechtssicherheit ist darüber hinaus auch eine Landesregelung, die inhaltsgleich mit einer Regelung des BNatSchG ist, eine abweichende Regelung in diesem Sinne. Dem Gesetzesadressaten kann es nicht zugemutet werden, ein neues L-NatSchG mit dem BNatSchG gegenzulesen und Abweichungen selbst herauszufiltern. Aufgrund von abweichenden Gliederungen einiger L-NatSchG im Vergleich zum BNatSchG kann dies mitunter aufwendig sein. Zwar zeigen die Landesgesetzgeber grundsätzlich Abweichungen im Gesetzestext an, in Einzelfällen versäumen sie dieses jedoch.[259] Der Rechtsanwender kann sich also nicht auf die Hilfestel-

255 *Pieroth* in: Jarass/Pieroth, Art. 72, Rn. 30.
256 *Haug*, DÖV, 2008, 851 (854).
257 *Fischer-Hüftle,* NuR 2007, 78 (81).
258 BT-Drs. 16/813, S. 1.
259 Etwa bei § 3 NAGBNatSchG.

lungen verlassen, die die Landesgesetzgeber anbieten. Wenn man aber jegliche Abweichungen – seien es Regelungen, die den Naturschutz stärken, sei es eine Negativgesetzgebung oder seien es gar inhaltsgleiche Regelungen – als „Abweichung" i. S. v. Art. 72 Abs. 3 Satz 1 GG versteht, ist Rechtssicherheit und -klarheit gewährleistet. Für den Rechtsanwender ist damit allein der Ansatz praktikabel, dass das jüngere Gesetz Vorrang hat. So erspart sich der Rechtsanwender das Gegenlesen jeder einzelnen Regelung eines neuen Landes- bzw. Bundesgesetzes. Nur so wird in diesem Bereich das Ziel der Verfassungsreform von 2006, nämlich die politischen Verantwortlichkeiten deutlicher zuzuordnen,[260] auch erfüllt. Keine Abweichungen i. S. d. Verfassung stellen nur die Fälle dar, in denen der Bundesgesetzgeber von seiner Befugnis zur Gesetzgebung ausdrücklich keinen Gebrauch macht und es dem Landesgesetzgeber überlässt, Sachverhalte zu regeln.

E. Grenzen der Abweichungsgesetzgebung

Wie jedes Gesetzgebungsverfahren ist auch das Gesetzgebungsverfahren im Rahmen der Abweichungsgesetzgebungskompetenz an allgemeine verfassungsrechtliche, aber auch unions-, und völkerrechtliche (supranationale) Vorgaben gebunden.[261] Durch diese Vorgaben sind die Länder bei ihrer Abweichungsgesetzgebung in gleicher Weise gebunden wie der Bund.[262] Aus Sicht des jeweiligen Gesetzgebers stellen diese Vorgaben die Grenzen ihrer Gesetzgebungskompetenz dar. Daher wird nachfolgend auch von „Beschränkungen" oder „Schranken" gesprochen.

I. Supranationale Schranken: Europa- und Völkerrecht

1. Europäisches Unionsrecht

Die Föderalismusreform von 2006 sollte u. a. auch der Stärkung der Europafähigkeit dienen.[263] Insbesondere im Bereich des Umweltrechts bestand hier Nachbesserungsbedarf.[264]

---

260 Beides bei: BT-Drs. 16/813, S. 6.

261 BT-Drs. 16/813, S. 11; vgl. auch *Uhle* in: Kluth, Föderalismusreformgesetz, Art. 72, Rn. 50; *Köck/Wolf*, NVwZ 2008, 353 (356); *Rengeling*, DVBL 2006, 1537 (1542)

262 s. auch BT-Drs. 16/813, S. 11.

263 BT-Drs. 16/813, S. 8.

264 *Lütkes* in: Lütkes/Ewer, BNatSchG, Einleitung, Rn. 49.

a) Umsetzung von Europarecht in nationales Recht

Im Jahresbericht der EU-Kommission über die Durchführung und Durchsetzung des Umweltrechts der Europäischen Union von 2004 wurde mehrfach die mangelnde Umsetzung europäischer naturschutzbezogener Richtlinien in deutsches Recht bemängelt.[265] Dabei sind die einzelnen Mitgliedstaaten gemäß Art. 288 Abs. 3 AEUV dazu verpflichtet, das EU-Recht unter Berücksichtigung der vom EuGH entwickelten Vorgaben[266] rechtzeitig und vollständig umzusetzen sowie vollumfänglich durchzuführen und anzuwenden.[267]

Die Umsetzung erwies sich auch aufgrund der Aufteilung der Gesetzgebungskompetenzen zwischen Bund und Ländern bei der Rahmenkompetenz als besonders schwer- und konfliktanfällig.[268] Die Fristen zur Umsetzung waren wegen der Zweistufigkeit des Gesetzgebungsverfahrens vor der Föderalismusreform kaum einzuhalten.[269] Die Notwendigkeit von einem Bundesgesetz und 16 Landesgesetzen zur vollständigen Umsetzung des europäischen Unionsrechts bedeutete im Bereich der Rahmengesetzgebung eine lange Verfahrensdauer. Den immensen Verfahrensaufwand verdeutlicht z. B. die Umsetzung der Wasserrahmen-RL.[270] Allein für die Umsetzung dieser Richtlinie waren 33 Rechtsetzungsakte (17 parlamentarische Gesetze und 16 Verordnungen) erforderlich.[271]

Zwar haben die Mitgliedstaaten gemäß Art. 288 Abs. 3, 2. Halbsatz AEUV die Wahlfreiheit in Bezug auf Form und Mittel bei der Umsetzung einer Richtlinie in nationales Recht. In Bezug auf das vorgegebene Ziel müssen die Mitgliedstaaten bei der Umsetzung jedoch gemäß Art. 288 Abs. 3, 1. Halbsatz AEUV so vorgehen, dass dieses Ziel auch tatsächlich erreicht wird.[272]

Sofern die Umsetzung einer Richtlinie nach Verstreichen der Umsetzungsfrist nicht erfolgt ist und die ausnahmsweise unmittelbare Anwendbarkeit[273] von Richtlinien ausscheidet, können Betroffene Schadensersatzansprüche geltend

---

265 s. z. B. das Urteil des EuGH vom 10.1.2006 abgedruckt in NVwZ 2006, 319 ff.; weitere Nachweise bei *Sendler*, NJW 2871 (2871 f.).

266 s. vor allem: EuGH, C-38/99, KOM./.Frankreich, Slg. 1999, I-10941, Rn. 53; C-429/01, KOM./.Frankreich, Slg. 2003, I-14355, Rn. 83; C-263/96, KOM./.Belgien, Slg. 1997, I-7453.

267 Vgl. auch *Epiney*, NuR 2006, 403 (404).

268 *Schulze-Fielitz*, NVwZ 2007, 249 (250); *Huber* in: Henneke, Föderalismusreform in Deutschland, S. 89; *Grandjot*, DÖV 2006, 511 (512 f.); *Rehbinder/Wahl*, NVwZ 2002, 21 (22).

269 *Grandjot*, DÖV 2006, 511 (512); *Schink*, UPR 2004, 206 (209).

270 RL des Europäischen Parlaments und Rates zur Schaffung eines Ordnungsrahmens für Maßnahmen der Gemeinschaft im Bereich der Wasserwirtschaft vom 23.10.2000 (2000/60/EG), ABl. EG Nr. L 327, S. 1.

271 *Ginzky/Rechenberg*, ZUR 2006, 344 (345).

272 *Hetmeier* in: Lenz/Borchardt, EU-Verträge, Art. 288, Rn. 9.

273 Der EuGH hat eine unmittelbare Wirkung von RL nach Ablauf der Umsetzungsfrist ausnahmsweise anerkannt, wenn die RL individuelle Rechte gewähren will und die RL-Vorschriften

machen.[274] Ein Schadensersatzanspruch kann aber auch bestehen, wenn nationale Vorschriften nicht dem unmittelbar geltenden Primärrecht angepasst werden.[275]

Mit der Einführung des Abs. 6 des Art. 104a GG im Rahmen der Föderalismusreform 2006 wurde die bis dato umstrittene Haftungsverteilung zwischen Bund und Ländern bei Verstößen gegen das europäische Unionsrecht gesetzlich geregelt.[276] Die innerstaatliche Verantwortung liegt nun grundsätzlich bei derjenigen Gebietskörperschaft, die die supranationalen Verpflichtungen im Rahmen ihrer Zuständigkeit verletzt hat.[277] Die Folgen einer Pflichtverletzung sollen also grundsätzlich diejenige Körperschaft treffen, in deren Verantwortungsbereich sie sich ereignet hat.[278] Dies gilt „vertikal und horizontal für alle Fälle legislativen, judikativen und exekutiven Fehlverhaltens“[279] in Bezug auf alle sich aus europäischem Unionsrecht ergebenden Verpflichtungen.[280] Unter Berücksichtigung dieser Gesichtspunkte sind die Mitgliedstaaten gut beraten, ihre innerstaatlichen Strukturen, zu denen im konkreten Fall der BRD insbesondere auch die Verteilung der Kompetenzen zwischen Bund und Länder gehört, so auszugestalten, dass grundsätzlich ein unionsrechtskonformer Zustand im Allgemeinen und eine korrekte Richtlinienumsetzung im Besonderen sichergestellt werden können.

b) Gebot der Unionstreue

Das Gebot der Unionstreue ergibt sich aus dem Rechtsgrundsatz der Unionstreue, der sich aus Art. 4 Abs. 3 EUV (Maastricht-Vertrag) und Art. 210 AEUV ableitet. Denn danach trifft die Mitgliedstaaten u. a. auch die Pflicht zur klaren und effektiven innerstaatlichen Umsetzung und Ausgestaltung von europäischem Unionsrecht.[281]

Vordergründig mag das europäische Unionsrecht unmittelbar nur dem Bund als Mitgliedstaat bestimmte Anpassungs- und Umsetzungspflichten auferlegen, mittelbar sind jedoch auch die Länder betroffen. Denn wegen des Gebots der Bundestreue[282] sind sie dazu verpflichtet, den Bund bei der Umsetzung unions-

---

„inhaltlich unbedingt“ sowie „hinreichend genau“ sind (EuGH, Rs. 41/74, Van Duyn./.Home Office, Slg. 1974, 1349; Rs. 221/88, EGKS./.Busseni, Slg. 1990, I-496)

274 EuGH, C-6/90, Francovich./.Italien, Slg. 1991, I-5357, Rn. 36.

275 *Hetmeier* in: Lenz/Borchardt, EU-Verträge, Art. 288, Rn. 16.

276 Vgl. z. B.: BVerfGE 109, 1 (7); BVerwGE 116, 234 (241 f.).

277 *Kloepfer* in: Pitschas/Uhle/Aulehner, FS für R. Scholz, 2007, 651 (653).

278 Vgl. BT-Drs. 16/813, S. 19.

279 Ebd.

280 *Pieroth* in: Jarass/Pieroth, Art. 104a, Rn. 12.

281 *Epiney*, NuR 2006, 403 (405).

282 s. im Detail unten bei Fn. 336.

rechtlicher Vorgaben im Rahmen des Möglichen zu unterstützen.[283] Das Gebot der Unionstreue ist also die Verlängerung des Gebots der Bundestreue. Das Gebot der Bundestreue ist seit 1992 auch konkret im deutschen GG in Art. 23 GG und seit 1993 im „Gesetz über die Zusammenarbeit von Bund und Ländern in Angelegenheiten der Europäischen Union" verankert.[284]

c) Umweltschutz im Europarecht

Der Naturschutz stellt wegen seiner grenzüberschreitenden Dimensionen ein wichtiges Tätigkeitsfeld der EU dar. Laut Art. 11 AEUV[285] sind die Erfordernisse des Umweltschutzes bei der Festlegung und Durchführung aller unionspolitischen Maßnahmen einzubeziehen. Das Ziel „Erhaltung und Schutzes der natürlichen Umwelt" ist in Art. 191 Abs. 1 AEUV verankert.

Das sekundäre europäische Unionsrecht, auf Grundlage des Art. 192 Abs. 1 AEUV, regelt den Naturschutz zwar nur in Teilbereichen (z. B.: Vogelschutz-RL[286] oder FFH-RL[287]), jedoch können diese Teilbereiche wichtige Vorgaben für die nationale Ausgestaltung des Naturschutzes enthalten.[288] Auch die Beobachtung und Überwachung dieser Teilbereiche ist unionsrechtlich vorgegeben, wie es sich z. B. aus der Richtlinie zur Prüfung der Umweltverträglichkeit (UVP-RL)[289], der Richtlinie zur Prüfung der Umweltauswirkungen bestimmter Pläne und Programme (SUP-RL)[290], der FFH-RL, und der Wasserrahmen-RL ergibt.[291] Tatsächlich geht heute ein großer Teil des Umweltrechts unmittelbar oder mittelbar auf europarechtliche Vorgaben zurück, sodass von einem „stark europäisierten" Umweltrecht gesprochen werden kann.[292] Bestes Bsp. dafür ist das EU-weit zusammenhängende Netz von ökologischen Schutzgebieten „Natura 2000" zum Erhalt der in der EU gefährdeten Lebensräume und Arten. Die Verpflichtung der europäischen Mitgliedstaaten zum Aufbau und Schutz dieses Netzes ergibt sich

283 BVerfGE 92, 203 (230 unter I. Nr. 1); vgl. auch *Sommermann* in: v. Mangoldt/Klein/Stark, GG, 2010 Art. 20, Rn. 40; *Schulze-Fielitz*, NVwZ 2007, 249 (257).

284 BGBl. 1993 I, S. 313; zuletzt geändert durch Gesetz vom 22.9.2009, BGBl. 2009 I, S. 3031.

285 Mit Inkrafttreten des Lissabon-Vertrages am 1.12.2009 wurde der EG-Vertrag ersetzt durch den „Vertrag über die Arbeitsweise der Europäischen Union" (AEUV; ABl 2007/C 306/01).

286 Vogelschutz-RL 79/409/EWG des Rates vom 2.4.1979.

287 FFH-RL 92/43/EWG des Rates vom 21.5.1992.

288 *Glaser*, JuS 2010, 209 (210).

289 RL des Rates über die Umweltverträglichkeitsprüfung bei bestimmten öffentlichen und privaten Projekten vom 27.6.1985 (85/337/EWG), ABl. EG Nr. L 175 vom 5.7.1985, S. 40.

290 RL des Europäischen Parlaments und des Rates über die Prüfung der Umweltauswirkungen bestimmter Pläne und Programme vom 27.6.2001 (2001/42/EG), ABl. EG Nr. L 197 vom 21.7.2001, S. 30).

291 *Kloepfer*, ZG 2006, 250 (262).

292 *Schulze-Fielitz*, NVwZ 2007, 249 (250).

der oben genannten Vogelschutz- und der FHH-RL (Art. 3).[293] In Deutschland sind laut BMU über 15 % der Landesfläche und über 30 % der Meeresfläche als Natura-2000-Gebiete gemeldet.[294] Europaweit umfassen die Natura 2000-Gebiete eine Fläche größer als Italien und Spanien zusammen.[295]

d) *Fazit zum Europarecht als Kompetenzschranke*

Zusammenfassend ist also festzuhalten, dass das Europarecht eine Schranke für den Bund als Gesetzgeber darstellt und dadurch mittelbar über das Gebot der Bundestreue die Länder insoweit beschränkt, als sie keine Normen erlassen dürfen, die europarechtlichen Vorgaben widersprechen. Landesrechtliche Abweichungsgesetze, die vom europäischen Unionsrecht, das der Bund in nationales Recht umgesetzt hat, „nach unten“[296] abweichen, sind also nicht nur europa-, sondern auch verfassungsrechtlich unzulässig. Der durch Unionsrecht vorgegebene Rechtsrahmen schränkt den Bund und damit auch die Länder nicht unerheblich ein. Damit nicht der falsche Eindruck entsteht, der naturschutzrechtlich relevante Einfluss des Europarechts beschränke sich auf die wenigen eingangs genannten Richtlinien, wird an dieser Stelle auf die neun Bände und 17.272 Seiten starke Loseblattsammlung mit dem Titel „EG-Umweltrecht“ von *Storm/Lohse* verwiesen.[297] Ohne den Anspruch auf Vollständigkeit zu erheben, umfasst diese Sammlung eine Auswahl an Verordnungen, Richtlinien und sonstigen Rechtsakte der EU, die dem Schutz und der Pflege der natürlichen Lebensgrundlagen des Menschen unmittelbar gewidmet oder, ohne ausdrücklich der Umweltpflege gewidmet zu sein, ihr ganz oder teilweise dienlich sind.[298] Mithin hat das unionsrechtliche Umweltrecht einen beachtlichen Umfang.[299]

2. Völkerrecht

Das Völkerrecht ist gemäß Art. 25 Satz 1 GG Bestandteil des Bundesrechts. Laut Art. 25 Satz 2 GG geht es den Gesetzen vor und hat unmittelbare Wirkung für die Bewohner des Bundesgebietes. Es ist daher auch grundsätzlich geeignet, die

---

293 s. Art. 3 Abs. 1 der FFH-RL 92/43/EWG; vgl. auch § 31 BNatSchG.

294 BMU, s. unter: http://www.bmu.de/naturschutz_biologische_vielfalt/natura_2000/doc/20286.pdf.

295 Europäische Kommission, s. unter: http://ec.europa.eu/environment/nature/info/pubs/docs/nat2000/ factsheet_de.pdf.

296 *Schulze-Fielitz*, NVwZ 2007, 249 (257).

297 *Storm/Lohse*, EG-Umweltrecht, Berlin 1994.

298 Ebd., Bd. 1, Vorwort, S. 1.

299 So schon im Jahr 1995: *Hansmann*, NVwZ 1995, 320 (320).

landesrechtliche Abweichungsgesetzgebung einzuschränken. Unter Völkerrecht versteht man einerseits die Gesamtheit der Regeln über die Beziehungen zwischen Staaten und anderen Völkerrechtssubjekten, insbesondere internationalen Organisationen wie z. B. der UN, und andererseits das interne Recht internationaler Organisationen.[300]

a) Völkerrechtliche Verträge

Schwerpunkt des Völkerrechts sind völkerrechtliche Abkommen oder Verträge. Darunter sind alle Übereinkünfte zwischen zwei oder mehr Völkerrechtssubjekten zu verstehen, durch welche die zwischen ihnen bestehende Rechtslage verändert werden soll.[301] Die Ermächtigungsgrundlagen zum Abschluss derartiger Verträge sind Artt. 32 und 59 GG. Während Art. 32 GG die Verbandskompetenz im Sinne vertikaler Gewaltenteilung zwischen Bund und Ländern regelt, bestimmt Art. 59 GG die Organkompetenz auf Bundesebene (horizontale Gewaltenteilung). Die Länder können nach Art. 32 Abs. 3 GG völkerrechtliche Verträge auf den Gebieten abschließen, in denen sie für die Gesetzgebung zuständig sind. Der Abschluss völkerrechtlicher Verträge der Länder bedarf gemäß Art. 32 Abs. 3 GG aber der Zustimmung der Bundesregierung.

b) Allg. völkerrechtliche Regeln sind Bestandteil des Bundesrechts

Die allgemeinen Regeln des Völkerrechts sind gemäß Art. 25 Satz 1 GG Bestandteil des Bundesrechts. Laut Satz 2 gehen sie den Gesetzen vor und erzeugen Rechte und Pflichten unmittelbar für die Bürger. Mit den allgemeinen Regeln des Völkerrechts sind Rechtsvorschriften gemeint, die von der weltweit überwiegenden Mehrheit der Staaten anerkannt werden.[302] Der Begriff „allgemein" bezieht sich in diesem Zusammenhang also nicht auf den Inhalt der Regeln, sondern auf den allgemeinen Geltungsbereich einer Regel in der Völkergemeinschaft.[303] Entscheidend ist die zahlenmäßige Verbreitung, also die „Allgemeinverbindlichkeit".[304] Das BVerfG hat sich bislang unterschiedlich zu der Definition der allgemeinen völkerrechtlichen Regeln geäußert. Nach älteren Entscheidungen soll es sich vorwiegend um universell geltendes Völkergewohnheitsrecht handeln, ergänzt durch

300 *Jarass* in: Jarass/Pieroth, Art. 25, Rn. 1; ähnlich auch *Koenig* in: v. Mangoldt/Klein/Starck, GG, Art. 25, Rn. 1; genauer: *Vitzthum* in: Vitzthum, Völkerrecht, S. 6ff.

301 BVerfGE 90, 286 (359 unter Nr. 2).

302 BVerfGE 23, 288 (316f.); 117, 141 (148); 118, 124 (134); ein Anerkenntnis einer „weitaus größeren Zahl" der Staaten verlangend: BVerfGE 16, 27 (33).

303 *Herdegen* in: Maunz/Dürig, GG, Art. 25, Rn. 19.

304 *Rojahn* in: v. Münch/Kunig, GG, Art. 25, Rn. 5; *Hofmann*, ZaöRV 1989, 41 (46).

allgemein anerkannte Rechtsgrundsätze („general principles of law recognized by civilized nations").[305] Später sprach das BVerfG von Regeln, die die „erforderliche weltweite Breite" haben, bzw. Regeln, die von der „weitaus größere[n] Zahl der Staaten" anerkannt werden.[306] In einer jüngeren Entscheidung des BVerfG ist nur noch die Rede von einer „allgemeinen, gefestigten Übung zahlreicher Staaten".[307] Es ist also zu beobachten, dass die Interpretation des BVerfG stetig großzügiger geworden ist. Auch gewohnheitsrechtlich anerkannte Regeln, die von der überwiegenden Mehrheit der Staaten als rechtsverbindlich angesehen und befolgt werden, sind von den allgemeinen Regeln des Völkerrechts umfasst.[308] Dies gilt jedoch nicht für regionales Gewohnheitsrecht, soweit dieses Regelungen enthält, die weder regional noch politisch noch ideologisch die BRD betreffen.[309]

Im Umkehrschluss gilt sonstiges Völkerrecht, das nicht unter die allgemeinen völkerrechtlichen Regeln fällt, nur dann innerstaatlich, wenn ein innerstaatlicher Akt dies anordnet.[310] Dies wird auch durch Art. 59 Abs. 2 GG verdeutlicht. Danach bedürfen Verträge (die auch völkerrechtlicher Natur sein können[311]) der Zustimmung oder Mitwirkung der jeweils zuständigen Körperschaft in Form eines Bundesgesetzes. Das GG geht also grundsätzlich davon aus, dass Völkerrecht und nationales Recht zwei unterschiedliche Rechtskreise bilden.[312] Jedoch verpflichtet der Grundsatz der Völkerrechtsfreundlichkeit Bund und Länder dazu, auch sonstige völkerrechtliche Regelungen zu berücksichtigen.

c) Grundsatz der Völkerrechtsfreundlichkeit

Der Grundsatz der Völkerrechtsfreundlichkeit von Bund und Ländern ist von der ständigen Rechtsprechung[313] und Literatur[314] anerkannt. Nach dem BVerfG sind

---

305 BVerfGE 15, 25 (34); 16, 27 (33); 23, 288 (317).

306 Ersteres: BVerfGE 94, 315 (328); letzteres: BVerfGE 31, 145 (177); a. A.: *Pernice* in Dreier, GG, Art. 25, Rn. 20; *Koenig* in v. Mangoldt/Klein/Stark, GG, 2010 Art. 25, Rn. 7 u. 28: Sie lassen bereits eine sachliche oder räumliche Relevanz ausreichen.

307 BVerfGE 95, 96 (129).

308 *Pernice* in: Dreier, GG, Art. 25, Rn. 17; *Rojahn* in: v. Münch/Kunig, GG, Art. 25, Rn. 1; *Herdegen* in: Maunz/Dürig, GG, Art. 25, Rn. 23.

309 *Rojahn* in: v. Münch/Kunig, GG, Art. 25, Rn. 9; *Pernice* in: Dreier, GG, Art. 25, Rn. 21; *Koenig* in: v. Mangoldt/Klein/Stark, GG, 2010 Art. 25, Rn. 28; *Herdegen* in: Maunz/Dürig, GG, Art. 25, Rn. 23.

310 BVerfGE 73, 339 (375).

311 *Jarass* in: Jarass/Pieroth, Art. 59, Rn. 4.

312 BVerfGE 111, 307 (318).

313 BVerfGE 18, 112 (121); 31, 58 (75 f.); 75, 1 (17).

314 *Jarass* in: Jarass/Pieroth, Art. 25, Rn. 4; *Sommerman* in: v. Münch/Kunig, GG, Art. 20a, Rn. 4; *Zuleeg* in: AK, GG, Art. 24 Abs. 3/Art. 25, Rn. 33; *Bleckmann*, DÖV 1979, 309 (312); ders. DÖV 1996, 137 (140 f.).

Gesetze „im Einklang mit den völkerrechtlichen Verpflichtungen der BRD auszulegen und anzuwenden, selbst wenn sie zeitlich später erlassen worden sind als ein geltender völkerrechtlicher Vertrag".[315] Angesichts dieses faktischen Gesetzesvorrangs des Völkerrechts müssen auch die Länder – im gesamtstaatlichen Interesse – die Verpflichtungen einhalten, die sich aus den vom Bund abgeschlossenen völkerrechtlichen Verträgen ergeben.[316]

Mit der Einführung des Absatzes 6 in Art. 104a GG im Jahr 2006 hat der Verfassunggeber den Grundsatz der Völkerrechtsfreundlichkeit gesetzlich untermauert. Danach müssen die Länder bei Verletzung völkerrechtlicher wie auch europarechtlicher Pflichten grundsätzlich haften.[317]

d) Umweltschutz im Völkerrecht

Das Völkerrecht enthält eine Vielzahl von Regelungen, die insbesondere dem Artenschutz dienen.[318] Bereits 1885 wurde ein Vertrag über die Lachsfischerei im Rhein geschlossen.[319] Später wurden u. a. Abkommen für Pelzrobben (1911, 1957), für Wale (1931, 1946), für Thunfische im Atlantik (1966) oder zum Schutz der Eisbären (1973) vereinbart.[320]

Etwas prominenter und bedeutungsvoller dürften die Ramsar-Konvention und das Washingtoner Artenschutzübereinkommen sein. Erstere ist ein Übereinkommen über Nutzung und den Erhalt von Feuchtgebieten, insbesondere als Lebensraum für Wasser- und Wattvögel, von internationaler Bedeutung.[321] Letzteres trifft Regeln über den internationalen Handel mit gefährdeten Arten freilebender Tiere und Pflanzen.[322]

Die ersten globalen Abkommen, die sich den Schutz der Artenvielfalt zur Aufgabe gemacht haben, sind das „Bonner Übereinkommen"[323] von 1979 und das

315 BVerfGE 74, 358 (370).

316 BVerfGE 6, 309 (361).

317 *Pieroth* in: Jarass/Pieroth, Art. 104a, Rn. 12.

318 *Stoll/Schillhorn*, NuR 1998, 625 (625).

319 Vertrag vom 30.6.1885 betreffend die Regelung der Lachsfischerei im Stromgebiet des Rheins, RGBl. 1886, S. 192, 199, abgedruckt in: *Burhenne*, Internationales Umweltrecht – Multilaterale Verträge, 1994, Nr. 885, 48.

320 Mit den Fundstellen: *Stoll/Schillhorn*, NuR 1998, 625 (626).

321 Übereinkommen vom 2.2.1971, BGBl. 1976 II, S. 1265.

322 Convention on International Trade in Endangered Species (CITES) vom 3.3.1973, BGBl. 1975 II, 777.

323 Übereinkommen zur Erhaltung der wandernden wildlebenden Tierarten vom 23.6.1979, BGBl. 1984 II, S. 569.

„Übereinkommen über Biologische Vielfalt“[324] von 1992, das im Rahmen der UN-Konferenz von Rio de Janeiro unterzeichnet wurde.

Insgesamt sind sämtliche abgeschlossenen Übereinkommen auf Teilbereiche beschränkt und vorwiegend auf staatenübergreifende Sachverhalte ausgerichtet.[325] Als Pendant zu den Konventionen, die als der „besondere Teil“ des Völkerrechts bezeichnet werden können, kann man als „allgemeinen Teil“ die völkerrechtlichen Grundprinzipien, wie etwa Informationspflichten, ansehen.[326]

e) *Fazit zum Völkerrecht als Kompetenzschranke*

Für die Zwecke dieser Arbeit kann festgehalten werden, dass völkerrechtliche Verträge und allgemeines Völkerrecht Bestandteil des Bundesrechts sind. Bund und Länder müssen die völkerrechtlichen Vorgaben, die zunehmend an Bedeutung gewinnen, nicht zuletzt auch dank des Grundsatzes der Völkerrechtsfreundlichkeit, berücksichtigen. Das Völkerrecht stellt somit eine nicht unwesentliche Schranke im Rahmen der Abweichungskompetenz dar.

3. Unions- und völkerrechtliche Vorgaben als allg. Grundsatz?

Teilweise wird in der Lehre vertreten, dass supranationale Naturschutzvorgaben unter die allgemeinen Grundsätze des Naturschutzes zu fassen seien.[327] Dem dürfte die Überlegung zugrunde liegen, dass alle Mitgliedstaaten sowie die jeweils untergeordneten föderalen Hierarchiestufen (etwa die deutschen Bundesländer) diese supranationalen Vorgaben in nationales Recht umsetzen müssen, sofern sie nicht bereits unmittelbare Wirkung entfalten und dies faktisch einer automatischen Transformation supranationaler Vorgaben in abweichungsfeste allgemeine Grundsätze gleichkäme.[328] Auch mag hinter dieser Sichtweise der Gedanke stehen, dass alle Entscheidungen, die auf supranationaler Ebene getroffen werden, Kompromisslösungen zwischen allen Beteiligten seien, als solche grundsätzlich den kleinsten gemeinsamen Nenner darstellen und damit de facto nur den wichtigsten Kern des Naturschutzes betreffen können. Angesichts des Detailreichtums einzelner europäischer Richtlinien, wie z. B. der Vogelschutz-RL und der FHH-RL, ist dies jedoch ein Irrglaube. Diese beispielhaft genannten Richtlinien enthalten umfassende und besonders detailreiche Vorgaben bis hin

324 Convention on Biological Diversity vom 5.6.1992, BGBl. 1993 II, S. 1741.
325 *Stoll/Schillhorn*, NuR 1998, 625 (626).
326 UGB-KomE, Einleitung, S. 80.
327 So etwa *Schulze-Fielitz*, NVwZ 2007, 249 (257).
328 Ders., NVwZ 2007, 249 (257); angedacht auch von *Appel* in: Frenz/Müggenborg, BNatSchG, 2011, § 8, Rn. 57.

zur Bezeichnung einzelner Tier- und Pflanzenarten.[329] Zwar mögen viele supranationale naturschutzrechtliche Vorgaben im Ergebnis „allgemeine Grundsätze des Naturschutzes" i. S. d. Art. 72 GG sein, jedoch ist es zuletzt dem Bund bzw. den Ländern überlassen, ob, wann und wie Vorgaben umgesetzt werden. Die Abweichungsgesetzgebung hat den Zweck, ein einheitliches Mindestniveau im gesamtdeutschen Raum und nicht im europäischen Raum zu etablieren und zu sichern. Dies betrifft u. a. auch Bereiche, die nicht durch Unionsrecht oder Völkerrecht vorgegeben sind.[330] Daher müssen supranationale Vorgaben nicht automatisch unter die allgemeinen Grundsätze fallen. Andernfalls wäre auch die Diskussion um die Unionsrechtskonformität der Abweichungsgesetzgebung nicht erklärlich.[331] Supranationale Vorgaben haben möglicherweise eine große Schnittmenge mit den allgemeinen Grundsätzen i. S. v. Art. 72 Abs. 3 Satz 1 Nr. 2 GG, können aber nicht gleichgesetzt werden.

4. Zusammenfassendes Zwischenergebnis

Die Abweichungskompetenz der Länder ist also bereits durch supranationale Schranken unmittelbar und mittelbar begrenzt. Die Landesgesetzgeber dürfen keine Gesetze erlassen, die diesen supranationalen Vorschriften widersprechen.

II. Verfassungsrechtliche Schranken der Abweichungsgesetzgebung

Jedes Gesetzgebungsverfahren ist nicht nur an supranationale, sondern vor allem auch an direkte verfassungsrechtliche Vorgaben gebunden. Eine detaillierte Darstellung der allgemeinen verfassungsrechtlichen Schranken im Gesetzgebungsverfahren ist bei *Lechner/Zuck*[332] ausgeführt. Nachfolgend werden kurz die Kernpunkte umrissen.

1. Grundsätze des Art. 20 GG

Bundes- und Landesgesetzgeber müssen – wie alle anderen Gesetze auch – bei der Gesetzgebung die allgemeinen Rechtsgrundsätze der Verfassung wahren. Die elementaren Grundsätze des GG ergeben sich unmittelbar bzw. mittelbar aus

329 *Appel* in: Frenz/Müggenborg, BNatSchG, 2011, § 8, Rn. 58.
330 Ebd.; *Hendrischke*, NuR 2007, 454 (458).
331 *Appel* in: Frenz/Müggenborg, BNatSchG, 2011, § 8, Rn. 58 u. 19.
332 Genauer: *Lechner/Zuck*, BVerfGG,§ 76, Rn. 10 ff.

Art. 20 GG.[333] Dazu gehören insbesondere das Demokratie-, das Sozialstaats-, das Rechtsstaatsprinzip sowie das Bestimmtheitsgebot, das Rückwirkungsverbot und das Gebot der Verhältnismäßigkeit.[334]

2. Kein Verstoß gegen Grundrechte

Abweichende Landesgesetze müssen mit den Grundrechten im Einklang stehen. Dies erfordert, dass ein etwaiger Eingriff in den Schutzbereich eines Grundrechts verfassungsrechtlich gerechtfertigt sein muss. Ein Eingriff ist dann gerechtfertigt, wenn er verhältnismäßig ist oder das betroffene Grundrecht den Gesetzgeber zu einer Beschränkung oder Beeinträchtigung ermächtigt.[335]

3. Grundsatz der Bundestreue

Wie bereits oben bei der Prüfung unionsrechtlicher Schranken angedeutet, stellt der „Grundsatz der Bundestreue"[336] oder auch „Grundsatz des bundesfreundlichen Verhaltens"[337] eine nicht unerhebliche Kompetenzausübungsschranke für die Länder dar.[338]

Dieser Grundsatz war zunächst ein ungeschriebener. Seit 1992 ist er in Art. 23 GG verfassungsrechtlich verankert. Diesem Grundsatz misst die Rechtsprechung fundamentale Bedeutung für die bundesstaatliche Ordnung des GG bei.[339] Er begründet wechselseitige Rücksichtnahmepflichten zwischen Bund und Ländern sowie auch den Ländern untereinander.[340] Rücksichtnahme bedeutet in diesem Sinn, dass Kompetenzen nicht in eigennütziger Weise zu gebrauchen sind, sondern vielmehr die Belange der anderen Beteiligten sowie das Wohl der Gesamtheit im Auge zu behalten sind, gegebenenfalls unter Zurückstellung eigener Ziele.[341] Angestrebt werden soll die Vermeidung von Widersprüchen innerhalb der Rechtsordnung, also die Beständigkeit staatlicher Regelungen.[342] Bestandteil

333 Vgl. BVerfGE 1, 14, Leitsatz 28; vgl. auch Art. 28 Abs. 1 GG.

334 s. etwa *Frenzel*, JuS 2010, 27 (29 ff.), mit weiteren Literaturnachweisen zu den einzelnen Grundsätzen *Jarass* in: Jarass/Pieroth, Art. 20, vor Rn. 1.

335 *Jarass* in: Jarass/Pieroth, Vorb. Vor Art. 1, Rn. 37 u. 40.

336 Begriff z. B. bei: BVerfGE 6, 309 (328 unter Nr. 8.).

337 Begriff z. B. bei: BVerfGE 1, 299 (300).

338 BVerfGE 4, 115 (140); 8, 122 (138); 12, 205 (254); 13, 54 (75); 32, 199 (218); 81, 310 (337); 104, 249 (269 f.).

339 *Karpen/von Rönn*, JZ 1990, 579 (584).

340 Ständige Rspr. seit BVerfGE 1, 299 (315); vgl. auch *Sommermann* in: v. Mangoldt/Klein/Stark, GG, 2010, Art. 20, Rn. 37.

341 *Sachs* in: Sachs, GG, Art. 20, Rn. 70.

342 Ebd., Rn 70 u. 131.

des Gebots der Bundestreue ist daher auch das Einstehen der Länder füreinander.[343] Mit den Worten des BVerfG haben Bund und Länder bei Ausübung ihrer Kompetenzen „die gebotene und ihnen zumutbare Rücksicht auf das Gesamtinteresse des Bundesstaats und auf die Belange der Länder zu nehmen".[344]

Der Grundsatz des bundesfreundlichen Verhaltens hat also zur Folge, dass die Landesgesetzgeber von ihren Kompetenzen nur insoweit Gebrauch machen dürfen, als sie weder die Belange des Gesamtstaats noch die Belange der anderen Länder in unvertretbarer Weise schädigen oder beeinträchtigen.[345] Die in Art. 72 Abs. 3 GG eingeräumte Möglichkeit der Länder, von Bundesrecht abzuweichen, steht also nicht per se im Widerspruch zum Grundsatz der Bundestreue.

Die Landesgesetzgeber müssen es wegen des Grundsatzes der Bundestreue auch unterlassen, Gesetze zu verabschieden, die es dem Bund erschweren oder gar unmöglich machen, seiner Pflicht zur Umsetzung europäischen Unionsrechts nachzukommen.[346] Das Gleiche gilt auch für völkerrechtliche Vorgaben.[347] Letztendlich sind die zuvor beschriebenen Grundsätze der Unionstreue und der Völkerrechtsfreundlichkeit durch den Grundsatz der Bundestreue gleichermaßen auf die Länder wie auch den Bund anzuwenden.

4. Besondere Beschränkungen aus Art. 72 Abs. 3 Satz 1 Nr. 1, 2 und 5 GG

Bei einigen Kompetenztiteln der Abweichungsgesetzgebung ist das Abweichungsrecht der Länder über die allgemeinen Beschränkungen hinausgehend durch die Klammerzusätze aus Art. 72 Abs. 3 Satz 1 Nr. 1, 2 und 5 GG beschränkt. Danach ist beim Jagdwesen das „Recht der Jagdscheine" von der Landesabweichungskompetenz ausgenommen, beim Wasserhaushalt sind die „stoff- oder anlagenbezogenen Regelungen" und beim gegenständlichen Kompetenztitel des Naturschutzes sind laut Verfassung die „allgemeinen Grundsätze des Naturschutzes", das „Recht des Artenschutzes" sowie der „Meeresnaturschutz" abweichungsfest. Die abweichungsfesten Kerne des Naturschutzes werden in Kapitel 3 dieser Arbeit ausführlich untersucht.

343 *Sommermann* in: v. Mangoldt/Klein/Stark, GG, 2010, Art. 20, Rn. 41.

344 BVerfGE 92, 203 (230).

345 BVerfGE 34, 9 (44); NRW Verf., NVwZ 1982, 188 (199).

346 BVerfGE 92, 203 (230 unter I. Nr. 1); vgl. auch *Sommermann* in: v. Mangoldt/Klein/Stark, GG, 2010, Art. 20, Rn. 40; *Rengeling*, DVBl. 1998, 997 (1004); *Hoppe*, DVBl. 2007, 144 (145).

347 BVerfGE 6, 309 (361); vgl. auch *Jarass* in: Jarass/Pieroth, Art. 25, Rn. 4.

III. Abweichungen zum Besseren (a meliori)

Das Abweichungsrecht der Länder unterliegt – wie oben dargestellt – nicht nur allgemeinen, sondern auch besonderen Schranken. So dürfen die Länder laut Verfassung nicht von den abweichungsfesten Kernen aus Art. 72 Abs. 3 Satz 1 Nr. 1, 2 und 5 GG abweichen. Fraglich ist, ob eine Abweichung a meliori hiervon ausgenommen werden muss. Der Wortlaut gibt dazu nichts her. Auch die Begründung des verfassunggebenden Gesetzgebers sagt, dass eine Abweichung von diesen bestimmten Bereichen ohne Einschränkungen „ausgeschlossen" sei.

Dafür, dass eine Abweichung zum Besseren gleichermaßen ausgeschlossen sein muss, spricht, dass es bei der Frage, ob es sich um eine Abweichung zum Besseren oder zum Schlechteren handelt, grundsätzlich auf die Sichtweise ankommt. Der bessere Schutz des Naturschutzes hat z. B. oftmals Einschränkungen für Industrie, Wirtschaft und möglicherweise auch einzelne Bürger zur Folge. Zu welchem Ergebnis eine Interessenabwägung in derartigen Fällen kommen würde, hängt letztlich stark von der politischen Richtung der jeweiligen Länder ab. Die unterschiedliche Beantwortung einer gleichen Interessenabwägung kann auseinanderfallen. Die abweichungsfesten Kerne sollen aber eben keine unterschiedliche Behandlung erfahren, sondern bundeseinheitlich gelten. Die Frage der Zulässigkeit einer Abweichung a meliori stellt sich zusammengefasst nicht, denn die Beantwortung der Frage, ob eine Abweichung zum Besseren oder zum Schlechteren reicht, ist politischer und nicht rechtlicher Natur.

IV. Zusammenfassung der Grenzen der Landesabweichungskompetenz

Die Abweichungskompetenz der Länder i. S. v. Art. 72 Abs. 3 GG räumt erstmalig dem Bund und den Ländern jeweils eine Vollkompetenz ein. Die Vollkompetenz der Länder unterliegt dabei nicht nur verfassungsrechtlichen, sondern auch supranationalen Einschränkungen. Die verfassungsrechtlichen Einschränkungen sind teilweise in einem hohen Maße unbestimmt, sodass Unsicherheit über deren Umfang besteht. Eine Bestimmung des Umfangs des Artenschutzes oder des Meeresnaturschutzes leistet weder das GG noch der einfache Bundesgesetzgeber. Zwar hat der Bundesgesetzgeber allgemeine Grundsätze des Naturschutzes festgelegt, jedoch ist ungewiss, ob diese Festlegungen im Kompetenzstreitfall zwischen Bund und Ländern einer verfassungsgerichtlichen Prüfung standhalten würden.

Es besteht Rechtsunsicherheit nicht nur bei den abweichenden Landesgesetzgebern, sondern auch bei Investoren. Im Vertrauen auf die Verfassungsmäßigkeit von Landesgesetzen getätigte Investitionen könnten theoretisch auch noch nach mehreren Jahren die Grundlage entzogen werden, was zu erheblichen finanziellen Schäden führen könnte.

Die inhaltlich stärkste Beschränkung stellen jedoch die europa- und völkerrechtlichen Vorgaben dar. An die Einhaltung dieser supranationalen Vorgaben sind die Landesgesetzgeber durch den Grundsatz der Bundestreue aus Art. 23 GG, den Grundsatz der Unionstreue aus Art. 4 Abs. 3 EUV und Art. 210 AEUV, dem allgemeinen anerkannten[348] Grundsatz der Völkerrechtsfreundlichkeit sowie aufgrund von Art. 104a Abs. 6 GG gebunden. Die innerstaatliche Verantwortung liegt grundsätzlich bei derjenigen Gebietskörperschaft, die die supranationalen Verpflichtungen im Rahmen ihrer Zuständigkeit verletzt hat. Aufgrund der kaum überschaubaren Anzahl an europäischen Regelungen zum Umweltrecht wird von einem „stark europäisierten" Umweltrecht gesprochen.[349] Wegen dieser hohen Dichte an zwingenden Vorgaben bleibt selbst dem Bund nur ein geringer Spielraum für eigene Regelungen. Wollen die Landesgesetzgeber es vermeiden, gegen die Vorgaben aus Brüssel zu verstoßen, um einer Haftung zu entgehen, so verbleibt ihnen nur ein dementsprechend eingeschränkter Abweichungsspielraum.

F. Anwendungsvorrang des abweichenden Landesrechts

Nach Art. 72 Abs. 3 Satz 3 GG geht im Verhältnis von Bundes- zu Landesrecht das jeweils spätere Gesetz vor. Aus der Formulierung „das spätere Gesetz geht vor" ergibt sich, dass ein abweichendes Landes- bzw. Bundesrecht das ältere Gesetz nicht außer Kraft setzt, sondern lediglich Anwendungsvorrang hat.[350] Diese „lex posterior derogat legi priori" Regelung stellt eine Ausnahme zu dem Grundsatz des Art. 31 GG (Bundesrecht bricht Landesrecht) dar. Als speziellere Regelung gehen die Artt. 70 ff. GG der Grundsatznorm des Art. 31 GG vor.[351]

348 BVerfGE 18, 112 (121); 31, 58 (75 f.); 75, 1 (17); *Jarass* in Jarass/Pieroth, Art. 25, Rn. 4; *Sommerman* in: v. Münch/Kunig, GG, Art. 20a, Rn. 4; *Zuleeg* in: AK, GG, Art. 24 Abs. 3/Art. 25, Rn. 32; *Bleckmann*, DÖV 1979, 309 (312); *Bleckmann*, DÖV 1996, 137 (140 f.).

349 So *Schulze-Fielitz*, NVwZ 2007, 249 (250).

350 BT-Drs. 16/813, S. 11.

351 s. auch *Sannwald* in: Schmidt-Bleibtreu/Hofmann/Hopfauf, GG, 2011, Art. 31, Rn.3; *Pieroth* in: Jarass/Pieroth, Art. 31, Rn. 1.

I. Das „spätere Gesetz" – Abstellen auf den Verkündungszeitpunkt

In diesem Zusammenhang ist klärungsbedürftig, auf welchen Zeitpunkt bei der Frage abzustellen ist, ob ein Gesetz das „spätere" ist. Diese Frage wird besonders relevant bei dem L-NatSchG Niedersachsens,[352] S-H[353] oder auch M-V,[354] denn alle sind am 1.3.2010, also zeitgleich mit dem BNatSchG in Kraft getreten. Das BNatSchG ist jedoch bereits am 6.8.2009 verkündet worden und die genannten Landesgesetze dagegen erst im Februar des Folgejahres.

In Betracht kommen also der Zeitpunkt des Gesetzesbeschlusses und seiner Verkündung oder der Zeitpunkt seines Inkrafttretens. Verkündung meint die amtliche Bekanntgabe des Gesetzeswortlauts in dem dafür vorgeschriebenen amtlichen Blatt.[355] Das Inkrafttreten des verkündeten Gesetzes ist dagegen Teil der normativen Regelung, also nicht Teil des Gesetzgebungsverfahrens.[356] Das spricht bereits dafür, dass auf den Zeitpunkt der Verkündung abzustellen ist.

Zwar hat der verfassunggebende Gesetzgeber selbst in Art. 72 Abs. 3 Satz 2 GG bei der Normierung der sechsmonatigen Karenzzeit auf den Zeitpunkt des Inkrafttretens abgestellt. Dies kann als ein Indiz dafür betrachtet werden, dass auch im Zusammenhang mit der Lex-posterior-Regelung in Abs. 2 Satz 3 an das Inkrafttreten anzuknüpfen ist. Jedoch sprechen sich *Fischer-Hüftle* oder *Schütte/Kattau* mit überzeugenden Argumenten dafür aus, dass auf den Verkündungszeitpunkt abzustellen sei.[357] Denn bereits im Zeitpunkt der Verkündung hat der Gesetzgeber von seiner Gesetzgebungskompetenz Gebrauch gemacht.[358] Nur so ergibt die sechsmonatige Karenzzeit bis zum Inkrafttreten Sinn.[359] Der Zeitpunkt des Inkrafttretens des späteren Gesetzes bestimmt lediglich, ab wann der Anwendungsvorrang des späteren Gesetzes gegenüber dem früheren Gesetz greift.[360] Für den Zeitpunkt der Verkündung als maßgeblichem Zeitpunkt spräche ferner, dass es bei der Lex-posterior-Regelung ausschlaggebend auf den Willen des Gesetzgebers zur Ausübung seiner Kompetenz ankommt, wie er sich im

352 NAGBNatSchG vom 19.2.2010 (Nds. GVBl. 2010, S. 104).

353 LNatSchG S-H vom 24.2.2010 (GVOBl. S-H 2010, 301, ber. S. 486).

354 LNatSchAG M-V vom 23.2.2010 (GVOBl. M-V 2010, S. 66).

355 *Pieroth* in: Jarass/Pieroth, Art. 82, Rn. 5.

356 BVerfGE 34, 9 (23); 87, 48 (60).

357 *Fischer-Hüftle* in: Schumacher/Fischer-Hüftle, BNatSchG, vor § 1, Rn. 7; *Schütte/Kattau*, ZUR 2010, 353 (354).

358 *Pieroth* in Jarass/Pieroth, Art. 72, Rn. 32; *Franzius*, ZUR 2010, 346 (346); *Louis*, NuR 2010, 77 (77).

359 So auch: *Schütte/Kattau*, ZUR 2010, 353 (354).

360 Ebd.

Gesetzesbeschluss manifestiert.[361] *Fischer-Hüftle* bedient sich folgenden Beispiels,[362] um seine Auffassung zu untermauern: Im Januar 2009 ist ein Bundesgesetz verkündet worden, das den 1.7.2010 als Datum des Inkrafttretens bestimmt. Nach der Bundestagswahl ist am 15.12.2009 ein Gesetz verkündet worden, das Änderungen des vorherigen Gesetzes enthält und dessen Inkrafttreten auf den 1.1.2010 vorverlegt oder auf den 1.1.2011 hinausschiebt. In beiden Fällen wäre gleichermaßen der 15.12.2009 (das Verkündungsdatum) der maßgebliche Zeitpunkt i. S. v. Art. 72 Abs. 3 Satz 3 GG. Das Abstellen auf den Verkündungszeitpunkt bietet ein Mehr an Rechtssicherheit und ist der entscheidende Zeitpunkt für die Beantwortung der Frage, wann ein Gesetz das spätere ist.

II. Bedeutung für die gegenständlichen L-NatSchG

Die obengenannten L-NatSchG, die am 1.3.2010 in Kraft getreten sind und jeweils im Februar 2010 verkündet wurden (zu denen auch das niedersächsische gehört), sind im Verhältnis zu dem bereits in 2009 verkündeten BNatSchG das jeweils „spätere" Gesetz. Auch das bayerische Naturschutzgesetz[363] wurde zeitlich nach dem BNatSchG, nämlich am 23.2.2011 verkündet. Diese L-NatSchG haben damit insoweit Anwendungsvorrang vor dem BNatSchG.

Das Land Brandenburg hat bislang noch nicht von seinem Abweichungsrecht Gebrauch gemacht. Ende 2011 hat die Landesregierung zwar einen entsprechenden Entwurf für ein „Brandenburgisches Ausführungsgesetz zum BNatSchG" vorgelegt.[364] Zum Bearbeitungszeitpunkt ist ein Verkündungsdatum des Gesetzes nicht abschätzbar. Das derzeit (noch) geltende brandenburgische Naturschutzgesetz[365] wurde im Jahr 2004 verkündet und geht dem jüngeren BNatSchG von 2009/2010 nach.

---

361 *Fischer-Hüftle* in: Schumacher/Fischer-Hüftle, BNatSchG, vor § 1, Rn. 7 mit Verweis auf: *Degenhart*, DÖV 2010, 322 (427).

362 Ebd.

363 Gesetz über den Schutz der Natur, die Pflege der Landschaft und die Erholung in der freien Natur (Bayerisches Naturschutzgesetz), Bay. GVBl 2011, S. 82.

364 Bbg. LT-Drs. 5/4349 ausgegeben am 1.12.2011.

365 Gesetz über den Naturschutz und die Landschaftspflege im Land Brandenburg (Brandenburgisches Naturschutzgesetz), Bbg. GVBl. 2004, S. 350.

Kapitel 3: Besondere verfassungsrechtliche Schranken der Abweichungskompetenz im Bereich des Naturschutzes

Im gegenständlichen Fall des Naturschutzes und der Landschaftspflege unterliegt die Abweichungsgesetzgebungskompetenz der Länder neben allgemeinen Beschränkungen der Gesetzgebung weiteren besonderen Beschränkungen: Gemäß Art. 72 Abs. 3 Satz 1 Nr. 2 GG sind die „allgemeinen Grundsätze des Naturschutzes, das Recht des Artenschutzes oder des Meeresnaturschutzes" von der Abweichungskompetenz der Länder ausdrücklich ausgenommen. Zusammengefasst werden diese abweichungsfesten Materien im Folgenden auch als „abweichungsfeste Kerne" bezeichnet.

A. Das Recht des Artenschutzes

I. Auslegung des Begriffs „Artenschutz"

Der Artenschutz gehört zu den ältesten Teilgebieten des Naturschutzes und ist nach wie vor von besonderer Bedeutung.[366] Er ist zusammengefasst der Schutz aller wild lebenden Tier- und Pflanzenarten.[367] Anders als bei gebietsschutzrechtlichen Vorschriften finden die Vorschriften des Artenschutzes flächendeckend und bundesweit einheitlich Anwendung für die geschützten Arten; Objekte des Schutzes sind auch die Lebensräume wild lebender Arten sowie die sonstigen Lebensbedingungen wie etwa Nahrungsgrundlagen oder Brutstätten.[368] Die Frage, welche Regelungsbereiche des BNatSchG oder der Naturschutzgesetze der Länder nun konkret unter das Recht des Artenschutzes fallen, kann anhand dieser Definition nicht beantwortet werden. Auch das GG schweigt dazu. In der Gesetzesbegründung heißt es hierzu lediglich, dass das Recht des Artenschutzes nicht den jagdrechtlichen Artenschutz umfasse.[369] Vieles spricht dafür, dass der verfassungsändernde Gesetzgeber den „naturschutzrechtlichen" (also nicht den „jagdrechtlichen") Artenschutz so versteht,

366 *Lütkes* in: Lütkes/Ewer, BNatSchG, § 37, Rn. 1.

367 *Erbs/Kohlhaas,* N 16 Vorb., Rn. 37.

368 *Kratsch* in: Schumacher/Fischer-Hüftle, BNatSchG, § 37, Rn. 7.

369 BT-Drs. 16/813, S. 11.

wie ihn der einfache Bundesgesetzgeber seinerzeit in Abschnitt 5 des damals geltenden BNatSchG benutzt hat. Nach § 39 BNatSchG a. F. umfasst der Artenschutz, nahezu wortgleich mit der Definition der heute geltenden Fassung des § 37 Abs. 1 BNatSchG, den Schutz der Tiere und Pflanzen und ihrer Lebensgemeinschaften vor Beeinträchtigungen durch den Menschen; den Schutz, die Pflege, die Entwicklung und die Wiederherstellung der Biotope wild lebender Tier- und Pflanzenarten sowie die Gewährleistung ihrer sonstigen Lebensbedingungen; die Ansiedlung von Tieren und Pflanzen verdrängter wild lebender Arten in geeigneten Biotopen innerhalb ihres natürlichen Verbreitungsgebiets. Dafür, dass der verfassungsändernde Gesetzgeber diese – recht offene – Definition des einfachen Gesetzgebers aufgreifen wollte, spricht bereits die Tatsache, dass er den einfachgesetzlichen Begriff verwendet hat.[370] Zum Artenschutz i. S. v. Art. 72 Abs. 3 Satz 1 Nr. 2 GG gehört nicht nur der in den §§ 39 ff. BNatSchG a. F. geregelte Inhalt, sondern dazu gehören auch die „Natura 2000"-Gebiete.[371] Dafür spricht, dass die FFH-RL in Art. 2 Abs. 1 als Ziel die Sicherung der Artenvielfalt definiert hat. Gleiches gilt auch für die Vogelschutz-RL, die nach ihrem Art. 1 Abs. 2 den Schutz von Vögeln, Eiern, Nestern und Lebensräumen dient. Dieser Schutzzweck fällt auch unter das damalige Verständnis von Artenschutz. Eine Abweichung der Länder von diesen europarechtlichen Vorgaben ist jedoch ohnehin nicht zulässig.[372]

Was jedoch konkret unter dem Begriff „Artenschutz" zu verstehen ist, ist letztlich durch Auslegung für jeden Einzelfall gesondert zu ermitteln.[373]

II. Umfassende supranationale Regelungen

Schon vor der Föderalismusreform war das Recht des Artenschutzes weitgehend unmittelbar geltendes Bundesrecht, da dieser Bereich nahezu vollständig durch europa- und völkerrechtliche Vorgaben[374] geregelt wird,[375] die nicht nur den Bund,

370 Vgl. *Fischer-Hüftle*, NuR 2007, 78 (84).

371 So auch ebd.

372 s. bei Fn. 283.

373 *Kratsch* in: Schumacher/Fischer-Hüftle, BNatSchG, § 37, Rn. 7.

374 VO (EG) Nr. 338/97 des Rates vom 9.12.1996 über den Schutz von Exemplaren wildlebender Tier- und Pflanzenarten durch Überwachung des Handels (ABl. L 61 vom 3.3.1997, S. 1); Vogelschutz-RL 79/409/EWG des Rates vom 2.4.1979; FFH-RL 92/43/EWG des Rates vom 21.5.1992; Convention on International Trade in Endangered Species (CITES, auch: „Washingtoner Artenschutzübereinkommen") vom 3.3.1973, BGBl. 1975 II, S. 777; Übereinkommen zur Erhaltung der wandernden wildlebenden Tierarten vom 23.6.1979, BGBl. 1984 II, S. 569; Convention on Biological Diversity vom 5.6.1992, BGBl. 1993 II, S. 1741; etc.

375 *Louis*, ZUR 2006, 340 (341); *Kloepfer*, UmwR, § 11, Rn. 9 ff.; *Schulze-Fielitz*, NVwZ 2007, 249 (257).

sondern auch die Länder binden.[376] Der den Ländern theoretisch verbleibende Spielraum ist durch europarechtliche Vorgaben auf dem Gebiet des Artenschutzes traditionell klein.[377] Durch die Übertragung in die konkurrierende Gesetzgebung hat sich auf diesem Gebiet de facto nichts geändert.[378] Denn diese supranationalen Vorgaben geben weiterhin zu großen Teilen das Recht des Artenschutzes in Deutschland vor. So hat der Bund schon vor der Föderalismusreform zahlreiche Vorschriften im Bereich des Artenschutzes aus Abschnitt 5 (§§ 39–55) des damaligen BNatSchG als unmittelbar geltende Regelungen ausgestaltet. Gemäß § 11 BNatSchG a. F. galten als unmittelbares Recht die § 39 Abs. 2, §§ 42–50, § 52 Abs. 1 bis 8, § 53 und § 55; mithin nahezu die gesamten Regeln über den Artenschutz. Diese von der Landesgesetzgebung ausgenommenen Regelungen hat der Bund im Jahr 1985 in Umsetzung wichtiger internationaler Vereinbarungen und Regelungen der EG als unmittelbar geltende Regelungen neu gefasst.[379] Die Neufassung des fünften Abschnitts des BNatSchG a. F. folgte hauptsächlich der Umsetzung dieser supranationalen Vorgaben, sollte aber auch der Rechtsvereinfachung dienen.[380] Betroffen waren die wichtigsten Regelungen des Artenschutzes.[381] Aufgrund der hohen Regelungsdichte auf völkerrechtlicher und europarechtlicher Ebene war der Regelungsspielraum der Länder in Bezug auf den Artenschutz derart gering, dass das Abweichungsrecht der Länder durch die Ausklammerung des Artenschutzes faktisch nicht weitergehend eingeschränkt wird, als es ohnehin der Fall war.

III. Umwandlung rahmenrechtlicher Vorschriften in unmittelbar geltende Vorschriften mit Erlass des geltenden BNatSchG 2010

Aufgrund des Wegfalls der Rahmengesetzgebung war der Bundesgesetzgeber gezwungen, die wenigen rahmenrechtlichen Vorschriften (also nicht „unmittelbar geltenden“ Vorschriften i. S. v. Art. 75 Abs. 2 GG a. F.) im Bereich des Artenschutzes in unmittelbar geltende Vorschriften „umzuwandeln“. Dies hat jedoch den gesetzgeberischen Spielraum der Länder de facto nur minimal betroffen. Die betroffenen Normen waren § 39 Abs. 1, §§ 40, 41 und 51, § 52 Abs. 9 und § 54 BNatSchG a. F.

---

376 Vgl. oben bei Fn. 267; s. auch *Lütkes* in: Lütkes/Ewer, BNatSchG, § 37, Rn. 5 ff.

377 *Lütkes* in: Lütkes/Ewer, BNatSchG, Einleitung, Rn. 28.

378 So auch: *Louis*, ZUR 2006, 340 (341).

379 s. BT-Drs. 251/85, S. 1 u. 13.

380 BT-Drs. 251/85, S. 13.

381 So auch BT-Drs. 251/85, S. 13.

1. § 39 Abs. 1 BNatSchG a. F. („Aufgaben des Artenschutzes")

Der damalige § 39 Abs. 1 BNatSchG a. F. wurde nahezu wortgleich übernommen und ist heute in § 37 Abs. 1 BNatSchG g. F. geregelt. Hier wird im Allgemeinen festgehalten, welche Aufgabenbereiche der Artenschutz umfasst. Kompetenzfragen sind hier nicht betroffen.

2. § 40 BNatSchG a. F. („Allgemeine Vorschriften für den Arten- und Biotopschutz")

Der damalige § 40 BNatSchG a. F. enthielt, wie der heutige § 38 BNatSchG g. F., allgemeine Vorschriften für den Arten- und Biotopschutz und regelte den aktiven, gestaltenden Naturschutz.[382] Die damalige rahmenrechtliche Fassung räumte mit Abs. 2 den Ländern einen Spielraum ein, um auf regionale Besonderheiten eingehen zu können. Im Rahmen der Abweichungsgesetzgebung kann den Ländern ein solcher Spielraum nun nicht mehr eingeräumt werden. So enthielten bzw. enthalten die Landesgesetze, die zu Zeiten der Rahmengesetzgebung erlassen wurden, eine Vielzahl von speziellen landesrechtlichen Regelungen wie etwa zu Nist-, Brut- und Lebensstätten (z. B. § 34 BbgNatSchG g. F.) oder zum Feuchtgrünland oder zu Wallhecken (z. B. §§ 28b, 33 Nds. L-NatSchG a. F.). Insoweit liegt hier eine gewisse Beschneidung der Länderrechte vor. Derartige Regelungen können die Landesgesetzgeber in ihren L-NatSchG nun nicht mehr regeln, ohne gegen Art. 72 Abs. 3 GG zu verstoßen.

3. § 41 BNatSchG a. F. („Allgemeiner Schutz wild lebender Tiere und Pflanzen")

§ 41 BNatSchG a. F. ist inhaltsgleich in eine unmittelbar geltende Vorschrift (§ 39 BNatSchG g. F.) umgewandelt worden, greift dabei aber bewährte landesrechtliche Regelungen (wie z. B.: Abflämmverbot, Verbot der maschinellen Grabenräumung) auf.[383] Der faktische Verlust an landesgesetzgeberischem Spielraum ist daher äußerst gering.

4. § 51 BNatSchG a. F. („Zoos")

Die Neuregelung der Vorschriften über Zoos (§ 42 BNatSchG g. F.) ist, anders als die damalige rahmenrechtliche Regelung, eine unmittelbar geltende und in

382 *Lütkes* in: Lütkes/Ewer, BNatSchG, § 38, Rn. 1.

383 *Kratsch* in: Schumacher/Fischer-Hüftle, BNatSchG, § 38, Rn. 1.

Einzelheiten gehende Norm. Wie die damalige Regelung dient § 42 BNatSchG g. F. der Umsetzung der Zoo-RL[384] der EU.[385] Damals mussten die Länder die Zoo-RL selbst umsetzen. § 42 BNatSchG g. F. orientiert sich eng an dem Wortlaut der Richtlinie und richtet sich so weit, wie möglich nach den bislang geltenden landesgesetzlichen Regelungen.[386] Damit wird die Rechtslage im Vergleich zur damaligen Rahmenvorschrift nicht relevant verändert. Der Spielraum der Landesgesetzgebung würde zudem weiter durch ergänzende Bundesregelungen, wie etwa das TierSchG, auf nahezu Null reduziert.

5. § 52 Abs. 9 BNatSchG a. F. („Ermächtigungen“)

§ 53 Abs. 9 BNatSchG a. F. räumte den Ländern für bestimmte Bereiche ein Gesetzgebungsrecht für den Fall ein, dass das Bundesministerium für Umwelt, Naturschutz und Reaktorsicherheit hier keine Verordnungen erließ. Diese Möglichkeit wurde ersatzlos gestrichen, stellt aber ebenfalls keinen Gesetzgebungskompetenzverlust der Länder dar. Denn schon zu Zeiten der Rahmengesetzgebung hing die Möglichkeit, auf diesen bestimmten Bereichen gesetzgeberisch tätig zu werden, von dem zuständigen Bundesministerium ab.

6. § 54 BNatSchG a. F. („Weitere Ländervorschriften“)

Auch der frühere § 54 BNatSchG a. F., der den Ländern die Möglichkeit einräumte, weitere Vorschriften zum Artenschutz zu erlassen, wurde ersatzlos gestrichen. Jedoch bedeutet dies nicht, dass somit allein regional vorkommende Tier- oder Pflanzenarten schutzlos gestellt seien. Insofern liefern die Regeln des 5. Abschnitts des BNatSchG sowie die umfassenden supranationalen Vorgaben, wie etwa die FFH-RL, einen nahezu gleichwertigen Schutz, vergleichbar mit dem Schutzniveau vor der Föderalismusreform. Ausschließlich national geschützte Arten werden nun weniger stark geschützt, als es der unionsrechtliche Artenschutz vorsieht.[387] Dies wurde aber auf politischer Ebene bewusst akzeptiert; eine Lösung wurde aufgeschoben und sollte im Rahmen der Schaffung eines UGB geprüft und gefunden werden.[388]

384 RL 1999/22/EG des Rates vom 29.3.1999 über die Haltung von Wildtieren in Zoos, ABl. Nr. L 94, S. 24.

385 *Kratsch* in: Schumacher/Fischer-Hüftle, BNatSchG, § 42, Rn. 1.

386 Ebd., Rn. 2.

387 Im Detail *Philipp* NVwZ 2008, 593 (598).

388 BR-Drs. 123/07, S. 9; *Dolde*, NVwZ, 121 (122).

IV. Fazit zum Recht des Artenschutzes

Zwar ist durch die Ausklammerung des Artenschutzes von der Landesabweichungskompetenz auf den ersten Blick ein gewisser Einschnitt in den gesetzgeberischen Spielraum der Länder erfolgt. Bei näherer Betrachtung erweist sich dieser Einschnitt jedoch als derart geringfügig, dass er zu vernachlässigen ist.

Denn bereits vor der Föderalismusreform 2006 war der Spielraum der Landesgesetzgeber im Bereich des Artenschutzes vor allem aufgrund der hohen Regelungsdichte auf völkerrechtlicher und europarechtlicher Ebene relativ klein.[389] Außerdem basierten Artenschutzvorschriften auf Kompetenztitel der konkurrierenden oder der ausschließlichen Gesetzgebung des Bundes.[390] Soweit sie den grenzüberschreitenden Warenverkehr regelten, wurden den Artenschutz betreffende Vorschriften auf Art. 73 Nr. 5 oder Nr. 6 GG a. F. (Einfuhr/Ausfuhr) gestützt (z. B.: §§ 44–48 BNatSchG a. F.) oder auf den Kompetenztitel „Recht der Wirtschaft" aus Art. 74 Abs. 1 Nr. 11 GG a. F., sofern sie die Vermarktung betrafen (z. B.: §§ 42, 43 BNatSchG a. F.).

Zudem hat man bei Erlass des BNatSchG 2010 versucht, das Bundesrecht dem Landesrecht weitestgehend anzupassen, um den Artenschutz auf Landesebene weiterhin auf ähnlichem Niveau gewährleistet zu können. Zusammenfassend wurde der traditionell kleine Regelungsspielraum der Länder im Bereich des Artenschutzrechts im Zuge der Föderalismusreform und im Zuge des Inkrafttretens des neuen BNatSchG 2010 nicht nennenswert geschmälert.[391]

B. Der Meeresnaturschutz

I. Auslegung des Begriffs „Meeresnaturschutz"

Der Meeresnaturschutz betrifft den Naturschutz im Meer. Es stellt sich die Frage, was mit „Meer" gemeint ist. In der Gesetzesbegründung heißt es: „Die Ausnahme hinsichtlich des Rechts des Meeresnaturschutzes ermöglicht dem Bund, verbindliche Regelungen zum maritimen Biodiversitätsschutz zu erlassen. Mit umfasst ist der maritime Arten- und Gebietsschutz sowie die naturschutzfachliche Bewertung bei der Realisierung von Vorhaben im maritimen Bereich."[392] Die

389 Vgl. zur alten Rechtslage *Lorz/Müller/Stöckel*, Naturschutzrecht mit Artenschutz, 2003, Vorb., Rn. 34.

390 Vgl. zur alten Rechtslage ebd., § 11, Rn. 1.

391 So im Ergebnis auch *Louis*, ZUR 2006, 340 (341).

392 BT-Drs. 16/813, S. 11.

Begriffe „Meer" und „maritim" umfassen auch das sogenannte „Küstenmeer", soweit es auf deutschem Hoheitsgebiet liegt.[393] Dieses beschränkt sich nicht etwa bloß auf die „Ausschließliche Wirtschaftszone" oder den Festlandsockel, sondern auch auf Küstengewässer. Diesem Begriffsverständnis hat sich auch der einfache Bundesgesetzgeber angeschlossen: § 56 Abs. 1 BNatSchG 2010 bezieht die Küstengewässer ausdrücklich in den Geltungsbereich dieses Gesetzes ein. Der Gesetzgeber hat es als sinnvoll erachtet, Ökosysteme wie die Nord- und Ostsee nach einheitlichen Kriterien zu schützen, daher erstreckt sich der Meeresnaturschutz auch auf Küstengewässer. Auch Niedersachsen behandelt in § 1 Satz 2 NAGBNatSchG die Küstengewässer als Teil des abweichungsfesten Meeresnaturschutzes.[394] Denn danach gelten die Abweichungen des NAGBNatSchG nicht im Bereich der Küstengewässer.

Fraglich ist an dieser Stelle aber, wo genau die Grenze zwischen Festland und Küstengewässer liegt. § 3 Nr. 2 WHG legt als landseitige Begrenzung die „mittlere Tidehochwasserlinie" zugrunde. Gemäß Art. 3 SRÜ bildet die „Basislinie" die binnenwärtige Grenze des Küstenmeeres. Die Basislinie bemisst sich nach Art. 5 SRÜ nach der „Niedrigwasserlinie". Nach Art. 8 Abs. 1 SRÜ gehören Gewässer, die landwärts der Basislinie des Küstenmeeres liegen, zu den inneren Gewässern des Staats.[395] Dazu gehören auch zeitweise, aber regelmäßig überflutete Flächen wie z. B. das Wattenmeer.[396]

Durch Art. 72 Abs. 3 Satz 1 Nr. 2 GG hat der Bund in den seerechtlich erfassten Bereichen nun eine abschließende naturschutzrechtliche Regelungskompetenz. Dadurch wird sichergestellt, dass das völkerrechtliche Seerecht,[397] für das der Bund die Gesetzgebungskompetenz nach Art. 73 Abs. 1 Nr. 1 GG hat, und der Naturschutz nicht voneinander abweichen.[398]

II. Umfassende supranationale Regelungen

Wie auch beim Artenschutz bestehen im Bereich des Meeresnaturschutzes weitreichende europa- und völkerrechtliche Verpflichtungen, die Bund und Länder – sofern überhaupt betroffen – gleichermaßen binden.[399] Zu nennen sind hier

393 *Fischer-Hüftle*, NuR 2007, 78 (84).

394 So auch *Schütte/Kattau*, ZUR 2010, 353 (356).

395 Vgl. *Lütkes* in Lütkes/Ewer, BNatSchG, Vor § 56, Rn. 19.

396 Ebd., Rn. 22; *Erbs/Kohlhaas*, N 16 Vorb., Rn. 37.

397 Insbesondere: Seerechtsübereinkommen der Vereinten Nationen (SRÜ) vom 10.12.1982 (BGBl. 1994 II S. 1798, 1799; 1995 II S. 602).

398 *Erbs/Kohlhaas*, N 16 Vorb., Rn. 37.

399 *Ginzky/Rechenberg*, ZUR 2006, 344 (348 f.).

insbesondere die FFH-RL,[400] die Gewässerschutz-RL,[401] die Vogelschutz-RL,[402] das Übereinkommen zum Schutz der Meeresumwelt,[403] das internationale Übereinkommen zur Verhütung der Meeresverschmutzung durch Schiffe[404] und das Seerechtsübereinkommen[405] der UN vom 10.12.1982. Darüber hinaus unterliegen einige Vorschriften zum Schutz von Gewässern nicht diesem Kompetenztitel, sondern sind dem Wasserhaushalt zuzuordnen.[406] Im Bereich des Wasserhaushaltes sind die stoff- und anlagenbezogenen Regelungen ausschließlich dem Bund zugewiesen. Dadurch dürfte der Großteil der Regelungen zur Reinhaltung der Küstengewässer in die Kompetenz des Bundes fallen.[407]

III. Verfassungswidrige Abweichung: § 24 LNatSchG M-V

Den drei Flächenländern sowie den Stadtstaaten Hamburg und Bremen, die wegen ihrer geographischen Lage ein Interesse am Erlass von Regelungen zum Meeresschutz haben könnten, bleibt bereits wegen supranationaler Vorgaben kaum Spielraum zum Erlass eigener Gesetze. Mit Einführung der Abweichungsgesetzgebung wurde der gesetzgeberische Spielraum der Länder daher faktisch kaum geschmälert. In der Konsequenz haben weder Bremen oder Hamburg noch S-H oder Niedersachsen in ihren jüngsten, nach der Föderalismusreform erlassenen Naturschutzgesetzen Regelungen zum Meeresschutz aufgenommen. Allein der Landesgesetzgeber M-V hat eine Regelung zum Meeresnaturschutz aufgenommen. § 24 LNatSchG M-V betont im Wesentlichen lediglich den besonders hohen Stellenwert der Ostsee für den Naturschutz im Lande (Abs. 1) und enthält das Versprechen, dass das Land seiner Verantwortung für den marinen Naturschutz auch durch die Umsetzung internationaler Verpflichtungen nachkommen wird (Abs. 4). Abs. 1 enthält jedoch auch eine Konkretisierung des Begriffs „Küstengewässer" aus § 56 Abs. 1 BNatSchG. Denn nach der Auffassung des

---

400 s. bei Fn. 111.

401 RL Nr. 76/464/EWG des Rates der Europäischen Gemeinschaften betreffend die Verschmutzung infolge der Ableitung bestimmter gefährlicher Stoffe in die Gewässer der Gemeinschaft, vom 4.5.1976, ABl. L 129/23, später ersetzt durch die RL 2006/11/EG des Europäischen Parlaments und des Rates vom 15.2.2006, ABl. L 64/52.

402 Vogelschutz-RL 79/409/EWG des Rates vom 2.4.1979.

403 Übereinkommen vom 22.9.1992 zum Schutz der Meeresumwelt im Nordostatlantik, Zustimmungsgesetz vom 23.8.1994, BGBl. 1994 II, S. 1360.

404 Internationale Übereinkommen zur Verhütung der Meeresverschmutzung durch Schiffe vom 17.12.1978, Zustimmungsgesetz vom 23.11.1981, BGBl. 1982 II, S. 2.

405 BGBl. 1994 II S. 1799.

406 *Kotulla*, NVwZ 2007, 489 (493).

407 *Louis*, ZUR 2006, 340 (341).

Landesgesetzgebers gehören zum Küstengewässer auch Sund- und Boddengewässer. Nach dem oben Gesagten[408] handelt es sich auch bei Konkretisierungen um eine Abweichung i. S. v. Art. 72 Abs. 3 GG. Somit wäre § 24 LNatSchG M-V verfassungswidrig.

Nach *Radespiel* haben die Länder im Bereich der Küstengewässer eine Ausgestaltungsbefugnis, soweit der Bundesgesetzgeber keine inhaltliche Regelung getroffen hat; *Radespiel* nennt hier § 24 LNatSchG M-V als zulässiges Beispiel.[409] Eine Begründung fehlt jedoch. Meines Erachtens muss in der Konsequenz der erarbeiteten (strengen) Definition von „Abweichung"[410] in diesem Fall befunden werden, dass § 24 LNatSchG M-V nicht im Einklang mit der Verfassung steht.

IV. Fazit zum Meeresnaturschutzrecht

Die Relevanz dieser Schranke ist im Ergebnis sehr gering. Schon aus geographischen Gründen haben nur wenige Länder überhaupt potentiell Interesse daran, im Bereich des Meeresnaturschutzes gesetzgeberisch tätig zu werden. Wegen umfassender supranationaler Vorgaben ist der Spielraum zum Erlass eigener Gesetze auf diesem Gebiet darüber hinaus ohnehin traditionell klein. Bereits vor der Föderalismusreform hatte der Bund auf dem Gebiet des Meeresnaturschutzes teilweise die Kompetenz, unmittelbar geltende und in Einzelheiten gehende Regelungen zu erlassen. So konnte der Bund gemäß § 38 Abs. 2 und Abs. 3 BNatSchG a. F. abschließende Regelungen zum Schutz von Meeresflächen im Bereich der „Ausschließlichen Wirtschaftszone" und des Festlandsockels treffen (s. § 11 BNatSchG a. F.). Diese Vollregelung diente u. a. der Umsetzung der Vorgaben des Seerechtsübereinkommens der UN, der FFH-RL sowie der Vogelschutz-RL.[411] Die Gesetzgebungskompetenz des Bundes zur Vollregelung ergab sich daher aus Art. 71 in Verbindung mit Art. 73 Abs. 1 Nr. 1 GG a. F. („die auswärtigen Angelegenheiten sowie") oder aufgrund des Ausnahmetatbestands des Art. 75 Abs. 2 GG a. F. Mit Einführung der Abweichungsgesetzgebung wurde der gesetzgeberische Spielraum der Länder daher faktisch kaum geschmälert.

408 s. bei Fn. 204.
409 *Radespiel* in: Festgabe zur Emeritierung von Detlef Czybulka, S. 9.
410 s. bei Fn. 260.
411 *Lorz/Müller/Stöckel*, Naturschutzrecht mit Artenschutz, 2003, § 38, Rn. 1.

C. Die allgemeinen Grundsätze des Naturschutzes

Gemäß dem Klammerzusatz des Art. 72 Abs. 3 Satz 1 Nr. 2 GG sind neben dem Arten- und Meeresnaturschutz auch die allgemeinen Grundsätze des Naturschutzes als abweichungsfeste Materie aufgezählt. Hierbei ist allein der Naturschutz genannt, nicht aber die Landschaftspflege, obwohl der Kompetenztitel „Naturschutz *und* Landschaftspflege" heißt. Die beiden Begriffe lassen sich sachlich nicht unterscheiden, sondern sind als einheitliches Aufgabenfeld untrennbar miteinander verknüpft.[412] Es handelt sich also um eine bloße technische oder redaktionelle Ungenauigkeit des Gesetzgebers.[413] Die Begriffe Naturschutz und Landschaftspflege haben sich als sprachlicher Zweiklang etabliert und sind als Wortpaar einheitlicher und umfassender Ausdruck für die Gesamtheit der Maßnahmen zum Schutz, zur Pflege, zur Entwicklung und zur Wiederherstellung von Natur und Landschaft.[414]

Der Begriff „allgemeine Grundsätze des Naturschutzes" ist derart allgemein und abstrakt, dass er aus sich heraus eine Inhaltsbestimmung nicht zulässt. Der verfassungsändernde Gesetzgeber hat den Begriff nicht näher definiert und überlässt die Inhaltsbestimmung der Rechtspraxis.

I. Verfassungskonforme Auslegung der „allg. Grundsätze des Naturschutzes"

Im Folgenden soll versucht werden, den verfassungsrechtlichen Begriff „allgemeine Grundsätze des Naturschutzes" inhaltlich auszufüllen. Das BNatSchG 2010 enthält zwar mehrfach Legaldefinitionen „allgemeiner Grundsätze", soll aber bei der Auslegung an dieser Stelle nicht herangezogen werden. Dagegen spricht bereits, dass das BNatSchG 2010 im Zeitpunkt der Einführung der Abweichungsgesetzgebung nicht existierte. Vielmehr sollen zur Auslegung Wortlaut, Systematik, Historie und vor allem Sinn und Zweck der Regelung benutzt werden.[415]

---

412 *Appel* in: Frenz/Müggenborg, BNatSchG, 2011, § 8, Rn. 38; *Gassner* in: Gassner/Bendomir-Kahlo/Schmidt-Räntsch, BNatSchG, 2003, § 1, Rn. 2a; *Spannowsky/Hofmeister*, Die Landschaftsplanung und ihr Beitrag für die räumliche Planung, S. 144; *Hendrischke*, NuR 2007, 454 (458); *Kotulla*, NVwZ 2007, 489 (493); *Kloepfer*, ZG 2006, 250 (261).

413 Anstatt vieler: *Appel* in: Frenz/Müggenborg, BNatSchG, 2011, § 8, Rn. 38.

414 Ebd.

415 Vgl. zur Auslegung der allgemeinen Grundsätze *Fischer-Hüftle*, NuR 2007, 78 (82); *Köck/Wolf*, NVwZ 2008, 353 (357) mit Verweis auf BVerfGE 109, 190 (212).

1. Auslegung des Wortlauts

Methodischer Grundsatz der Auslegung ist, dass der Wortsinn die Grenze der Auslegung kennzeichnet.[416]

a) Begriff „Grundsatz"

Der Begriff „Grundsatz" meint umgangssprachlich etwa „Richtlinie", „Leitsatz" oder auch „Maßstab".[417] Durch die Verwendung solcher Begriffe soll ein Grundgerüst festgelegt werden, das entsprechend etwaiger konkreter Umstände ausgefüllt werden soll.[418] Näheres zur Konkretisierung des Terminus lässt sich dem Wortlaut des Begriffs „Grundsätze" jedoch nicht entnehmen.

b) Begriff „allgemein"

Auf den ersten Blick nicht sofort erkennbar ist, warum der verfassungsändernde Gesetzgeber den Zusatz „allgemein" vor dem Wort „Grundsatz" verwendet hat. In dem ursprünglichen Gesetzesvorschlag der Koalitionsgruppe[419] und dem Entwurf der Regierungsfraktionen[420] wurden die Grundsätze des Naturschutzes noch ohne den Zusatz „allgemein" verwendet. Erst in den folgenden Verhandlungen wurde dieser Zusatz in den Wortlaut aufgenommen.[421]

aa) 1. Auffassung: Der Zusatz „allgemein" führt zu einer noch restriktiveren Auslegung des Begriffs „Grundsatz"

Die bewusste grammatikalische Beschränkung nicht nur auf „Grundsätze" sondern auf „allgemeine" Grundsätze könnte zu dem Schluss verleiten, dass der abweichungsfeste Kern noch restriktiver zu interpretieren sei.[422] So ist *Koch* der Auffassung, dass die Grundsätze durch den Zusatz „allgemein" „irgendwie" noch restriktiver auszulegen seien und erwägt, dass dadurch lediglich Kritiker beru-

---

416 *Larenz*, Methodenlehre, S. 343.

417 s. Duden, Das Synonymwörterbuch, Bd. 8, 2006, zu „Grundsatz".

418 *Meyer*, Die Föderalismusreform 2006, S. 174.

419 Koalitionsvertrag von CDU/CSU und SPD „Gemeinsam für Deutschland – mit Mut und Menschlichkeit" vom 11.11.2005, Anlage 2, Ergebnis der Koalitionsarbeitsgruppe zur Föderalismusreform, unter 3 b).

420 BT-Drs. 16/813, S. 2 (Art. 1, Ziff. 5 b) Nr. 2).

421 Änderung am Gesetzesbeschluss, BR-Drs. 426/06, Buchstaben a) bb) aaa).

422 *Koch/Krohn*, NuR 2006, 673 (678); *Koch* in: Kloepfer, Das kommende Umweltgesetzbuch, S. 24.

higt werden sollten.[423] Es sollte mit dem Zusatz „allgemein" klargestellt werden, dass nicht der gesamte derzeitige Bestand des Naturschutzes, sondern nur „echte" grundsätzliche Regelungen gesichert werden sollen.[424] *Koch* lässt offen, was er unter „echten" Grundsätzen des Naturschutzes versteht.

bb) 2. Auffassung: Der Zusatz „allgemein" ist bedeutungslos

Nach einer anderen Auffassung kann dem Zusatz „allgemein" jedoch keine weitergehende Bedeutung zukommen, da ein jeder Grundsatz naturgemäß allgemeiner Art sei.[425] Vielmehr werde er als stehende Wendung gebraucht.[426] Eine Gegenüberstellung zu dem Begriff „Grundsatz" ohne Zusatz wäre ergebnislose Wortklauberei, denn ein per se allgemeiner Grundsatz wird durch den ausdrücklichen Zusatz nicht „noch allgemeiner". *Hendrischke* bezeichnet diese Begrifflichkeit als tautologisch oder pleonastisch.[427]

cc) Eigene Position

Beide Auffassungen haben nachvollziehbare Ansätze. Es ist richtig, dass jeder Grundsatz allgemeiner Natur ist. Meines Erachtens ergibt sich aber aus der systematischen Stellung des Art. 72 Abs. 2 GG, dass der Zusatz „allgemein" eine weitergehende Bedeutung hat als von *Koch* angedacht. Denn hier wurde „allgemein" im Zusammenhang mit der Zuweisung der Gesetzgebungskompetenzen für Bund und Ländern benutzt und könnte soviel bedeuten wie „allen gemeinsam". Mit anderen Worten also bedeutet „allgemein", dass die Grundsätze nicht von Land zu Land unterschiedlich anzuwenden sind, sondern für alle Länder uneingeschränkt und gleichermaßen Gültigkeit haben müssen. Grundsätze sind unumstritten allgemeiner Natur, aber dies bedeutet nicht zwingend, dass sie auch *allgemein* Anwendung finden. Auch innerhalb der Länder gibt es Rechtsgrundsätze, die als solche allgemein, aber nur innerhalb dieses Landes gültig sind; so z. B. der Schutz des Alpenraums, normiert in Art. 2 BayNatSchG.

Der Zusatz „allgemein" unterstreicht also die Tatsache, dass „allgemeine Grundsätze des Naturschutzes" nur solche Grundsätze umfasst, die für alle Bundesländer gleichermaßen Gültigkeit erlangen können. Denn der Bund kann nur

---

423 Ebd., S. 24 f.

424 *Hendrischke*, NuR 2007, 454 (456).

425 So auch der Bundesgesetzgeber in seiner Begründung zum BNatSchG in BT-Drs. 16/12274, S. 39; oder auch: BR-Drs. 278/09, S. 125 f.; vgl. auch *Meyer*, Die Föderalismusreform 2006, S. 175; *Kotulla*, NVwZ 2007, 489 (490).

426 *Fischer-Hüftle*, NuR 2007, 78 (82).

427 *Hendrischke*, NuR 2007, 454 (456).

solche Rechtsgrundsätze vorgeben, die auch in jedem Land angewendet werden können. Es handelt sich im Ergebnis also nicht bloß um eine rein sprachlich motivierte Wortwahl, die allein der Verdeutlichung dienen soll.[428]

Auch aus der Positionierung im GG lässt sich der Schluss ziehen, dass die „allgemeinen Grundsätze des Naturschutzes" nur solche Grundsätze umfassen können, die für alle Bundesländer gleichermaßen Gültigkeit erlangen können, also ausnahmslos in die Schnittmenge der Naturschutzregelungen aller Länder fallen. Denn die Abweichungsgesetzgebung und die Schranke der allgemeinen Grundsätze des Naturschutzes sind im siebten Abschnitt des GG unter der Überschrift „Die Gesetzgebung des Bundes" geregelt.

Letztlich bedarf der Begriff „Grundsätze" nicht der Verdeutlichung, dass er „allgemeiner" Natur ist, denn dies geht aus ihm allein zweifelsfrei hervor. Durch den Zusatz „allgemein" soll meines Erachtens vielmehr die Allgemeingültigkeit für alle Bundesländer betont werden.

2. Auslegung unter Heranziehung der Verfassungsbegründung

Die Gesetzesbegründung zur Föderalismusreform[429] ist für die Inhaltsbestimmung der „allgemeinen Grundsätze des Naturschutzes" kaum sachdienlich. So soll entsprechend der Begründung die Abweichungsfestigkeit der allgemeinen Grundsätze dem Bund die Möglichkeit geben, „in allgemeiner Form bundesweit verbindliche Grundsätze für den Schutz der Natur, insbesondere die Erhaltung der biologischen Vielfalt und die Sicherung der Funktionsfähigkeit des Naturhaushalts festzulegen".[430] Weiter listet der Gesetzgeber negative Regelungsbereiche auf, die nach dem Dafürhalten des verfassungsändernden Gesetzgebers nicht unter die allgemeinen Grundsätze fallen, wie „beispielsweise die Landschaftsplanung, die konkreten Voraussetzungen und Inhalte für die Ausweisung von Schutzgebieten, die gute fachliche Praxis für die Land- und Forstwirtschaft und die Mitwirkung der Naturschutzverbände".[431] Aus dieser sehr abstrakt-generell gehaltenen Formulierung kann man keine neuen Ergebnisse gewinnen, die über die Erkenntnisse der Wortlautauslegung hinausgehen. Sie zeichnet sich vielmehr durch eine bloße Aufzählung von Ausnahmen aus.[432]

---

428 So i. E. auch *Fischer-Hüftle*, NuR 2007, 78 (82).

429 Gesetz zur Änderung des GG vom 28.8.2006, BGBl. 2006 I, S. 2034.

430 BT-Drs. 16/813, S. 11 mit Verweis auf die Koalitionsvereinbarung vom 18.11.2005, Anlage 2, Rn. 42.

431 Koalitionsvereinbarung vom 18.11.2005, Anlage 2, Rn. 42; BT-Drs. 16/813, S. 11.

432 Vgl. hierzu auch *Sannwald* in: Schmidt-Bleibtreu/Hofmann/Hopfauf, GG, 2011, Art. 72, Rn. 80m.

Die Gesetzesbegründung kann somit allenfalls den Ansatzpunkt zur Inhaltsbestimmung durch Auslegung liefern, dass es sich bei den allgemeinen Grundsätzen um Leitregeln abstrakt-genereller Art handeln muss, die für alle Bereiche des Naturschutzes unabhängig von Länderbesonderheiten allgemeine Geltung haben.

3. „Grundsätze des Naturschutzes“ gemäß § 2 BNatSchG 2002

Während des Gesetzgebungsverfahrens zur Föderalismusreform von 2006, durch die die Abweichungsgesetzgebung und die Formulierung „allgemeine Grundsätze des Naturschutzes“ eingeführt wurden, war das Naturschutzrecht im BNatSchG in seiner Fassung von 2002 geregelt. § 2 BNatSchG 2002 enthielt eine Auflistung von „Grundsätzen des Naturschutzes“. Es ist möglich, dass sich der verfassungsändernde Gesetzgeber bei seinen Überlegungen zur Abweichungsgesetzgebung an dem damals geltenden BNatSchG orientiert hat.

a) Überblick über die „Grundsätze des Naturschutzes“ gemäß § 2 BNatSchG 2002

In § 2 BNatSchG war z. B. als „Grundsatz“ geregelt, dass der Naturhaushalt in seinen räumlichen abgrenzbaren Teilen so zu sichern ist, dass die den Standort prägenden biologischen Funktionen, Stoff- und Energieflüsse sowie landschaftlichen Strukturen erhalten, entwickelt oder wiederhergestellt werden (§ 2 Abs. 1 Nr. 1 BNatSchG a. F.) oder dass Naturgüter, soweit sie sich nicht erneuern, sparsam und schonend zu nutzen sind (§ 2 Abs. 1 Nr. 2 BNatSchG a. F.). Ebenfalls als „Grundsatz des Naturschutzes und der Landschaftspflege“ war nach alter Gesetzeslage normiert, dass wild lebende Tiere und Pflanzen und ihre Lebensgemeinschaften als Teil des Naturhaushalts in ihrer natürlichen und historisch gewachsenen Artenvielfalt zu schützen sind. Des Weiteren sind ihre Biotope und sonstigen Lebensbedingungen zu schützen, zu pflegen, zu entwickeln oder wiederherzustellen (§ 2 Abs. 1 Nr. 9 BNatSchG a. F.). Daneben enthält der damalige § 2 BNatSchG a. F. noch 12 weitere „Grundsätze“ in diesem Sinn sowie die Regelung einer Unterstützung des Aufbaus und Schutzes des Netzes „Natura 2000“ (§ 2 Abs. 2 BNatSchG a. F.).

b) Keine Vergleichbarkeit der damaligen „Grundsätze des Naturschutzes“ mit der heutigen Wendung aus Art. 72 Abs. 3 Satz 1 Nr. 2 GG

Die „Grundsätze des Naturschutzes“ i. S. d. BNatSchG a. F. sind mit den heutigen „allgemeinen Grundsätzen des Naturschutzes“ aus Art. 72 Abs. 3 Satz 1 Nr. 2 GG nicht vergleichbar. Der einfache Gesetzgeber stellt in seiner Gesetzesbegründung zum BNatSchG 2010 fest, dass dem Begriff „Grundsätze des Naturschutzes“ i. S. d. BNatSchG a. F. eine andere Bedeutung zukam als den heutigen „allgemeinen Grundsätzen des Naturschutzes“ im verfassungsrechtlichen Sinne.[433] Dieser Einschätzung ist zuzustimmen. Damals sollten die „Grundsätze des Naturschutzes“ die Ziele des Naturschutzes und der Landschaftspflege nach § 1 BNatSchG a. F. konkretisieren und dienten nicht dem Zwecke einer verfassungsrechtlichen Kompetenzzuweisung.[434] Grundsätzlich ist es auch nicht ungewöhnlich, dass ein Begriff kompetenzrechtlich anders zu verstehen ist als im sonstigen Recht. So ist z. B. der kompetenzrechtliche Gewerbebegriff aus Art. 74 Abs. 1 Nr. 11 GG sehr viel weiter zu verstehen als im einfachen Recht.[435]

Hätte der verfassungsändernde Gesetzgeber die Bezeichnung „Grundsätze des Naturschutzes“ entsprechend dem damals geltenden § 2 BNatSchG a. F. als sachdienlich für die Kompetenzzuweisung erachtet, so hätte er diese zumindest in der Gesetzesbegründung aufgreifen können. Dies ist nicht geschehen. Der damalige § 2 BNatSchG a. F. wurde unter anderen Vorzeichen erlassen. Er diente damals nicht den Kompetenzverteilungsfragen und kann heute erst recht nicht dazu herangezogen werden.

Die in § 2 BNatSchG a. F. verwendeten „Grundsätze des Naturschutzes“ sind für die Inhaltsbestimmung der gegenständlichen verfassungsrechtlichen Wendung nicht ergiebig.

4. „Allgemeine Grundsätze des Hochschulwesens“

Denkbar wäre es auch, aus Formulierungen anderer Gebiete Erkenntnisse für die Auslegung der „allgemeinen Grundsätzen des Naturschutzes“ zu gewinnen. So konnte der Bund unter den Voraussetzungen von Art. 72 Abs. 1 Satz 1 Nr. 1a[436] GG a. F. Rahmenvorschriften über „allgemeine Grundsätze des Hochschulwesens“ erlassen.[437] Der Blick auf die „allgemeinen Grundsätze des Hochschulwesens“ ist interessant, weil sich das BVerfG in seiner „Juniorprofessur-Entschei-

433 BT-Drs. 16/12274, S. 50.

434 *Fischer-Hüftle* in: Schumacher/Fischer-Hüftle, BNatSchG, § vor 1, Rn. 15 u. J. *Schumacher/A. Schumacher* in: Schumacher/Fischer-Hüftle, BNatSchG, § 1, Rn. 1; *Lütkes* in: Lütkes/Ewer, BNatSchG, Einleitung, Rn. 32.

435 BVerfGE 41, 344 (352 f.); *Jarass*, NVwZ 2000, 1089 (1089).

436 Durch das 22. Gesetz zur Änderung des GG vom 12.5.1969 nachträglich eingeführt.

437 Mit der Föderalismusreform in 2006 wurde diese Materie in die konkurrierende Gesetzgebung überführt (Art. 72 Abs. 3 Satz 1 Nr. 6 GG).

dung" vom 27.7.2004 mit der Reichweite dieser unbestimmten Formulierung auseinandergesetzt hat.[438]

Die Formulierung „allgemeine Grundsätze des Hochschulwesens" aus Art. 75 Abs. 1 Satz 1 Nr. 1a G a. F. hatte die alleinige Funktion, die Bundeskompetenz über den Rahmencharakter und die Voraussetzungen der Erforderlichkeit hinaus zusätzlich zu begrenzen.[439] Die Gesetzgebungskompetenz des Bundes sollte über die „normalen" Einschränkungen des Art. 75 und Art. 72 GG a. F. hinausgehend auf allgemeine Leitbilder oder Handlungsalternativen eingeschränkt werden.[440] Auf das Verhältnis von Abweichungsbefugnis und abweichungsfestem Kern kann dieser Ansatz aber nicht übertragen werden.[441] Denn im Unterschied zu der damaligen Rechtslage besteht im Naturschutzrecht eine uneingeschränkte Vollkompetenz des Bundes. Die „allgemeinen Grundsätze des Naturschutzes" sind daher nicht geeignet, eine bestehende Schranke für den Bundesgesetzgeber zusätzlich hervorzuheben.[442] Vielmehr stellen sie eine völlig selbstständige Einschränkung für den Landesgesetzgeber dar. Da es sich im Fall der Abweichungskompetenz um eine eigenständige Schranke handelt, schließt *Degenhart* zu Recht, dass eine Beschränkung auf allgemeine Leitbilder oder Handlungsalternativen mit der Normierung abweichungsfester Grundsätze des Naturschutzes nicht intendiert seien.[443]

Für die Inhaltsbestimmung der „allgemeinen Grundsätze des Naturschutzes" lassen sich aus der abgeschafften rahmenrechtlichen Formulierung der „allgemeinen Grundsätzen des Hochschulwesens" keine neuen Erkenntnisse gewinnen.

II. Zwischenergebnis: Fixe Definition der allg. Grundsätze nicht möglich

Die vorhergehende Untersuchung kann keine konkrete Inhaltsbestimmung der allgemeinen Grundsätze des Naturschutzes i. S. d. Verfassung hervorbringen; diese ist auch nicht möglich. Es wurde bewusst der Rechtspraxis überlassen, über die hier möglichen Kompetenzstreitigkeiten zwischen Bund und Ländern im konkreten Einzelfall zu entscheiden. Eine feste Definition für sämtliche Einzelfälle ist aus praktischen Gründen nicht möglich. Dazu müsste theoretisch zur Vermeidung jedweder Ungewissheit auf Verfassungsebene für jede naturschutzrechtliche

---

438 BVerfGE 111, 226 ff.

439 Ebd. (255 ff.).

440 Ebd.

441 Vgl. auch *Degenhart,* DÖV 2010, 422 (423).

442 So aber bei BVerfGE 111, 226 (255 ff.).

443 *Degenhart,* DÖV 2010, 422 (423).

Materie explizit geregelt sein, ob es sich hierbei um einen allgemeinen Grundsatz des Naturschutzes handelt. Eine derartige „Versteinerung“[444] der allgemeinen Grundsätze des Naturschutzes ist darüber hinaus auch nicht erwünscht, denn nur durch eine offene und auslegungsbedürftige Formulierung kann auf gesellschaftlichen, politischen und ökologischen Wandel reagiert werden, ohne dass dazu jeweils Gesetzesänderungen erforderlich wären.[445] Durch die Verwendung abstrakter oder unbestimmter Rechtsbegriffe wird im Rahmen des föderalen Bundesstaats eine Vereinheitlichung und Harmonisierung des innerstaatlichen Rechts erleichtert.[446] Dass dabei gesetzgeberische Verantwortung in die Hand der Rechtspraxis gegeben wird, ist die logische Konsequenz und ist in Zeiten schnellen und häufigen Wechsels der Umstände notwendig. Dies gilt insbesondere für das Umweltrecht, in dem z. B. im Bereich der alternativen Energien ständig neue Entwicklungen angetrieben und neue Erkenntnisse gewonnen werden. So gab es in Deutschland im Jahr 2009 rund 1300 Patentanmeldungen und im Jahr 2010 sogar ca. 1550 Anmeldungen allein im Bereich regenerativer Energien.[447] Durch diese flexible Möglichkeit der Auslegung kann auf gesellschaftlichen, politischen und ökologischen Wandel oder andere zukünftige Ereignisse reagiert werden, ohne dass dazu erst Gesetzesänderungen erforderlich wären.[448]

Eine greifbare Inhaltsbestimmung der Schranken der „allgemeinen Grundsätze des Naturschutzes“, welche über eine abstrakt-generelle Definition hinausgeht, ist nicht möglich.

An dieser Stelle kann bereits festgehalten werden, dass eines der wesentlichen Ziele der Föderalismusreform, nämlich die politischen Verantwortlichkeiten deutlicher zuzuordnen,[449] für den Bereich des Naturschutzes und der Landschaftspflege nicht erreicht wurde. Der verfassungsändernde Gesetzgeber hat eine genauere Abgrenzung des abweichungsfesten Kernbereiches nicht vornehmen können, sondern dies bewusst der Politik und damit letztlich der Klärung durch die Rechtspraxis überlassen.

---

444 *Hendrischke*, NuR 2007, 454 (455).

445 Vgl. auch *Behrends* in: Behrends/Henckel, Gesetzgebung und Dogmatik, S. 35 (unter VI.); *Simon* in: Kohl/Neschwara/Simon, FS für Wilhelm Brauneder, S. 644 f.

446 Vgl. *Peine*, Kodifikation des Landesumweltrechts, 1996, S. 35.

447 DPMA-Jahresbericht 2010, S. 13.

448 Vgl. auch *Behrends* in: Behrends/Henckel, Gesetzgebung und Dogmatik, S. 35 (unter VI.); *Simon* in: Kohl/Neschwara/Simon, FS für Wilhelm Brauneder, S. 644 f.

449 BT-Drs. 16/813, S. 6.

III. Sind die abweichungsfesten Kerne gleichbedeutend mit den damaligen „Rahmenvorschriften“ des BNatSchG a. F.?

Abweichend von den allgemeinen Auslegungsregeln hat das BVerfG bei der Auslegung von Kompetenzverteilungsvorschriften der historischen Auslegung einen deutlich höheren Stellenwert als in anderen Bereichen zuerkannt.[450] Auch erkennt das BVerfG der Staatspraxis ein gleichermaßen „besonderes Gewicht“ zu.[451] Denn die Kontinuität der Regeln über die Kompetenzverteilung sieht das BVerfG als zu schützendes Gut an.[452] War ein verfassungsrechtlicher Kompetenztitel in ähnlicher Form bereits in der Vergangenheit verwendet worden, dann ist er heute im Zweifel wie damals zu verstehen, und zwar auch dann, wenn das dem heutigen Sprachgebrauch nicht entspricht.[453]

Es drängt sich der Vergleich der abweichungsfesten Kerne zu den „Rahmenvorschriften“ gemäß der damaligen Rahmengesetzgebung auf. Nach einer weitverbreiteten Meinung in der Literatur stellt nämlich die neu eingeführte Abweichungsgesetzgebungskompetenz letztlich bloß die Fortsetzung der Rahmengesetzgebung dar.[454] Dies würde in der Konsequenz bedeuten, dass die Kernbereiche des BNatSchG a. F., die der Bund damals verfassungsmäßig als unmittelbar geltende oder in Einzelheiten gehende Regelungen ausgestalten konnte, im Wesentlichen vergleichbar mit den heutigen abweichungsfesten Kernen wären. Der Vergleich soll sich besonders auf den abweichungsfesten Kern der „allgemeinen Grundsätzen des Naturschutzes“ konzentrieren.

1. Voraussetzungen für den Erlass von Rahmenvorschriften

Um der Frage nachzugehen, ob die Abweichungsgesetzgebung tatsächlich die Fortsetzung der Rahmengesetzgebung mit anderen Mitteln ist, ist es zunächst erforderlich zu verstehen, was überhaupt die Voraussetzungen zum Erlass einer „Rahmenvorschriften“ bzw. „Rahmengesetz“[455] gemäß Art. 75 Abs. 1 GG a. F.

450 BVerfGE 41, 205 (220); 61, 149 (175 ff.); 67, 299 (315); 68, 319 (328 ff.).

451 BVerfGE 33, 125 (152 f.); 42, 20 (29); 61, 149 (175); 68, 319 (328 f.); 77, 308 (331).

452 BVerfGE 77, 308 (331).

453 *Jarass*, NVwZ 2000, 1089 (1089).

454 *Reinhardt*, AöR 2010, 459 (482); *Grünewald*, Die Abweichungsgesetzgebung der Bundesländer, S. 83; *Kotulla*, NVwZ 2007, 489 (493 u. 495); *Franzius*, NVwZ 2008, 492 (495 unten); *Klein/Schneider*, DVBl. 2006, 1549 (1554); mit Verweis auf *Pestalozza*, Rechtsausschussprotokoll 12 vom 15./16.5.2006, S. 315 (324 unten); *Rehbinder/Wahl*, NVwZ 2002, 21 (27); mit Bezug auf die „altbekannten Abgrenzungsschwierigkeiten“ *Papier*, NJW 2007, 2145 (2148).

455 Inhaltsgleich; s. etwa: *Pieroth* in: Jarass/Pieroth, 2006, Art. 75, Rn. 2.

waren. Es ist dabei von besonderer Relevanz, festzustellen, unter welchen Voraussetzungen der Bund unmittelbar geltende oder in Einzelheiten gehende Regelungen aufstellen konnte, die für die Landesgesetzgebung unantastbar waren.

a) Erforderlichkeit

Auf dem damaligen Gebiet der Rahmengesetzgebung konnte der Bund Rahmenvorschriften unter den Voraussetzungen des Art. 72 GG a. F. erlassen. Nach allgemeiner Meinung umfasste diese Verweisung auch die Erforderlichkeitsklausel aus Art. 72 Abs. 2 GG a. F.[456] Danach konnte der Bund Rahmenvorschriften nur dann aufstellen, „wenn und soweit die Herstellung gleichwertiger Lebensverhältnisse im Bundesgebiet oder die Wahrung der Rechts- oder Wirtschaftseinheit im gesamtstaatlichen Interesse eine bundesgesetzliche Regelung erforderlich macht".

Die Erforderlichkeit der Herstellung gleichwertiger Lebensverhältnisse im Bundesgebiet liegt nach der „Altenpflege-Entscheidung" des BVerfG dann vor, „wenn sich die Lebensverhältnisse in den Ländern in erheblicher, das bundesstaatliche Sozialgefüge beeinträchtigender Weise auseinanderentwickelt haben oder sich eine derartige Entwicklung konkret abzeichnet".[457] Zu der zweiten (alternativen) Tatbestandsvoraussetzung, nämlich der Wahrung der Rechtseinheit im gesamtstaatlichen Interesse, entschied das Gericht, dass diese Voraussetzung nur dann vorliegt, wenn eine Gesetzesvielfalt auf Länderebene „eine Rechtszersplitterung mit problematischen Folgen darstellt, die im Interesse sowohl des Bundes als auch der Länder nicht hingenommen werden" könne.[458] Eine Wahrung der Wirtschaftseinheit im gesamtstaatlichen Interesse sei nur dann anzunehmen, wenn es um die Erhaltung der Funktionsfähigkeit des Wirtschaftsraums der Bundesrepublik durch bundeseinheitliche Rechtsetzung gehe.[459]

Das Vorliegen der Voraussetzungen der Erforderlichkeitsklausel hat das BVerfG zunächst weit ausgelegt und dem Gesetzgeber hier einen weiten Beurteilungsspielraum eingeräumt.[460] Die Beurteilung der Erforderlichkeit sei weniger eine rechtliche Frage als vielmehr eine politische.[461] Dies bedeutete, dass Art. 72

456 *Pieroth* in: Jarass/Pieroth, 2006, Art. 75, Rn 1; *Peine*, NuR 2001, 421 (425); *Jarass*, NVwZ 2000, 1089 (1092).
457 BVerfGE 106, 62 (144); s. auch oben bei Fn. 51.
458 Ebd. (145); s. auch oben bei Fn. 52.
459 Ebd. (146); s. auch oben bei Fn. 53.
460 Vgl. etwa BVerfGE 26, 338 (382 f.); 78, 249 (270).
461 BVerfGE 13, 230 (233 f.); 26, 338 (382); 78, 249 (270).

Abs. 2 GG a. F. einer gerichtlichen Prüfung praktisch nicht zugänglich war.[462] Nach Kritik an dieser Rechtsprechung, insbesondere der Länder,[463] wich das Gericht mit der „Altenpflege-“ und der „Kampfhunde-Entscheidung“ von seiner alten Rechtsprechung ab und urteilte, dass weder ein Ermessensspielraum noch ein Beurteilungsspielraum des Gesetzgebers hinsichtlich der Voraussetzungen des Art. 72 Abs. 2 GG a. F. bestehe.[464] Damit waren die Voraussetzungen des Absatzes 2 vollständig gerichtlich überprüfbar.

b) Bedeutung von „Rahmenvorschriften“ i. S. v. Art. 75 GG a. F.

Das GG enthielt zu keinem Zeitpunkt eine Definition des Begriffs „Rahmenvorschriften“. Nach allgemeiner Meinung stand zumindest fest, dass der Begriff „Rahmenvorschriften“ mit „Rahmengesetz“ gleichzusetzen war.[465] Im Jahr 1954 hat das BVerfG versucht, die Reichweite des Begriffs „Rahmenvorschriften“ aus Art. 75 GG zu bestimmen und hat zu diesem Zwecke einen Vergleich zur Grundsatzgesetzgebung der WRV gezogen.[466] Im Ergebnis lehnte sich das BVerfG dabei stark an diese an und nahm die Grundsatzgesetzgebung als Maßstab für die Reichweite der Rahmengesetzgebung.[467] Diese Entscheidung war für die nachfolgende Rechtsentwicklung prägend und wurde in den Jahren bis zur Föderalismusreform vielfach bestätigt.[468] Gemäß dieser Entscheidung sollten Rahmenvorschriften des Bundes, wenn auch nicht in allen einzelnen Bestimmungen, so doch als Ganzes durch die Landesgesetzgeber ausfüllungsfähig und ausfüllungsbedürftig sein.[469] Sie mussten dem Landesgesetzgeber Raum für Willensentscheidungen in der sachlichen Rechtsgestaltung übrig lassen und durften ihn nicht darauf beschränken, nur zwischen vorgegebenen rechtlichen Möglichkeiten zu wählen.[470] Weiter bedeutete „Rahmen“ nach Meinung des BVerfG, dass das Bundesgesetz nicht für sich allein bestehen kann, sondern darauf angelegt sein muss, durch Landesgesetze ausgefüllt zu werden.[471] Der Bund durfte zwar die

462 BVerfGE 2, 213 (224); *Stettner* in Dreier, GG, 2006, Art. 72, Rn. 17; *Degenhart* in: Sachs, GG, 2003, Art. 72, Rn. 9; *Kunig* in: v. Münch/Kunig, GG, 2003, Art. 72, Rn.22.

463 *Jarass*, NVwZ 2000, 1089 (1092).

464 BVerfGE 106, 62 (135 ff.); 110, 141 (175).

465 BVerfGE 80, 137 (157).

466 BVerfGE 4, 115 (115 ff.).

467 Ebd. (128 f.); s. auch *Rozek* in: v. Mangoldt/Klein, GG, 2005, Art. 75, Rn. 16 m. w. N.

468 *Rozek* in: v. Mangoldt/Klein, GG, 2005, Art. 75, Rn. 18; s. auch BVerfGE 36, 193 (202); 38, 1 (10); 51, 43 (54); 80, 137 (157); 111, 226 (249).

469 BVerfGE 4, 115 (129 f.).

470 Ebd.; s. auch die nachfolgende Entscheidungen BVerfGE 36, 193 (202); 38, 1 (10); 51, 43 (54); 80, 137 (157); 111, 226 (249).

471 BVerfGE 4, 115 (130).

Richtung vorgeben, Sachverhalte aber grundsätzlich nicht erschöpfend regeln, sondern musste Spielräume von substantiellem Gewicht lassen, damit die Länder politisch selbstverantwortlich und den speziellen Verhältnissen des Landes angepasst Recht setzen konnten.[472]

c) *In Einzelheiten gehende oder unmittelbar geltende Regelungen*

Gemäß Art. 75 Abs. 2 GG a. F. waren – über die eigentliche Reichweite von „Rahmenvorschriften" hinausgehend – in Ausnahmefällen in Einzelheiten gehende oder unmittelbar geltende Regelungen zulässig. Abs. 2 wurde nachträglich im Jahr 1994 eingefügt und sollte der „Sicherung des Rahmencharakters" dienen.[473] Der damalige Gesetzgeber wollte durch diese Regelung dem Trend Einhalt bieten, dass der Bund Rahmenvorschriften zunehmend als Vollkompetenz ausgestaltete und das BVerfG zu einer strengeren Kontrolle veranlassen, um dadurch die Position der Länder zu stärken.[474]

„Unmittelbar geltende Regelungen" meint Vorschriften, die nicht Pflichten des Landesgesetzgebers auslösen, sondern unmittelbar zu Rechten und Pflichten für den Bürger führen; sie sind „für jedermann verbindlich".[475] Anders als Rahmenvorschriften nach Art. 75 Abs. 1 GG a. F. entfalten sie diese Wirkung für jedermann also ohne Umsetzung durch Landesrecht.

„In Einzelheiten gehende Regelungen" sind Vorschriften, die für ihren Anwendungsbereich derart detailliert und erschöpfend gefasst sind, dass sie einer prägenden Ausfüllung durch den Landesgesetzgeber nicht mehr zugänglich sind.[476] Den Ländern wird in diesen Fällen kein Raum gelassen für eine „eigene Willensentschließung von substantiellem Gewicht".[477] Nicht nur die mangelnde Ausfüllungsfähigkeit, sondern auch die Ausfüllungsbedürftigkeit der einschlägigen Regelung wurden damals nach herrschender Meinung verlangt, damit eine Regelung nicht als „in Einzelheiten gehende Regelung" eingestuft wurde.[478] Allerdings waren die Anforderungen an die Ausfüllungsbedürftigkeit gering. Nicht jede einzelne Vorschrift musste ausfüllungsbedürftig sein. Laut dem BVerfG bezog sich die Ausfüllungsbedürftigkeit lediglich auf das in sich geschlossene

---

472 BVerfGE 4, 115 (129); 7, 29 (41); 25, 142 (152); 43, 291 (343); 51, 43 (54); 111, 226 (248 f.); *Stettner* in: Dreier, GG, 2006, Art. 75, Rn. 7; *Kaltenborn*, AöR, 2003, 412 (437); *Jarass*, NVwZ 2000, 1089 (1094); *Rozek* in: v. Mangoldt /Klein, GG, 2005, Art. 75, Rn. 19.

473 BT-Drs. 12/6000, S. 36.

474 *Ipsen*, NJW 2006, 2801 (2803).

475 BVerfGE 4, 115 (130); *Degenhart* in: Sachs, GG, 2003, Art. 75, Rn. 12.

476 *Degenhart* in: Sachs, GG, 2003, Art. 75, Rn. 12; *Jarass*, NVwZ 2000, 1089 (1093 f.).

477 BVerfGE 67, 382 (387), mit Verweis auf BVerfGE 51, 43 (54).

478 BVerfGE 4, 115 (130); *Jarass*, NVwZ 2000, 1089 (1094); *Peine*, NuR 2001, 421 (425).

„Gesetzgebungswerk über den zu ordnenden Gegenstand".[479] Der Gegenstand eines Gesetzgebungswerks war dabei weit auszulegen.[480] Letztendlich ist das Element der „in Einzelheiten gehenden Regelung" nicht eindeutig festzumachen, wie dies bei den unmittelbar geltenden Regelungen der Fall ist. Denn eine Regelung kann mehr oder weniger ausgeprägt in Einzelheiten gehen. Wann die Grenze zur Unzulässigkeit überschritten war und eine in Einzelheiten gehende oder unmittelbar geltende Regelung ausnahmsweise zulässig war, musste im Einzelfall entschieden werden.

Art. 75 Abs. 2 GG a. F. schweigt zu den Voraussetzungen, unter denen die gegenständlichen Regelungen ausnahmsweise zulässig waren. Die Beurteilung einer Ausnahme konnte man quantitativ oder qualitativ verstehen.[481]

Quantitativ mussten in Einzelheiten gehende Detailregelungen zahlenmäßig die Ausnahme sein.[482] Sinnlos wäre es hierbei gewesen, wenn die zahlenmäßige Ausnahme in Relation zu der gesamten Rahmengesetzgebungstätigkeit des Bundes gesetzt worden wäre. Vielmehr bezog sich das quantitative Kriterium wohl auf das jeweilige Sachgebiet aus Art. 75 Abs. 1 Satz 1 Nrn. 1–6 GG a. F., wie etwa „Bodenverteilung" oder „Naturschutz und Landschaft".[483] Der quantitative Ansatz war jedoch mit Schwierigkeiten belastet. Um beurteilen zu können, ob eine Vorschrift noch ausreichend in der Minderzahl ist, musste man sämtliche Vorschriften in dem gegenständlichen Bereich mit in die Beurteilung einbeziehen, was ein enormer Arbeitsaufwand gewesen wäre.[484] Außerdem spricht gegen einen rein quantitativen Ansatz, dass dieser außer Acht lässt, dass allein eine einzige Regelung den gesetzgeberischen Spielraum der Landesgesetzgeber gravierend belasten konnte.

Unter qualitativen Gesichtspunkten lag ein zulässiger Ausnahmefall i. S. v. Art. 75 Abs. 2 GG a. F. vor, wenn es ausreichend gewichtige Gründe gab, die die Ausnahme rechtfertigten.[485] Das BVerfG forderte in diesem Zusammenhang, dass die „Rahmenvorschriften ohne die in Einzelheiten gehenden oder unmittelbar geltenden Regelungen verständigerweise nicht erlassen werden könnten, diese also schlechthin unerlässlich sind".[486] In anderen Worten musste ein zwingendes Interesse an bundesstaatlicher Einheitlichkeit für die betroffene Regelung

---

479 BVerfGE 4, 115 (130); 7, 29 (41 f.).

480 *Jarass*, NVwZ 2000, 1089 (1094).

481 *Peine*, NuR 2001, 421 (425); *Jarass*, NVwZ 2000, 1089 (1094).

482 *Peine*, NuR 2001, 421 (425).

483 *Kunig* in: v. Münch/Kunig, GG, 2003, Art. 75 Rn. 42, *Jarass*, NVwZ 2000, 1089 (1095).

484 s. auch ebd.

485 *Degenhart* in: Sachs, GG, 2003, Art. 75, Rn. 12a f.; *Peine*, NuR 2001, 421 (425).

486 BVerfGE 111, 226 (252).

bestehen.[487] Dies war wiederum dann anzunehmen, wenn ein Sachverhalt nur durch eine in Einzelheiten gehende oder unmittelbar geltende Regelung gesteuert werden konnte.[488] Wie oben angedeutet, waren hier die Grenzen schwimmend. Ein allgemeingültiges Rezept gab es nicht; vielmehr kam es jeweils auf den Einzelfall an. Die Ausnahmeprüfung des Art. 75 Abs. 2 GG a. F. verlangte jedoch in jedem Fall, dass die für die Bejahung einer Ausnahme sprechenden Gründe umso gewichtiger sein mussten, je stärker der Gesetzgebungsspielraum der Länder beschränkt wurde.[489]

Als Ausnahmefälle wurden in der Regel Festlegungen des europäischen Unionsrechts (damals: EG-Recht) erachtet.[490]

2. Vergleichbarkeit von Rahmengesetzgebung und Abweichungsgesetzgebung

Sowohl die Historie als auch die Staatspraxis sind bei der Auslegung der abweichungsfesten Kerne des Naturschutzes von besonders hoher Bedeutung.[491] Tatsächlich spricht vieles dafür, dass diese Kernbereiche des heutigen Art. 72 Abs. 3 GG den gleichen Voraussetzungen unterliegen, wie sie damals für Art. 75 Abs. 1 und 2 GG a. F. von der Rechtspraxis und Literatur aufgestellt wurden:

a) Identische gesetzgeberische Absichten

Die ehemalige Rahmengesetzgebung hatte die „Herstellung gleichwertiger Lebensverhältnisse im Bundesgebiet" und das „föderativ verstandene Gesamtwohl"[492] als Grundzielsetzung. Die heutigen abweichungsfesten Kerne – insbesondere die „allgemeinen Grundsätze des Naturschutzes" – dienen dem Zweck, den Naturschutz in der Bundesrepublik auf einem bestimmten gleichmäßigen Niveau zu gewährleisten.[493] In beiden Fällen soll ein gewisser bundesweit gleichwertiger Mindeststandard gesichert werden, wobei zugleich die regionalen Besonderheiten sowie Interessen der Länder berücksichtigt werden sollen.[494] Mit der Ergänzung des damaligen Art. 75 GG a. F. um Abs. 2 im Jahr 1994 sollte die

487 *Peine*, NuR 2001, 421 (425).
488 *Rozek* in: v. Mangold/Klein/Starck, GG, 2000, Art. 75, Rn. 69; *Peine*, NuR 2001, 421 (425).
489 *Jarass*, NVwZ 2000, 1089 (1095).
490 *Pieroth* in: Jarass/Pieroth, 2006, Art. 75, Rn. 3; *Jarass*, NVwZ 2000, 1089 (1095 f.).
491 Vgl. im Allgemeinen: BVerfGE 33, 125 (152 f.); 41, 205 (220); 42, 20 (29); 61, 149 (175 ff.); 67, 299 (315); 68, 319 (328 ff.); 77, 308 (331).
492 BVerfGE 111, 226 (247).
493 *Degenhart*, DÖV 2010, 422 (428).
494 BT-Drs. 16/813, S. 11 mit Verweis auf die Koalitionsvereinbarung vom 18.11.2005, Anlage 2, Rn. 42.

Position der Länder im „Kompetenzgerangel“[495] gestärkt werden.[496] Zuvor hatte der Bund den Ländern zunehmend weniger Raum zur Ausfüllung von Rahmenschriften gewährt und vielfach ins Einzelne gehende und sogar erschöpfende Regelungen getroffen.[497] Dieser Entwicklung sollte durch den damals neuen Abs. 2 Einhalt geboten werden.

Dass der verfassungsändernde Gesetzgeber bei Abschaffung der Rahmengesetzgebung und Einführung der Abweichungsgesetzgebung die gerade erst veranlasste Stärkung der Länder rückgängig machen wollte, ist nur schwer vorstellbar. Vielmehr war es das erklärte Ziel, die Handlungs- und Entscheidungsfähigkeit von Bund und Ländern gleichermaßen zu verbessern.[498] Ziel war also nicht eine Stärkung der Position des Bundes oder der Länder, sondern „lediglich“, die politischen Verantwortlichkeiten deutlicher zuzuordnen sowie die Zweckmäßigkeit und Effizienz der Aufgabenerfüllung zu steigern;[499] und dies alles vor dem Hintergrund, die Europatauglichkeit des Grundgesetzes zu stärken.[500] Es ergibt sich weder aus der Dokumentation zur Föderalismusreform noch aus der gesetzestechnischen Neugestaltung der Artt. 70 ff. GG, dass die kompetenzrechtlichen Befugnisse inhaltlich neu zugeordnet werden sollten.

Wie auch bei der Rahmengesetzgebung soll durch die Abweichungsgesetzgebung der Kompromiss zwischen den kompetenzrechtlichen Interessen des Bundes auf einer Seite und denen der Länder auf der anderen Seite hergestellt werden.[501] In beiden Fällen sollen nur die Fälle ausschließlich und abschließend vom Bund geregelt werden, bei denen zwingende Gründe eine bundesstaatliche Einheitlichkeit ausnahmsweise erfordern.[502] Zu Zeiten der Rahmengesetzgebung ergab sich dies aus Art. 75 Abs. 2 GG a. F.[503] Entscheidend ist also meines Erachtens die Handhabung der damals ausnahmsweise zulässigen unmittelbar geltenden und/oder in Einzelheiten gehenden Regelungen. Hierbei ist insbesondere der qualitative Ansatz des BVerfG interessant, da dieser sich direkt auf die abweichungsfesten Kerne übertragen lässt. Dieser Ansatz sah vor, dass ein Ausnahme-

495 Begriff etwa bei FAZ, vom 9.2.2012, Nr. 34, Kompetenzgerangel bei Aufklärung des NSU-Terrors Bund-Länder-Kommission zur Rolle der Behörden, S. 4

496 *Ipsen*, NJW 2006, 2801 (2803); s. auch BT-Drs. 12/6000, S. 35.

497 BT-Drs. 12/6000, S. 35.

498 BR-Drs. 178/06, S. 14.

499 Ebd.

500 BT-Drs. 16/813, S. 8 u. 11.

501 BT-Drs. 16/767, S. 2.

502 Zusammenfassend zu Art. 75 Abs. 2 GG a. F.: *Peine*, NuR 2001, 421 (425); vgl. auch BVerfGE 4, 115 (130); 7, 29 (41 f.).

503 Vgl. auch BVerfGE 111, 226 (252).

fall i. S. v. Art. 75 Abs. 2 GG a. F. dann vorlag, wenn die in Einzelheiten gehende und unmittelbar geltende Regelung schlechthin unerlässlich war.[504]

Dieser Ansatz entspricht dem Sinn und Zweck der heutigen Abweichungsgesetzgebung. Denn grundsätzlich haben gemäß dem neuen Art. 72 Abs. 3 GG die Länder ebenso die Vollkompetenz wie der Bund.[505] Die Wahrung dieser verfassungsrechtlich verankerten Gleichstellung von Bund und Ländern für die in Art. 72 Abs. 3 GG aufgelisteten Kompetenztitel lässt eine alleinige Kompetenz des Bundes für bestimmte Materien konsequenterweise nur in zwingenden Ausnahmefällen zu. Andernfalls würde das System der Abweichungsgesetzgebungskompetenz von vornherein in unerträglichem und widersprüchlichem Maße ausgehöhlt.

b) Historie und Staatspraxis seit der Grundsatzgesetzgebung der WRV

Des Weiteren spricht die Historie und Staatspraxis seit der WRV für die Annahme, dass sich die qualitativen Kriterien des BVerfG für die Festlegung von ausnahmsweise zulässigen Vollregelungen des Bundes i. S. v. Art. 75 Abs. 2 GG a. F. vor allem auf die „allgemeinen Grundsätze des Naturschutzes" gemäß Art. 72 Abs. 3 GG übertragen lassen. Bei der Einführung der Rahmengesetzgebung in 1949 und auch in den Folgejahren wurde bereits eine ähnliche Debatte geführt wie heute. Es wurde ausführlich diskutiert, ob die Rahmengesetzgebung die Fortsetzung der sogenannten „Grundsatzgesetzgebung"[506] aus der WRV sei.[507] Dies wurde überwiegend bejaht.[508]

---

504 Ebd.

505 *Ipsen*, NJW 2006, 2801 (2802); *Pieroth* in: Jarass/Pieroth, Art. 72, Rn. 29.

506 *Poetzsch-Heffter*, Handkommentar der Reichsverfassung, 1928, S. 100.

507 *Grewe*, DRZ 1949, 349 (351); *Ipsen*, RdA 1954, 81(81); *Katzenstein*, DÖV 1958, 593 (596); *Streyl*, Die Beziehung des Bundes zu den Ländern im Wasserrecht, S. 48; *Weber*, ZBR 1954, 321 (323); *Giese*, ZGStW 1954, 257 (270) m. w. N.

508 *Maunz* in Maunz/Dürig, GG, Art. 109, 1979, Rn. 51; *Schwanengel*, DÖV 2004, 557 (557 f.); BGG, Band 2, 1964, Art. 75, II 1 u. 5); m. w. N. auf: *Grewe*, DRZ 1949, 349 (351): Die „Rahmengesetzgebung [ist mit der Grundsatzgesetzgebung der WRV] verwandt"; *Ipsen*, RdA 1954, 81(81): Die Rahmenkompetenz „kann [mit der Grundsatzkompetenz] verglichen werden"; *Katzenstein*, DÖV 1958, 593 (596): „der entsprechende Begriff Grundsatzgesetzgebung"; *Streyl*, Die Beziehung des Bundes zu den Ländern im Wasserrecht, S. 48: „das GG…meint, trotz der anderen Terminologie, dasselbe, was die WRV in den Art. 10 u. 11 unter Grundsatzgesetzgebung verstand"; *Weber*, ZBR 1954, 321 (323): „Die Rahmengesetzgebung des Art. 75 GG deckt sich in der Sache mit der Grundsatzgesetzgebung; *Giese*, ZGStW 1954, 257 (270) m. w. N.

aa) WRV von 1919

Die Grundsatzgesetzgebung der WRV, fand sich in den Artt. 10 und 11 WRV, sowie Art. 138 Abs. 1 Satz 2 WRV. Über Art. 140 GG ist Art. 138 WRV heute noch Bestandteil des GG. Die damalige Grundsatzgesetzgebung begründete eine Zuständigkeit des Reichs, in bestimmten Sachgebieten verbindliche „Grundsätze" aufzustellen.[509] Ähnlich wie heute die Abweichungsgesetzgebung, basiert auch die Grundsatzgesetzgebung auf einem Kompromiss zwischen den unterschiedlichen Interessen des Reiches und denen der Länder.[510] Auch darüber hinaus bestehen Parallelen zwischen der Grundsatzgesetzgebung der WRV und den heutigen „allgemeinen Grundsätzen des Naturschutzes" i. S. d. heutigen Abweichungskompetenz:

Allgemein verstanden die Rechtslehre und Praxis das Wesen der Grundsatzgesetzgebung damals dahingehend, dass das Reich befugt war, „allgemeine, leitende Rechtssätze, Richtlinien" zu erlassen, „welche der näheren Ausführung, der Ausgestaltung im Einzelnen, insbesondere unter dem Gesichtspunkt ihrer Anpassung an die besonderen Verhältnisse der einzelnen Länder ebenso fähig wie bedürftig sind".[511] Das Reich durfte Angelegenheiten, die unter die Grundsatzgesetzgebung fielen, nicht restlos kodifizieren. Es musste vielmehr der Landesgesetzgebung ein angemessener Spielraum überlassen werden, um so die besonderen Verhältnisse und Bedürfnisse der Länder berücksichtigen zu können.[512] Die rechtliche Bedeutung oder Reichweite des Begriffs „Grundsatz" wurde damals als Beschränkung der Kompetenz des Reiches auf „Rahmengesetze" beschrieben.[513] Hier wird nicht nur die inhaltliche Verwandtschaft mit der Rahmengesetzgebung deutlich, sondern auch gleichermaßen mit den heutigen „allgemeinen Grundsätzen des Naturschutzes". Denn durch die heutigen „allgemeinen Grundsätze" soll dem Bund die Möglichkeit geben werden, in allgemeiner Form bundesweit verbindliche Grundsätze im Naturschutz festzulegen. Dabei wird den Ländern die Möglichkeit eingeräumt, in bestimmten Bereichen abweichend vom Bund eigene Konzeptionen zu verwirklichen und dabei ihre unterschiedlichen strukturellen Voraussetzungen und Bedingungen zu berücksichtigen.[514] Wie zur damaligen Rahmengesetz-

---

509 *Tiemann*, DÖV 1974, 229 (230).

510 *Poetzsch-Heffter*, Handkommentar der Reichsverfassung, 1928, S. 100.

511 *Anschütz*, Die Verfassung des Deutschen Reiches, 1933, Anm. 1 zu Art. 10 u. 11, 88 f.; *Poetzsch-Heffter*, Handkommentar der Reichsverfassung, 1928, S. 101; vgl. auch BVerfGE 4, 115 (128).

512 *Anschütz*, Die Verfassung des Deutschen Reiches, 1933, Anm. 1 zu Art. 10 u. 11, S. 88.

513 Ebd., Art. 11, Rn. 1.

514 BT-Drs. 16/813, S. 11 mit Verweis auf die Koalitionsvereinbarung vom 18.11.2005, Anlage 2, Rn. 42.

gebung und der heutigen Abweichungsgesetzgebung hatte damals das Reich die Möglichkeit, Vorgaben für die Länder zu treffen, die sich jedoch auf einen gewissen Kern beschränkten.

bb) Verfassungskonvent auf Schloss Herrenchiemsee von 1948

Als 1949 das Bonner GG in Kraft trat, sollte die neu eingeführte Rahmengesetzgebung die Funktionen der Grundsatzgesetzgebung der WRV übernehmen.[515] Der Verfassungskonvent auf Schloss Herrenchiemsee von 1948 hatte dazu zunächst sogar den Begriff „Grundsätze" von der WRV beibehalten und in den Katalog der konkurrierenden Gesetzgebung in Art. 36 Nrn. 8, 10, 11 und 26 HCh.E. verwendet. In diesen Sachgebieten sollte der Bund nur allgemeine Grundsätze, aber keine Vollregelung aufstellen können.[516] Es herrschte jedoch auch hier im Allgemeinen keine Einigung über die genaue Bedeutung und die Reichweite des Begriffs „Grundsätze".[517] Die Protokolle des Konvents können in Bezug auf eine Konkretisierung der Bedeutung der Grundsätze nicht weiterhelfen.[518] Nach langen Verhandlungen des Parlamentarischen Rats wurde dieser Begriff letztlich nicht beibehalten, sondern stattdessen der Begriff „Rahmenvorschriften" für die Rahmengesetzgebung verwendet. Die Benutzung des Begriffs „Rahmenvorschriften" anstelle von „Grundsätzen" hatte dabei allein sprachliche Beweggründe. Explizit stellte das BVerfG fest, dass die Verwendung des Begriffs „Rahmenvorschriften" anstelle von „Grundsätzen" nicht bedeute, dass das „Maß" der bundesrechtlichen Regelung zu Zeiten der Rahmengesetzgebung anders bestimmt sein sollte als zur Zeit der WRV.[519] Die Verwendung des Begriffs „Rahmenvorschriften" anstelle von „Grundsätzen" sollte lediglich klarstellen, was noch zur Zeit der WRV umstritten war, nämlich dass bundesrechtliche Vorschriften, die auf diese Kompetenznorm gestützt werden, nicht nur Richtlinien für die Landesgesetzgebung, sondern auch unmittelbar geltende Rechtssätze enthalten dürfen.[520] Dies, so das BVerfG, war auch bei der Grundsatzgesetzgebung der WRV der Fall.[521] *Hermann v. Mangoldt* sagte abschließend zum Konvent auf Schloss Herrenchiemsee, bei dem er als Abgeordneter und Rechtsgelehrter

515 *Herrfahrdt* in: BK, GG, 1953, Art. 75, I 1; *Giese*, ZGStW 1954, 257 (269 f.).

516 *März*, Bundesrecht bricht Landesrecht, in Fn. 263; *Rozek* in: v. Mangoldt/Starck/Klein, GG, Band 2, 2005, Art. 75, Rn. 2.

517 *v. Doemming/Füsslein/Matz*, JöR 1951, Band 1, S. 553.

518 Parlamentarische Rat 1948–1949, Bd. I 1981, S. 328 ff; Parlamentarische Rat 1948–1949, Bd. II 1981, S. 505 ff.

519 BVerfGE 4, 115 (128).

520 Ebd. (128 f.); vgl. auch *v. Mangoldt/Klein*, GG, 1964, Art. 75, III 1; *Weber*, ZBR 1954, 321 (323).

521 BVerfGE 4, 115 (129).

aktiv mitwirkte, ausdrücklich, dass der Ansicht, dass rechtlich zwischen „Grundsätzen" und „Rahmenvorschriften" ein Unterschied bestehe, nicht zugestimmt werden könne.[522] Damit war die damalige Rahmengesetzgebung im Wesentlichen mit der Grundsatzgesetzgebung der WRV vergleichbar.

cc) Haushalts- und Finanzreform in den 60er und 70er Jahren

Zweifel an der Vergleichbarkeit kamen allerdings in den 60er und 70er Jahren auf. Im Zuge einiger Novellierungen des GG hatte die Grundsatzgesetzgebung wieder Einzug in die Verfassung gehalten. So wurde mit der Haushalts- und Finanzreform im Jahr 1967[523] der Art. 109 GG a. F. um Abs. 3 (heute: Abs. 4)[524] ergänzt. Dieser Absatz sieht vor, dass durch Bundesgesetz *Grundsätze* für eine konjunkturgerechte Haushaltswirtschaft und für die Finanzplanung aufgestellt werden können. Bis dahin war die Grundsatzgesetzgebung nur mittelbar durch die Inkorporation des Art. 138 Abs. 1 Satz 2 WRV über Art. 140 GG Bestandteil des GG. Zwei Jahre nach Einzug der Grundsatzgesetzgebung im Bereich des Haushaltsrechts in das GG (Art. 109 GG) wurde diese zum 1.1.1970 auch für den Bereich der Gemeinschaftsaufgaben durch den Art. 91a Abs. 2 Satz 2 GG a. F. eingeführt.[525] Danach sollte der Bundesgesetzgeber *allgemeine Grundsätze* für die Erfüllung der Gemeinschaftsaufgaben aufstellen können. Diese Einführung des Begriffs „Grundsätze" neben dem Begriff „Rahmenvorschriften" lässt auf den ersten Blick den Schluss zu, dass „Grundsätze" und „Rahmenvorschriften" unterschiedlicher Natur sein müssen.[526] Denn wenn die Begriffe „Grundsätze" und „Rahmenvorschriften" identisch seien, dann bestünde kein Grund dafür, in Art. 109 Abs. 3 und Art. 91a Abs. 2 Satz 2 GG a. F. uneinheitlich „Grundsätze" anstatt „Rahmenvorschriften" zu verwenden.[527] Aufgrund der Entscheidung, abweichend von dem Begriff aus Art. 75 GG a. F. den Begriff „Grundsätze" zu verwenden, habe der verfassunggebende Gesetzgeber damals bewusst eine rechtliche Unterscheidung zur Rahmengesetzgebung vornehmen wollen.[528] Die Richtigkeit dieser Schlussfolgerung, welche auf der vermeintlich inkonsequenten Verwendung der besagten Begriffe basiert, ist aber fragwürdig.

522 *Giese*, ZGStW 1954, 257 (270).

523 Fünfzehntes Gesetz zur Änderung des GG vom 8.6.1967 (BGBl. I, 1967, S. 581 ff.)

524 Durch das Gesetz zur Änderung des GG (Art. 91c, 91d, 104b, 109, 109a, 115, 143d) vom 29.7.2009, BGBl. 2009 I, S. 2248 wurde der Abs. 3 unverändert in Abs. 4 überführt.

525 21. Änderungsgesetz vom 12.5.1969, BGBl. 1969 I, S. 359; mit der Föderalismusreform von 2006 wurde der gegenständliche Satz 2 ohne Begründung ersatzlos gestrichen.

526 *Stettner* in: Dreier, GG, 2006, Art. 75, Rn. 6.

527 *Tiemann*, DÖV 1974, 229 (230).

528 Ebd.

Vielmehr sprechen gute Argumente dafür, dass die unterschiedliche Verwendung der beiden Begriffe das Resultat ungenauer Gesetzestechnik und lediglich sprachlich motiviert war. Denn die Grundsätze aus Art. 109 Abs. 4 GG sind inhaltlich sehr wohl mit den Rahmenvorschriften der ehemaligen Rahmengesetzgebung aus Art. 75 GG a. F. vergleichbar.[529] Wie auch die Rahmengesetzgebung, setzt Art. 109 Abs. 3 GG a. F. für Bereiche, die in gesteigertem Maße einer gesamtstaatlichen Koordination bedürfen, einen gewissen einheitlichen Mindeststandard fest. Im Gegensatz zur Rahmengesetzgebung eröffnet Art. 109 Abs. 3 GG a. F. jedoch keine Verpflichtung, sondern lediglich eine Ermächtigung für den Bundesgesetzgeber, gemeinsam geltende Grundsätze aufzustellen. Nach Vorstellung des verfassungsändernden Gesetzgebers ist die Grundsatzgesetzgebung des Art. 109 Abs. 3 GG a. F. zwar nicht von der Rechtswirkung her, aber inhaltlich mit der Rahmengesetzgebung gleichzusetzen.[530] Wie auch bei der Rahmengesetzgebung handelt es sich hierbei um eine inhaltlich beschränkte Bundesgesetzgebung. Der Bund darf keine erschöpfende (Voll-)Regelung, sondern nur Leitlinien aufstellen; wie auch bei der Rahmengesetzgebung kann der Bund in bestimmten Fällen einzelne ins Detail gehende Regelungen treffen, sofern das „Grundsatzgesetz" als Ganzes grundsätzlichen Charakter hat und der Ausfüllung durch den Landesgesetzgeber fähig und bedürftig ist.[531]

dd) Entwicklung der Rahmengesetzgebung bis zur Föderalismusreform in 2006

Entgegen der eigentlichen Konzeption entwickelte sich die Rahmengesetzgebung insbesondere in den 90er Jahren dahingehend fort, dass unmittelbar geltende oder in Einzelheiten gehende Regelungen durch das BVerfG großzügig gebilligt wurden.[532] Dieser Trend hatte zwar seinen Ursprung bereits während der Grundsatzgesetzgebung, war aber entscheidend weniger ausgeprägt, als dies beim Bonner GG der Fall war.[533] Um diesen Trend in der Praxis nicht ausufern zu lassen, wurde 1994 der Abs. 2 in Art. 75 GG a. F. eingefügt, der den Spielraum derartiger Ausnahmeregelungen festlegte und das BVerfG zu einer strengeren Kontrolle veranlasste.[534] Damit schloss sich der damalige Gesetzgeber der ständigen Rechtsprechung an und sah ein, dass eine Vollkompetenz des Bundes im

529 So auch: *Maunz* in: Maunz/Dürig, GG, 1979, Art. 109, Rn. 51; *Tiemann*, DÖV 1974, 229 (231).

530 BT-Drs. 5/3040, S. 38 zum identischen Art. 109 Abs. 3 GG a. F.

531 *Schneider* in: AK, GG, Art. 109, Rn. 13.

532 BVerfGE 4, 115 (129); 7, 29 (41); 25, 142 (152); 43, 291 (343); 51, 43 (54); 111, 226 (248 f.).

533 Vgl. Entscheidung des preußischen OVG vom 24.2.1925 in Reichsbesoldungsblatt 1925, S. 141 ff.; Entscheidung des RG vom 22.12.1925 in DJZ 1925, Nr. 31, S. 299 f.; *Anschütz*, Die Verfassung des Deutschen Reiches, 1933, Art. 10, 11, S. 93 f. m. w. N.

534 *Ipsen*, NJW 2006, 2801 (2803).

Rahmen der Gesetzgebungskompetenz nach Art. 75 GG a. F. in Ausnahmefällen sinnvoll sein konnte oder sogar erforderlich war.[535]

Durch diese Verfassungsänderung wurde die Konzeption der Rahmengesetzgebung im Vergleich zur Grundsatzgesetzgebung der WRV, aber auch im Vergleich zur ursprünglichen Konzeption der Rahmengesetzgebung erweitert und den Bedürfnissen der Rechtspraxis angepasst. Ließe man die Ergänzung des Art. 75 Abs. 2 GG a. F. weg, so würde man das Wesen der Rahmengesetzgebung entsprechend dem Wesen der früheren Grundsatzgesetzgebung dahingehend verstehen, dass das Reich bzw. der Bund befugt war, „allgemeine, leitende Rechtssätze, Richtlinien" zu erlassen, „welche der näheren Ausführung, der Ausgestaltung im Einzelnen, insbesondere unter dem Gesichtspunkt ihrer Anpassung an die besonderen Verhältnisse der einzelnen Länder ebenso fähig wie bedürftig sind".[536] Dabei musste das Reich bzw. der Bund der Landesgesetzgebung einen angemessen Spielraum überlassen, um so die besonderen Verhältnisse und Bedürfnisse der Länder berücksichtigen zu können.[537]

ee) Fazit zur Staatspraxis und deutschen Rechtsgeschichte

Die Staatspraxis bezüglich der Kompetenzregelungen ist im Kern seit der WRV von 1919 bis zur Abschaffung der Rahmengesetzgebung in 2006 gleich geblieben. Diese Regelungen wurden allerdings im Laufe der Zeit weiterentwickelt und an die jeweils vorherrschenden politischen Rahmenbedingungen angepasst.

Es ist nicht zu erkennen, dass der verfassungsändernde Gesetzgeber im Zuge der Föderalismusreform von 2006 die bestehende Staatspraxis aufgeben wollte. Eine derart wesentliche Änderung der Kompetenzverteilungsvorschriften hätte zudem einer ausführlichen Begründung bedurft. Eine solche sucht man vergeblich. Vielmehr sollten lediglich einige vermeintliche Schwachstellen der Rahmengesetzgebung beseitigt werden. Es sollte nämlich die Handlungs- und Entscheidungsfähigkeit von Bund und Ländern verbessert, die politischen Verantwortlichkeiten deutlicher zugeordnet sowie die Zweckmäßigkeit und Effizienz der Aufgabenerfüllung gesteigert werden.[538] All dieses vor dem Hintergrund, den stetig wachsenden Anforderungen der EU gerecht zu werden.[539]

535 BT-Drs. 12/6000, S. 35 mit Verweis auf die ständige Rechtsprechung seit BVerfGE 4, 115 (128 f.).

536 *Anschütz*, Die Verfassung des Deutschen Reiches, 1933, Anm. 1 zu Art. 10, 11, 88 f.; *Poetzsch-Heffter*, Handkommentar der Reichsverfassung, 1928, S. 101; vgl. auch BVerfGE 4, 115 (128).

537 *Anschütz*, Die Verfassung des Deutschen Reiches, 1933, Anm. 1 zu Art. 10, 11, S. 88.

538 BR-Drs. 178/06, S. 14.

539 BT-Drs. 16/813, S. 8 u. 11.

c) Weiteres Argument für die Vergleichbarkeit: Das Vorhaben eines UGB

Für die Richtigkeit der These, dass die Abweichungsgesetzgebung gemäß Art. 72 Abs. 3 GG die inhaltsgleiche Fortsetzung der früheren Rahmengesetzgebung ist, sprechen meines Erachtens auch die bislang gescheiterten Versuche eines UGB. Der Hintergrund ist, dass die Umsetzung von unionsrechtlichen Richtlinien im Umweltrecht den Bundesgesetzgeber vor große Schwierigkeiten stellt. Insbesondere die Umsetzung der damaligen EG-RL zur Umweltverträglichkeitsprüfung und die in diesem Zusammenhang mit der IVU-RL geforderte integrierte Genehmigung haben Regelungslücken im bundesdeutschen Umweltrecht aufgezeigt.[540] Vor allem die Umsetzung der integrierten Vorhabengenehmigung stellt die Gesetzgebung des Bundes vor kompetenzrechtliche Schwierigkeiten.[541] Diese Schwierigkeiten haben ihren Ursprung darin, dass sich auf Unionsebene zunehmend andere Mitgliedstaaten mit ihren Rechtssystemen durchsetzen.[542] In diesen Mitgliedstaaten, insbesondere Großbritannien, Frankreich, Niederlande, Belgien, Schweden und den romanischen Staaten, sind bereits vollständige oder zumindest partielle Umweltrechtskodifikationen entstanden.[543] Daher werden verstärkt umweltbezogene europäische Unionsrichtlinien diesen einheitlichen Systemen unterworfen, sodass die Umsetzung für diese Mitgliedstaaten keine kompetenzrechtlichen Schwierigkeiten begründet. Für das deutsche Rechtssystem mit einem uneinheitlich kodifizierten Umweltrecht, das teilweise in der Gesetzgebungskompetenz der einzelnen Länder liegt, bereitet die Umsetzung in der Praxis Probleme.[544] Das deutsche Umweltrecht kann vor diesem Hintergrund mittlerweile als systemfremd angesehen werden, da europäisches Unionsrecht nur „mit großen Schwierigkeiten" in die hierzulande bestehenden Strukturen eingefügt werden kann.[545]

Mit der Abschaffung der Rahmengesetzgebung und der Verlagerung der Kompetenzen im Bereich des Naturschutzes und anderer umweltrechtlicher Materien in die konkurrierende Gesetzgebung sollte diesen Umsetzungsproblemen im Umweltrecht Einhalt geboten und der Weg für ein UGB kompetenz-

540 UGB-KomE, Einleitung, S. 76.

541 Ebd.

542 *Calliess* in: Kloepfer, Das kommende Umweltgesetzbuch, S. 36; *Breuer*, NVwZ 1997, 833 (834 f.).

543 *Kloepfer* in: Bohne/Kloepfer, Das Projekt eines UGB 2009, S. 9.

544 UGB-KomE, Einleitung, S. 76; *Calliess* in: Kloepfer, Das kommende Umweltgesetzbuch, S. 36 f.; *Hansmann*, NVwZ 1995, 320 (323 ff.); *Salzwedel/Reinhardt*, NVwZ 1991, 946 (951 f.); *Breuer*, NVwZ 1997, 833 (835).

545 *Hansmann*, NVwZ 1995, 320 (323 ff.); *Salzwedel/Reinhardt*, NVwZ 1991, 946 (951 f.); zu letzterem: *Breuer*, NVwZ 1997, 833 (835).

rechtlich geebnet werden.[546] Bis zur Föderalismusreform ist das Vorhaben eines UGB nämlich vor allem an Unstimmigkeiten bei der Frage gescheitert, ob die Gesetzgebungskompetenz des Bundes dieses Vorhaben deckt.[547] Laut Begründung des Gesetzesantrags zur Verfassungsreform verhindert im Umweltrecht „die bestehende Aufteilung in Materien der konkurrierenden Gesetzgebung und der Rahmengesetzgebung wegen der dort nur möglichen geringeren Regelungsdichte eine materienübergreifende Normsetzung…".[548] Für die Einführung eines UGB ist es also erforderlich, dass die Kompetenzen für sämtliche umweltrelevante Materien dem Bund zustehen. Da sich jedoch die Länder gegen einen damit verbundenen Machtverlust zur Wehr setzten, wurde im Zuge der Föderalismusreform, so der Gesetzgeber selbst, die „Abweichungskompetenz" als Kompromiss eingeführt.[549] Man kann daraus den Schluss ziehen, dass mit der Überführung der Materie des Naturschutzes in die konkurrierende Gesetzgebung und der Einführung der Abweichungskompetenz allein das „formelle Kompetenzproblem" gelöst und den Ländern quasi zur Besänftigung zeitgleich die Möglichkeit eingeräumt werden sollte, ihren Einfluss bei Bedarf beizubehalten. So stellt auch *Kloepfer* fest, dass der Verlust der gesetzgeberischen Mitwirkung der Länder, welcher noch bei der Rahmengesetzgebung wegen der damals verpflichtenden Ausfüllungsbedürftigkeit sogar zwingend vorausgesetzt war, durch die Möglichkeit zur Abweichung kompensiert werden sollte.[550] Führt man diesen Gedanken fort, so erscheint es nicht abwegig, dass der gesetzgeberische Spielraum für Bund und Länder nach der Reform im Naturschutz de facto der gleiche geblieben ist wie zuvor, also noch bei der Rahmengesetzgebung. Vorausgesetzt, die Länder machen von ihrer Abweichungskompetenz Gebrauch.

Der Versuch, ein einheitliches UGB zu erschaffen, spricht dafür, dass allein das äußere Gewand oder die „Verpackung" sich im Bereich der Kompetenzverteilungsregelungen zum Naturschutz durch den Austausch der Rahmengesetzgebung gegen die Abweichungsgesetzgebung geändert hat. Die Einführung der Abweichungskompetenz sollte faktisch nicht zu einer anderen Zuordnung der Kompetenzen führen, sondern lediglich formal kompetenztechnisch den Weg für ein UGB ebnen.

---

546 Vgl. auch *Kluth* in: Kluth, Föderalismusreformgesetz, Art. 74, Rn. 26f.; *Kloepfer*, ZG 2006, 250 (269); Abgeordneten *Meierhofer*, *Homburger*, *Kauch*, weitere Abgeordnete und Fraktion der FDP 2006 in BT-Drs. 16/767, S. 1.

547 *Oeter* in: v. Mangoldt/Klein/Stark, GG, 2010, Art. 74, Rn. 183; *Sendler* in: Erbguth, Europäisierung des nationalen Umweltrechts, S. 18; *Kloepfer* in: Bohne/Kloepfer, Das Projekt eines UGB 2009, S. 11; auch schon: Pressemitteilung 139/99 des BMU, 16 Legislaturperiode, 2.9.1999; *Rehbinder/Wahl*, NVwZ 2002, 21 (22); *Schmidt-Preuß*, NVwZ 2000, 252 (252).

548 BR-Drs. 178/06, S. 17.

549 Vgl. BGBl. 2006 I, S. 2034.

550 *Kloepfer*, ZG 2006, 250 (253).

d) *Ergebnis zur Vergleichbarkeit*

Der frühere Präsident des BVerfG, *Papier,* liegt meines Erachtens richtig mit seiner Einschätzung, dass die bekannten Abgrenzungsprobleme der Rahmengesetzgebung nach der Föderalismusreform in neuem Gewand weiter leben würden.[551] Insbesondere der Blick auf die Historie und Staatspraxis untermauern diese Aussage. Das Konzept, dass der Bund bzw. das Reich einen gewissen Rahmen vorgibt, den die Länder dann entsprechend ausfüllen müssen, bestand seit dem Jahr 1919 bis zum Jahr 2006. Dieses Konzept der Kompetenzverteilung erfuhr durch die Rechtspraxis im Laufe der Zeit Veränderungen, blieb aber im Kern bestehen.

Im Einklang mit einem großen Teil der Literatur[552] setzten sich meines Erachtens die Grundsatz- und Rahmengesetzgebung auch heute in Gestalt der Abweichungsgesetzgebung fort. Der verfassungsändernde Gesetzgeber wollte die Kompetenzverteilung inhaltlich nicht angreifen, sondern lediglich die äußerliche Hülle ändern, um die allgemeine Handhabung sowie die Europatauglichkeit zu verbessern.[553] Zugleich sollten die kompetenzrechtlichen Schwierigkeiten bei der Umsetzung von unionsrechtlichen Vorgaben im Umweltrecht beseitigt werden.[554] So wollte man sich den europäischen Mitgliedstaaten anschließen, die bereits vollständige oder zumindest partielle Umweltrechtskodifikationen geschaffen haben.[555] Durch die Abschaffung der Rahmengesetzgebung, welche bei der Umsetzung von supranationalem Recht ein unüberwindbares Hindernis darstellte,[556] sollte der Weg für ein UGB kompetenzrechtlich geebnet werden. Durch die zeitgleiche Einführung der Abweichungsgesetzgebung mitsamt den abweichungsfesten Kernen bleibt meines Erachtens inhaltlich die Konzeption der Rahmengesetzgebung erhalten. Es handelt sich, wie *Kotulla* es auf den Punkt bringt, bei der Abweichungskompetenz im Zusammenspiel mit den abweichungsfesten Kernen um „die Fortsetzung der überkommenden Rahmengesetzgebung

---

551 *Papier*, NJW 2007, 2145 (2148).

552 Ebd.; *Reinhardt*, AöR 2010, 459 (482); *Grünewald*, Die Abweichungsgesetzgebung der Bundesländer, S. 83; *Kotulla*, NVwZ 2007, 489 (493 u. 495); *Franzius*, NVwZ 2008, 492 (495 unten); *Klein/Schneider*, DVBl. 2006, 1549 (1554); mit Verweis auf *Pestalozza*, Rechtsausschussprotokoll 12 vom 15./16.5.2006, S. 315 (324 unten); *Rehbinder/Wahl*, NVwZ 2002, 21 (27).

553 Zur Europatauglichkeit: BT-Drs. 16/813, S. 8 u. 11.

554 Vgl. auch *Kluth* in: Kluth, Föderalismusreformgesetz, Art. 74, Rn. 26 f.; *Kloepfer*, ZG 2006, 250 (269); Abgeordneten *Meierhofer*, *Homburger*, *Kauch*, weitere Abgeordnete und Fraktion der FDP 2006 in BT-Drs. 16/767, S. 1.

555 *Kloepfer* in: Bohne/Kloepfer, Das Projekt eines UGB 2009, S. 9.

556 *Hansmann*, NVwZ 1995, 320 (323).

mit anderen Mitteln".[557] Das Recht zur Abweichungsgesetzgebung habe die Funktion, den Ländern im Zuge der Abschaffung der Rahmengesetzgebung verlorene Rechtsgestaltungsbefugnisse in anderer Form zu erhalten.[558]

Diese Aussagen werden durch die seit fast einem Jahrhundert gängige Staatspraxis im Bereich der Kompetenzverteilung zwischen Bund und Ländern untermauert. Den Aussagen von *Kotulla* und *Papier* schließe ich mich an. Die abweichungsfesten Kerne, insbesondere die allgemeinen Grundsätze des Naturschutzes sind die Fortsetzung der damaligen Rahmengesetzgebung in anderem Gewand.

3. Konsequenzen für die Inhaltsbestimmung der allg. Grundsätze

Fraglich ist, was diese Erkenntnis in der Konsequenz für die Inhaltsbestimmung der abweichungsfesten Kerne, insbesondere der „allgemeinen Grundsätze des Naturschutzes" bedeutet. *Franzius* überlegt, all das als abweichungsfest zu erklären, „was erforderlich ist".[559] Ob sich *Franzius* dabei, wie auch Art. 75 Abs. 1 GG a. F. auf die Erforderlichkeitsklausel des Art. 72 Abs. 1 GG[560] bezieht, ist nicht klar, ist aber anzunehmen. Die abweichungsfesten Kerne allein nach den Voraussetzungen für den Erlass von „Rahmenvorschriften" gemäß Art. 75 Abs. 1 i. V. m. Art. 72 Abs. 1 GG a. F. analog zu bestimmen, ist meines Erachtens nicht ausreichend. Denn grundsätzlich waren die damaligen „Rahmenvorschriften" nicht nur ausfüllungsfähig, sondern auch ausfüllungsbedürftig. Im Gegenteil hierzu sind die abweichungsfesten Kerne dem Wortlaut nach jedoch (vollumfänglich) „abweichungsfest". Als „allgemeine Grundsätze" ausgestaltete Bundesregelungen dürfen also gerade nicht von den Ländern ausgefüllt werden. Das heißt, dass die abweichungsfesten Kerne umfangreicher sein müssen als bloße „Rahmenvorschriften".

Vielmehr sind sie vergleichbar mit unmittelbar geltenden oder in Einzelheiten gehenden Vorschriften, die ausnahmsweise gemäß Art. 75 Abs. 2 GG a. F. zulässig waren. Denn diese waren, wie heute die abweichungsfesten Kerne des Naturschutzes, für den Landesgesetzgeber unantastbar. Solche Ausnahmeregelungen durften zum einen quantitativ nicht den Großteil der Regeln zu einem Kompetenztitel (etwa: Naturschutz und Landschaftspflege) ausmachen, und qualitativ musste ein zwingendes Interesse an bundesstaatlicher Einheitlichkeit für die betroffene Regelung bestehen.[561] Dies war dann anzunehmen, wenn ein Sachver-

557 *Kotulla*, NVwZ 2007, 489 (493 u. 495).
558 *Reinhardt*, AöR 2010, 459 (482).
559 *Franzius*, NVwZ 2008, 492 (495 unten).
560 Art. 72 Abs. 1 GG ist im Wesentlichen inhaltsgleich mit Art. 72 Abs. 1 GG a. F.
561 *Peine*, NuR 2001, 421 (425).

halt nur durch eine in Einzelheiten gehende oder unmittelbar geltende Regelung gesteuert werden konnte.[562]

Die heutigen abweichungsfesten Kerne i. S. d. Abweichungsgesetzgebung, insbesondere die „allgemeinen Grundsätze des Naturschutzes", sind also nach den Voraussetzungen zu bemessen, unter denen nach der alten Rechtslage Rahmenvorschriften zulässig waren, welche ausnahmsweise in Einzelheiten gehende oder unmittelbar geltende Regelungen enthielten. Das heißt, dass zunächst eine Erforderlichkeit i. S. v. Art. 72 Abs. 2 GG gegeben sein und darüber hinaus ein zwingendes Interesse an einer bundeseinheitlichen Regelung (wie bei Art. 75 Abs. 2 GG a. F.) bestehen muss.

4. Konkrete Reichweite des als Rahmengesetz ausgestalteten BNatSchG 2002

Vor dem Hintergrund, dass die Abweichungsgesetzgebung im Wesentlichen die Fortsetzung der Rahmengesetzgebung in anderem Gewand ist, ist es für die Inhaltsbestimmung der „allgemeinen Grundsätze" i. S. d. Verfassung unerlässlich, das als Rahmengesetz ausgestaltete BNatSchG a. F. näher zu untersuchen. Dabei sind die Vorschriften des damaligen BNatSchG interessant, die zulässigerweise unmittelbar galten oder in Einzelheiten gehende Regelungen enthielten.

a) Unmittelbar geltende oder in Einzelheiten gehende Vorschriften gemäß § 11 BNatSchG a. F.

§ 11 Satz 1 BNatSchG in seiner letzten Fassung[563] vor der Novellierung in 2010 zählt die in Einzelheiten gehenden oder unmittelbar geltenden Regelungen des damals geltenden BNatSchG auf. Dabei handelt es sich teilweise um Vorschriften, die unmittelbare Geltung hatten, da sie sich auf einen Kompetenztitel aus Art. 73 GG oder Art. 74 GG stützten.[564] Andere unmittelbar geltende Vorschriften basierten auf Richtlinien oder Verordnungen der EU, die die Mitgliedstaaten zu verbindlichen Rechtsakten ermächtigen, wie etwa die FFH-RL. Bei derartigen supranationalen Vorgaben hat der Bund die binnenstaatliche Kompetenz zur Umsetzung in nationales Recht, wenn das deutsche Verfassungsrecht den Bund als zuständig ansieht.[565] In wieder anderen Fällen stützen sich die in Einzelheiten

562 *Rozek* in: v. Mangold/Klein/Starck, GG, 2000, Art. 75, Rn. 69; *Peine*, NuR 2001, 421 (425).

563 Fassung aufgrund des Ersten Gesetzes zur Änderung des BNatSchG vom 12.12.2007 (BGBl. I S. 2873).

564 Vgl. *Gassner* in Gassner/Bendomir-Kahlo/Schmidt-Räntsch, BNatSchG, 2003, § 11, Rn. 5; *Lorz/Müller/Stöckel*, Naturschutzrecht mit Artenschutz, 2003, § 11, Rn. 1.

565 *Everling*, NVwZ 1993, 209 (212), mit Verweis auf EuGH, NJW 1982, 499 (500).

gehenden oder unmittelbar geltenden Vorschriften auf die Ausnahmeregelung des Art. 75 Abs. 2 GG.

Es handelt sich gemäß § 11 Satz 1 BNatSchG a. F. konkret um § 6 Abs. 2, § 10 Abs. 6, § 20 Abs. 3, §§ 21, 21a, § 22 Abs. 4 Satz 2, § 33 Abs. 1 Satz 2 und 3, § 35 Satz 1 Nr. 1 und Satz 2, § 37 Abs. 1, §§ 38, 39 Abs. 2, §§ 42 bis 50, § 52 Abs. 1–8, §§ 53, 55 und 57 Abs. 1, §§ 58 und 59 sowie §§ 61 bis 70 (allesamt Vorschriften des BNatSchG a. F.). Gemäß § 11 Satz 2 BNatSchG a. F. galt darüber hinaus auch § 34 BNatSchG a. F. unmittelbar, soweit Behörden des Bundes Entscheidungen über Projekte i. S. d. § 34 Abs. 1 Satz 1 BNatSchG a. F. getroffen oder solche Projekte durchgeführt haben.

b) Darstellung der unmittelbar geltenden oder in Einzelheiten gehenden Vorschriften des BNatSchG a. F.

In Anlehnung an die Entwurfsbegründungen zum BNatSchG 2002 der Bundesregierung sowie der Fraktionen SPD und BÜNDNIS 90/DIE GRÜNEN bezog der Bund seine Gesetzgebungskompetenz für die in § 11 Satz 1 BNatSchG a. F. genannten Vorschriften aus der ausschließlichen Bundesgesetzgebungs- und der konkurrierenden Gesetzgebungskompetenz sowie der rahmenkompetenzrechtlichen Ausnahmeregelung des Art. 75 Abs. 1 Satz 1 Nr. 3 i. V. m. Art. 75 Abs. 2 GG a. F.[566] Viele Vorschriften konnten sowohl auf die ausschließliche oder konkurrierende Gesetzgebung als auch auf Art. 75 Abs. 2 GG a. F. gestützt werden. Die nachfolgend vorgenommene Aufteilung ist daher nur als Orientierungshilfe zu verstehen; es kann zu Überschneidungen kommen.

aa) Ausschließliche Gesetzgebung des Bundes

Die §§ 44 bis 48 und § 50 BNatSchG a. F., welche allesamt den Artenschutz betreffen, waren als unmittelbar geltende und in Einzelheiten gehende Vorschriften zulässig, soweit sie den grenzüberschreitenden Verkehr mit Drittländern betrafen. In diesem Fall hatte der Bund die ausschließliche Gesetzgebungskompetenz gemäß Art. 71 i. V. m. Art.73 Nr. 5 GG a. F. („die Einheit des Zoll- und Handelsgebietes, die Handels- und Schifffahrtsverträge, die Freizügigkeit des Warenverkehrs und den Waren- und Zahlungsverkehr mit dem Auslande einschließlich des Zoll- und Grenzschutzes").[567]

566 BR-Drs. 411/01, S. 53 f.; bzw. BT-Drs. 14/6378, S. 30 f. (beachte bei den beiden vorstehenden Entwürfen, dass die Bezeichnung der Paragraphen von dem tatsächlich in Kraft getretenen Gesetz teilweise abweichen, da im tatsächlichen BNatSchG 2002 später § 38 eingefügt wurde.).

567 BR-Drs. 411/01, S. 53 f.; bzw. BT-Drs. 14/6378, S. 30 f.; vgl. auch oben auf S. 60 f.

Die abschließende Regelung zum Schutz von Meeresflächen im Bereich der „Ausschließlichen Wirtschaftszone" und des Festlandsockels gemäß § 38 BNatSchG a. F. war ebenfalls als unmittelbar geltende Regelung ausgestaltet. Diese Vollregelung diente u. a. der Umsetzung der Vorgaben des Seerechtsübereinkommens der UN, der FFH-RL sowie der Vogelschutz-RL.[568] Die Gesetzgebungskompetenz des Bundes zur Vollregelung ergab sich aus Art. 73 Abs. 1 Nr. 1 GG a. F. („die auswärtigen Angelegenheiten sowie") oder aus dem Ausnahmetatbestand des Art. 75 Abs. 2 GG a. F.

§ 63 BNatSchG a. F. regelte, dass die Nutzung von Flächen mit spezifischer, im öffentlichen Interesse liegender Nutzung gewährleistet blieb. Es ging darum, dem Naturschutz übergeordnete Belange zu sichern.[569] Diese Belange waren entweder der ausschließlichen Gesetzgebungskompetenz des Bundes oder der konkurrierenden Gesetzgebungskompetenz zuzuordnen. So regelte § 63 BNatSchG a. F. beispielsweise die Gewährleistung des Schutzes der Bevölkerung (Nr. 1), des Bundesgrenzschutzes (Nr. 2), des Schutzes vor Überflutung oder den Bestand der Fernmeldeversorgung (Nr. 7); mithin Belange, die unter die Kompetenztiteln aus Art. 73 Abs. 1 GG zu subsumieren waren. Andere in § 63 BNatSchG a. F. geregelte Bereiche, wie etwa der Erhalt wichtiger öffentlicher Verkehrswege (Nr. 3), fielen unter Kompetenztitel der konkurrierenden Gesetzgebung; im konkreten Bsp. unter Art. 74 Abs. 1 Nr. 22 GG.

Gemäß dem unmittelbar geltenden § 22 Abs. 4 Satz 2 BNatSchG a. F. ergeht die Erklärung zum Nationalpark im Benehmen mit dem BMU und dem Bundesministerium für Verkehr, Bau-, und Wohnungswesen. Die Erklärung zum Nationalpark fällt meines Erachtens nicht nur wegen ihrer Überregionalität[570], sondern auch wegen ihrer internationalen repräsentativen Wirkung kraft Natur der Sache in die ausschließliche Kompetenz des Bundes. Eine derartige Bundeskompetenz hat das BVerfG für die Raumplanung des Gesamtstaats bejaht.[571] Bei der Raumplanung des Gesamtstaats sind Nationalparke schon wegen ihrer Größe zu berücksichtigen. Daneben begründet meines Erachtens auch der repräsentative Effekt für den Gesamtstaat eine ausschließliche Bundeskompetenz kraft Natur der Sache.[572]

---

568 *Lorz/Müller/Stöckel*, Naturschutzrecht mit Artenschutz, 2003, § 38, Rn. 1.

569 Ebd., § 63, Rn. 1.

570 Vgl. *Degenhart* in: Sachs, GG, Art. 70, Rn. 34 mit Verweis auf: *Lerche* in: Maunz/Dürig, Art. 93, Rn. 43.

571 BVerfGE 3, 407 (427).

572 Vgl. *Degenhart* in: Sachs, GG, Art. 70, Rn. 34.

bb) Konkurrierende Gesetzgebung

Die §§ 65 bis 68 BNatSchG a. F. enthalten Bußgeld- und Strafvorschriften und waren kompetenzrechtlich auf Art. 74 Abs. 1 Nr. 1 GG a. F. („das Strafrecht" und „das gerichtliche Verfahren") gestützt.[573] Die Gesetzgebungskompetenz für § 68 BNatSchG a. F., der die Befugnisse der Hauptzollämter bei Ordnungswidrigkeiten oder Straftaten im Zusammenhang mit der Ein- oder Ausfuhr von Tieren oder Pflanzen regelt, konnte wohl auch unter die ausschließliche Gesetzgebungskompetenz des Bundes gemäß Art. 71 i. V. m. Art. 73 Abs. 1 Nr. 5 GG a. F. fallen.

Die artenschutzrechtlichen Vorschriften der §§ 42 bis 44, 49, 50, 52, 53, 55 sowie § 62 fielen unter die konkurrierende Gesetzgebung aus Art. 74 Abs. 1 Nr. 11 GG a. F. („das Recht der Wirtschaft"), soweit sie die Vermarktung von Tier- oder Pflanzenarten betrafen.[574]

cc) Bundeskompetenz gemäß Art. 75 Abs. 1 und 2 GG a. F.

§ 6 Abs. 2, § 10 Abs. 6, § 20 Abs. 3, § 22 Abs. 4, Satz 2, § 33 Abs. 1 Satz 2 und 3, und die §§ 55, § 58 sowie § 59 BNatSchG a. F. sind prozedurale Vorschriften, die an Bundesbehörden gerichtet waren und somit ausnahmsweise vom Bund als unmittelbar geltende oder in Einzelheiten gehende Regelungen i. S. v. Art. 75 Abs. 2 GG a. F. ausgestaltet werden konnten.[575] Auch § 57 Abs. 1 BNatSchG ist an den Bund gerichtet und war daher der Ausfüllung durch die Länder verschlossen.

Die Ermächtigung zum Erlass von RVO nach § 52 Abs. 1 bis 8 und § 64 BNatSchG a. F. sowie der Ermächtigung zum Erlass allgemeiner Verwaltungsvorschriften nach § 55 BNatSchG a. F. waren „Klassiker" des unmittelbar geltenden Bundesrechts i. S. v. Art. 75 Abs. 2 GG a. F.[576]

Die Absätze 1 bis 3 von § 21a BNatSchG a. F. enthielten Begriffsdefinitionen zum Artenschutz. Definitionen sind naturgemäß in Einzelheiten gehende Regelungen. Ohne derartige Festlegungen und Ausgestaltungen von Begriffsdefinitionen konnte die Rahmengesetzgebung nicht sinnvoll funktionieren.[577] Der Bund hatte diesbezüglich ausnahmsweise die Vollkompetenz nach Art. 75 Abs. 2 GG a. F. Die Absätze 2 bis 3 dienten zugleich der Umsetzung der FFH-RL, die Absätze 4 bis 6 der Umsetzung der europäischen Richtlinie über Umwelthaftung

---

573 Vgl. *Lorz/Müller/Stöckel*, Naturschutzrecht mit Artenschutz, 2003, § 11, Rn. 1.

574 BT-Drs. 14/6378, S. 31; *Gassner* in: Gassner/Bendomir-Kahlo/Schmidt-Räntsch, BNatSchG, 2003, § 11, Rn. 11.

575 s. auch *Marzik/Wilrich*, BNatSchG, 2004, § 11, Rn. 7.

576 Ebd.; *Gassner* in: Gassner/Bendomir-Kahlo/Schmidt-Räntsch, BNatSchG, 2003, § 11, Rn. 11.

577 *Peine*, NuR 2001, 421 (426).

zur Vermeidung und Sanierung von Umweltschäden[578] sowie der Umsetzung des Seerechtsübereinkommens der UN vom 10.12.1982[579] und konnten daher ausnahmsweise vom Bund als Vollkompetenz i. S. v. Art. 75 Abs. 2 GG a. F. erlassen werden. Die Bundesgesetzgebungskompetenz konnte im Fall der Umsetzung des Seerechtsübereinkommens auch auf Art. 73 Abs. 1 Nr. 1 GG („die auswärtigen Angelegenheiten") gestützt werden.[580]

Vorschriften des BNatSchG a. F., die das Verhältnis zu bundesrechtlichen Normen regelten, konnten auf die rahmengesetzliche Ausnahmeregelung des Art. 75 Abs. 2 GG a. F. gestützt werden, da es sich hierbei um bundeseinheitliche Regelungsgegenstände handelt. § 35 Satz 1 Nr. 1 und Satz 2 sowie § 37 Abs. 1 BNatSchG a. F. regelten das Verhältnis zum bundesrechtlichen Bauplanungsrecht. § 39 Abs. 2 BNatSchG a. F. regelte das Verhältnis zu weiteren Bundesgesetzen wie etwa dem Tierschutz-, Bundeswald-, Bundesjagd-, oder Bundesgentechnikgesetz. § 21 BNatSchG a. F. regelte das Verhältnis der naturschutzrechtlichen Eingriffsregelung zum bundesrechtlichen Baurecht. Abs. 1 dieser Norm enthielt in Verbindung mit den Vorschriften des BauGB eine unmittelbar geltende bundesrechtliche Eingriffsregelung für die Bauleitplanung.[581] Die Bundeskompetenz hierfür konnte nicht nur auf den Ausnahmetatbestand des Art. 75 Abs. 2 GG a. F. gestützt werden,[582] sondern wohl auch auf den Kompetenztitel des Bodenrechts als Titel der konkurrierenden Gesetzgebungskompetenz gemäß Art. 74 Abs. 1 Nr. 18 GG a. F.[583]

Die §§ 69 und 70 BNatSchG a. F. waren Übergangsbestimmungen und beruhten auf Art. 75 Abs. 1 Satz 1 Nr. 3 i. V. m. Art. 75 Abs. 2 GG a. F.[584]

c) *Unmittelbar geltende und in Einzelheiten gehende Regelungen außerhalb der Aufzählung des § 11 BNatSchG a. F.*

Die Aufzählung des § 11 BNatSchG a. F. war nicht abschließend.[585] Auch die Grundsätze aus § 2 Abs. 1 BNatSchG a. F. galten unmittelbar: Bis zur Reformierung des BNatSchG im Jahr 2002 waren sie noch in der Auflistung des § 11 BNatSchG (vormals § 4 BNatSchG 1998) enthalten, wurden dann aber herausgenommen, ohne wesentlich verändert geworden zu sein. Die Grundsätze blie-

---

578 RL des Europäischen Parlaments und des Rates vom 21.4.2004 (2004/35/EG).
579 BGBl. 1994 II S. 1799.
580 So *Erbs/Kohlhaas*, N 16 Vorb., Rn. 37.
581 *Marzik/Wilrich*, BNatSchG, 2004, § 11, Rn. 5.
582 So *Gassner* in: Gassner/Bendomir-Kahlo/Schmidt-Räntsch, BNatSchG, 2003, § 11, Rn. 10.
583 BR-Drs. 411/01, S. 53; bzw. BT-Drs. 14/6378, S. 31.
584 *Lorz/Müller/Stöckel*, Naturschutzrecht mit Artenschutz, 2003, § 69, Rn. 3 u. § 70, Rn. 1.
585 So auch *Peine*, NuR 2001, 421 (426); *Teßmer*, NuR 2002, 714 (715).

ben inhaltlich nach wie vor derart speziell, dass die Länder faktisch weiterhin an diese bundesrechtlichen Vorgaben vollumfänglich gebunden waren; eine weitere Spezifizierung der Begriffe und Definitionen war praktisch nicht möglich.[586] Die Tatsache, dass die Grundsätze des Naturschutzes i. S. v. § 2 Abs. 1 BNatSchG a. F., trotz fehlender Aufzählung in § 11 BNatSchG unmittelbar galten, ergibt sich auch aus § 2 Abs. 3 BNatSchG a. F. Hiernach konnten die Länder die Grundsätze ergänzen und weitere Grundsätze aufstellen. Ein Ergänzen oder das weitere Aufstellen von Grundsätzen ist logisch nur dann möglich, wenn die vom Bundesgesetzgeber vorgegebenen Grundsätze unberührt bestehen bleiben.[587] Es handelt sich also bei den Grundsätzen aus § 2 Abs. 1 BNatSchG a. F. um in Einzelheiten gehende und unmittelbar geltende Regelungen i. S. v. Art. 75 Abs. 2 GG a. F.

d) Schlussfolgerungen aus der Reichweite des BNatSchG a. F.

Unter der Prämisse, dass die Abweichungsgesetzgebung im Wesentlichen die Fortsetzung der Rahmengesetzgebung in anderem Gewand ist, müssten die in § 11 BNatSchG a. F. aufgezählten Vorschriften sowie die Grundsätze aus § 2 Abs. 1 BNatSchG a. F. auch heute für die Länder unantastbar sein. Die Gesetzgebungskompetenz des Bundes ergab sich in einer Vielzahl der Fälle aus der ausschließlichen Gesetzgebungskompetenz des Bundes bzw. der konkurrierenden Gesetzgebung. Die anderen unmittelbar geltenden Bundesvorschriften beruhten auf Art. 75 Abs. 1 Satz 1 Nr. 3 und Abs. 2 GG a. F. Bei den unmittelbar geltenden oder in Einzelheiten gehenden Regelungen des BNatSchG 2002 i. S. v. § 11 BNatSchG a. F. handelte es sich um Aussagen, die den Bund als Adressaten hatten; die die Zusammenarbeit von Bund und Ländern regelten (also auch den Bund betrafen); die das Verhältnis zu bundesrechtlichen Normen regelten (wie z. B.: § 10 Abs. 6, § 21 oder § 57 Abs. 1 BNatSchG 2002); die Ermächtigungen regelten; die den Erlass von Verwaltungsvorschriften erlaubten und die Buß- und Strafvorschriften enthielten.[588] Dazukommen Aussagen, die der Umsetzung von europäischen oder völkerrechtlichen Vorgaben dienen, wie etwa die Regelung zum Schutz von Meeresflächen aus § 38 BNatSchG a. F. oder auch Teile der artenschutzrechtlichen Regelungen der §§ 42 bis 55 BNatSchG a. F.

Aus den in § 11 BNatSchG a. F. aufgelisteten Vorschriften eine greifbare Definition für die „allgemeinen Grundsätze des Naturschutzes“ herzuleiten, ist zwar nicht möglich, aber sie geben eine Orientierungshilfe bei der Auslegung im Einzelfall.

---

586 Ebd.

587 Vgl. *Peine*, NuR 2001, 421 (426).

588 So zusammenfassend: ebd.

IV. Maßstabskomponente zur Kategorisierung der allgemeinen Grundsätze

Aufgrund der Erkenntnis, dass die Abweichungsgesetzgebung im Wesentlichen die Fortsetzung der Rahmengesetzgebung in anderem Gewand ist lassen sich unter Berücksichtigung der Gesetzesbegründung sowie Sinn und Zweck der Abweichungsgesetzgebung Maßstabskomponente zur Kategorisierung „allgemeiner Grundsätze des Naturschutzes“ festlegen.

So kann man der Gesetzesbegründung des verfassungsändernden Gesetzgebers entnehmen, dass Materien dann „allgemeine Grundsätze des Naturschutzes“ darstellen sollen, wenn sie für den Schutz der Natur zwingend bundesweit einheitlich geregelt werden müssen. Entsprechend dem Sinn und Zweck der Abweichungskompetenz muss darüber hinaus eine bundeseinheitliche Regelung für einen wirksamen Naturschutz sachlich erforderlich sein. Die Bedeutung der „sachlichen Erforderlichkeit“ muss sich dabei an dem Begriff der Erforderlichkeit aus Art. 72 Abs. 2 GG sowie dem Begriff der Rahmenvorschriften orientieren. Die „zwingende Bundeseinheitlichkeit“ ist wie damals bei Art. 75 Abs. 2 GG a. F. zu behandeln.

Es muss sich des Weiteren um Leitregeln abstrakt-genereller Art handeln, die für alle bzw. mehrere Teilbereiche des Naturschutzes übergreifend Geltung entfalten können und unabhängig von spezifischen örtlichen Besonderheiten der einzelnen Länder gelten sollen. Allgemeine Grundsätze dürfen also nicht Teilfragen von Gebieten wie z. B. den Alpenraum in Bayern oder die Küste Niedersachsens verbindlich regeln wollen.

Zusammengefasst handelt es sich um einen „allgemeinen Grundsatz des Naturschutzes“ i. S. d. Verfassung, wenn

1.) die Herstellung gleichwertiger Lebensverhältnisse im Bundesgebiet oder die Wahrung der Rechts- oder Wirtschaftseinheit im gesamtstaatlichen Interesse eine bundeseinheitliche Regelung erforderlich macht;
2.) darüber hinaus, zum Zwecke eines wirksamen Naturschutzes, die sachlich zwingende Erforderlichkeit für eine bundeseinheitliche Regelung besteht; und
3.) es sich bei der gegenständlichen Regelung um eine Leitregel abstrakt-genereller Art handelt, die unabhängig von spezifischen örtlichen Länderbesonderheiten gilt.

Kapitel 4: Das BNatSchG 2010

Der Bundesgesetzgeber hat rund drei Jahre nach Aufnahme des Begriffs „allgemeine Grundsätze des Naturschutzes“ in das GG per einfachgesetzlicher Gesetzesdefinition solche inhaltlich bestimmt. Zur Kenntlichmachung enthalten die entsprechenden Vorschriften jeweils den Klammerzusatz „allgemeiner Grundsatz“.

A. „Allgemeine Grundsätze“ gemäß BNatSchG 2010

Als nicht dem Abweichungsrecht der Länder unterliegende „allgemeine Grundsätze“ definiert das BNatSchG 2010 folgende Regelungen:

§ 1Abs. 1 BNatSchG –	die Ziele des Naturschutzes und der Landschaftspflege;
§ 6 Abs. 1 BNatSchG –	das Instrument der Beobachtung von Natur und Landschaft;
§ 8 BNatSchG –	das Instrument der Landschaftsplanung;
§ 13 BNatSchG –	die Stufenfolge der Eingriffsregelung (Vermeidung, Ausgleich oder Ersatz, Ersatzzahlung);
§ 20 Abs. 1 BNatSchG –	das Instrument des Biotopverbunds mit Flächenvorgabe;
§ 20 Abs. 2 BNatSchG –	die Schutzgebietskategorien (Naturschutzgebiete, Nationalparke, Nationale Nuturmonumente, Landschaftsschutzgebiete);
§ 30 Abs. 1 BNatSchG –	das Schutzinstrument der geschützten Biotope und
§ 59 Abs. 1 BNatSchG –	die Gewährleistung des Betretungsrechts in der freien Landschaft.

B. Bundeskompetenz zur inhaltlichen Bestimmung der allg. Grundsätze?

Die grundsätzliche Gesetzgebungskompetenz des Bundes zum Erlass eines BNatSchG ergibt sich aus Art. 72 Abs. 1 i. V. m. Art. 74 Abs. 1 Nr. 29 GG.

Es drängt sich jedoch die Frage auf, ob der Bund überhaupt die Kompetenz zur inhaltlichen Ausgestaltung des Verfassungsbegriffs „allgemeine Grundsätze des Naturschutzes“ hat. Bedenken bestehen, da diese einseitigen Festsetzungen durch den Bund die Länder in ihrer Gesetzgebungskompetenz einschränken könnten. Theoretisch könnte der Bundesgesetzgeber sämtliche Regelungen als „allgemeinen Grundsatz“ definieren, den Abweichungsspielraum der Landesgesetzgeber gänzlich einengen und damit das System der Abweichungskompetenz aushöhlen oder sogar völlig ad absurdum führen. In der Literatur ist es daher umstritten, ob die „Festsetzungen“ der allgemeinen Grundsätze im BNatSchG konstitutiven oder lediglich deklaratorischen Charakter haben.

I. Konkretisierungen im BNatSchG sind konstitutiver Natur

Nach einer Auffassung hat der Bund bei der Wahrnehmung seiner konkurrierenden Gesetzgebungskompetenz das Recht, die allgemeinen Grundsätze des Naturschutzes konstitutiv zu konkretisieren und festzusetzen, und hat dabei ein nur „beschränkt überprüfbares Einschätzungs- und Gestaltungsermessen“,[589] also einen Ermessensspielraum ähnlich der allgemein anerkannten Einschätzungsprärogative bezüglich der Voraussetzung der „Erforderlichkeit“ bei der konkurrierenden Gesetzgebung des Art. 72 Abs. 2 GG.[590] Der Bund sei „Herr des unkonditionierten Gesetzesrechts“ und habe eine Leit- und Steuerungsfunktion.[591] Daher sei der Bundesgesetzgeber befugt, die allgemeinen Grundsätze nach seinen eigenen Vorstellungen eines in Deutschland sinnvollen Naturschutzes zu konkretisieren.[592] Das Ausmaß des Schutzes, die Maximen und die Zielrichtung staatlichen Handelns, die Notwendigkeit, die Formen und die Organisation der Durchsetzung naturschutzrechtlicher Maßnahmen festzulegen, so *Meyer*[593], sei Aufgabe des Bundes. Hiernach wäre die Gesetzesdefinition im BNatSchG für das Verständnis der allgemeinen Grundsätze zunächst bindend.

589 *Franzius*, NVwZ 2008, 492 (495); ferner: *Meyer*, Die Föderalismusreform 2006, S. 172, 175; *Kloepfer*, ZG 2006, 250 (262); *Schulze-Fielitz*, NVwZ 2007, 249 (256).

590 Vgl. *Oeter* in: v. Mangoldt/ Starck/Klein, GG, 2010, Art. 72, Rn. 117; *Degenhart* in: Sachs, GG, Art. 72, Rn. 20; *Uhle* in: Kluth, Föderalismusreformgesetz, Art. 72, Rn. 41.

591 *Meyer*, Die Föderalismusreform 2006, S. 175.

592 Ebd.

593 Ebd.

II. Konkretisierungen im BNatSchG sind rein deklaratorisch

Nach der Gegenauffassung ist die im BNatSchG vorgenommene Konkretisierung rein deklaratorischen Charakters.[594] Der Begriff „allgemeine Grundsätze“ habe eine verfassungsrechtlich eigenständige und damit vom Bundesgesetzgeber losgelöste Bedeutung.[595] Die allgemeinen Grundsätze müssen allein anhand der verfassungsrechtlichen Begriffsdefinition bestimmt werden.[596]

Für den rein deklaratorischen Charakter der Begriffsbestimmung durch den Bund spricht, dass die Abweichungskompetenz und die Schranke der allgemeinen Grundsätze eine Kompromisslösung im Tauziehen um die Kompetenzen zwischen Bund und Ländern sind. Es soll dadurch eine gewisse Waffengleichheit hergestellt werden. Wie oben festgestellt, haben sowohl der Bund als auch die Länder in dem Bereich des Naturschutzes und der Landschaftspflege jeweils eine Vollkompetenz. Wenn der Bund im Vorfeld die „Spielregeln“ dieses Kompetenzgerangels festlegen könnte, bestände die Gefahr einer Benachteiligung für die Länder. Der Bund könnte damit allein die Reichweite seiner eigenen Gesetzgebungskompetenz erweitern.[597]

III. Konkretisierungen im BNatSchG sind eingeschränkt konstitutiv

Eine vermittelnde Auffassung besagt, dass die Festsetzung des Begriffs „allgemeine Grundsätze“ einen eingeschränkt konstitutiven Charakter habe.[598] Die Vorgaben des Bundesgesetzgebers können zwar strikt genommen nicht konstitutiv gelten, da dies systemwidrig sei, seien aber als Auslegungshilfe zu verstehen. Begründet wird dies u. a. von *Appel*, *Meßerschmidt* und *Schrader*, wie

594 *Sannwald* in: Schmidt-Bleibtreu/Hofmann/Hopfauf, GG, 2011, Art. 72, Rn. 80m; *Guckelberger* in: Frenz/Müggenborg, BNatSchG, 2011, § 14, Rn. 4; *Lau* in: Frenz/Müggenborg, BNatSchG, 2011, § 20, Rn. 2; *Fischer-Hüftle* in: Schumacher/Fischer-Hüftle, BNatSchG, vor § 1, Rn. 18; *Appel*, NuR 2010, 171 (173); *Koch/Krohn*, Das Naturschutzrecht im Umweltgesetzbuch, 2008, S. 13; *Glaser*, JuS 2010, 209 (210); *Meßerschmidt*, UPR 2008, 361 (365); *Louis*, NuR 2010, 77 (77 f.); *Franzius*, ZUR 2010, 346 (349); *Gellermann*, NVwZ 2010, 73 (74); Ramsauer während des 13. Leipziger Umweltrechts-Symposium 2008, in *Bischoff*, DVBl. 2008, 1039 (1040).

595 *Meßerschmidt*, UPR 2008, 361 (365); *Appel*, NuR 2010, 171 (173).

596 Ebd.; *Louis*, NuR 2010, 77 (77 f.).

597 So auch: *Appel*, NuR 2010, 171 (173).

598 Ebd. (174); *Meßerschmidt*, UPR 2008, 361 (366); *Schrader* kommt zum gleichen Ergebnis im Zusammenhang mit dem Begriff „Grundsatz“ im BNatSchG a. F. in: *Schrader*, NuR 2003, 80 (82).

auch schon bei der Meinung, die den konstitutiven Charakter des Bundesgesetzes bejaht, mit der Leitbild- und Steuerungsfunktion des Bundes. Wegen der durch die Föderalismusreform verfolgten Harmonisierung des Umweltrechts solle auch im Bereich der Abweichungsgesetzgebung die Leitbildfunktion des Bundes zu einem gewissen Teil beachtet werden, ohne jedoch den Begriff der allgemeinen Grundsätze vollständig festzusetzen. *Fischer-Hüftle* meint in diesem Zusammenhang, dass man bei verfassungsrechtlicher Betrachtung der allgemeinen Grundsätze nicht umhin könne, die Vorstellungen des Bundesgesetzgebers mit entsprechendem Gewicht zu würdigen.[599]

IV. Stellungnahme

Um sich mit diesem Meinungsstreit auseinandersetzen zu können, sollen folgende Überlegungen herangezogen werden: Art. 72 Abs. 3 GG besagt, dass die Länder in bestimmten Bereichen grundsätzlich vollumfänglich vom Bundesrecht abweichen können. Im konkreten Fall des Naturschutzes und der Landschaftspflege sind gemäß Art. 72 Abs. 3 Satz 1 Nr. 2 GG u. a. die allgemeinen Grundsätze des Naturschutzes von dieser Abweichungsbefugnis der Länder ausgeklammert. Die Abweichungsgesetzgebung geht davon aus, dass zunächst der Bund Regelungen erlässt, von denen die Länder in einem zweiten Schritt abweichen können. Das heißt, dass bei Nichtvorliegen konkreter bundesgesetzlicher Aussagen zu den allgemeinen Grundsätzen des Naturschutzes die Länder bei ihrer Gesetzgebung auch nicht den Beschränkungen von Art. 72 Abs. 3 Satz 1 Nr. 2 GG unterliegen. Diese Überlegung führt zu dem Schluss, dass ausformulierte „allgemeine Grundsätze" zunächst überhaupt bestehen müssen, damit die Abweichungsgesetzgebungskompetenz überhaupt zum Zuge kommen kann. Daher können meines Erachtens die vom Bundesgesetzgeber genannten allgemeinen Grundsätze nicht allein deklaratorischer Natur sein, wie von einem Teil der Literatur[600] angenommen. Denn ohne bestehende „allgemeine Grundsätze" kann nicht von ihnen abgewichen werden. Hätte der Bundesgesetzgeber nicht die Kompetenz, konstitutiv allgemeine Grundsätze aufzustellen, so stellt sich zwingend die Frage, woran die

599 *Fischer-Hüftle* in: Schumacher/Fischer-Hüftle, BNatSchG, vor § 1, Rn. 18.

600 *Sannwald* in: Schmidt-Bleibtreu/Hofmann/Hopfauf, GG, 2011, Art. 72, Rn. 80m; *Guckelberger* in: Frenz/Müggenborg, BNatSchG, 2011, § 14, Rn. 4; *Lau* in: Frenz/Müggenborg, BNatSchG, 2011, § 20, Rn. 2; *Fischer-Hüftle* in: Schumacher/Fischer-Hüftle, BNatSchG, vor § 1, Rn. 18; *Appel*, NuR 2010, 171 (173); *Koch/Krohn*, Das Naturschutzrecht im Umweltgesetzbuch, 2008, S. 13; *Glaser*, JuS 2010, 209 (210); *Meßerschmidt*, UPR 2008, 361 (365); *Louis*, NuR 2010, 77 (77 f.); *Franzius*, ZUR 2010, 346 (349); *Gellermann*, NVwZ 2010, 73 (74); *Ramsauer* während des 13. Leipziger Umweltrechts-Symposium in *Bischoff*, DVBl. 2008, 1039 (1040).

Landesgesetzgeber dann „allgemeine Grundsätze“ erkennen sollen. Es ist dabei auszuschließen, dass jede Regelung, die potentiell einen „allgemeinen Grundsatz“ betreffen könnte, dem BVerfG vorgelegt werden muss. Dies wäre nicht nur praktisch unmöglich, sondern auch ein Verstoß gegen das Prinzip der Gewaltenteilung aus Art. 20 Abs. 2 Satz 2 GG. Die Vertreter der „deklaratorischen Auffassung“ befürworten eine ausschließlich anhand der Verfassung vorzunehmende Ermittlung bezüglich der Frage, welche Materien den abweichungsfesten Kernkompetenzen zu zuschreiben sind.[601] Es wird aber offengelassen, wer diese Ermittlung vornehmen soll. Wenn es aber der Bund nicht sein kann, so müssen hiernach wohl die Länder diese Ermittlung vornehmen, wenn sie prüfen, ob eine landesrechtliche Abweichung möglich ist. Aber dieser Lösungsansatz liefe darauf hinaus, dass die Länder die Reichweite der „allgemeinen Grundsätze des Naturschutzes“ gemäß der Verfassung (konstitutiv) festlegen könnten. Dies ist schon deshalb abzulehnen, weil die „allgemeinen Grundsätze“ bestimmte Sachverhalte bundeseinheitlich regeln und gerade nicht von Land zu Land unterschiedlich sein sollen. Die Vertreter der „deklaratorischen Auffassung“ beachten nicht, dass „allgemeine Grundsätze“ zunächst konstitutiv vorliegen müssen, damit ein Abweichen überhaupt möglich sein kann. Aus praktischen Gesichtspunkten muss der Bundesgesetzgeber diese Festlegung der „allgemeinen Grundsätze“ i. S. d. Verfassung vornehmen können. Denn Bundesgesetze gehen im Rang der Verfassung nach, aber den formalen Landesgesetzen vor.[602] Ob Regelungen letztlich tatsächlich allgemeine Grundsätze sind, hat im Streitfall das BVerfG zu prüfen. Diese Frage folgt aber auf einer anderen, späteren logischen Ebene.

Der Meinung, dass die Ausformulierung allgemeiner Grundsätze des Naturschutzes allein deklaratorischer Natur sei, ist zwar zugutezuhalten, dass eine Ausfüllung der verfassungsrechtlichen Kompetenzvorgaben durch den Bund in der Tat systemfremd erscheint, da er dadurch einseitig die Landesgesetzgebungskompetenz einengen kann. Überspitzt wäre es theoretisch denkbar, dass der Bund jede Bundesregelung als allgemeinen Grundsatz definiert und den Ländern dadurch keinen Abweichungsspielraum ließe. Praktisch ist die Gefahr eines Missbrauchs durch den Bund aber äußerst gering. Denn wie auch bei der Frage der „Erforderlichkeit“ i. S. v. Art. 72 Abs. 2 GG, muss der Bundesgesetzgeber bei der Festlegung von allgemeinen Grundsätzen des Naturschutzes die Gesamtheit der zu schützenden Interessen berücksichtigen und darf dabei das „Ausmaß der Objektivierbarkeit und Rationalisierbarkeit der dem Gesetz zugrunde liegenden Erwartungen nicht außer Acht lassen“.[603] Der Bundesgesetzgeber hat dazu von

601 So auch: *Glaser*, JuS 2010, 209 (210); *Meßerschmidt*, UPR 2008, 361 (365).

602 s. Art. 31 GG.

603 BVerfGE 106, 62 (152) m. w. N.

Fachleuten sorgfältig ermittelte Sachverhaltsannahmen heranzuziehen.[604] Die Auffassung, dass die Definitionen von allgemeinen Grundsätzen im BNatSchG rein deklaratorisch seien, ist abzulehnen.

Die Vertreter der vermittelnden Auffassung haben dieses Problem erkannt und sprechen dem Bund zumindest eine Leitbild- und Steuerungsfunktion zu. Das Ergebnis, die Definitionen des Bundes können (nur) als Auslegungshilfe herangezogen werden, überzeugt in der Konsequenz nicht. Würde man die allgemeinen Grundsätze gemäß der Festlegung durch den Bund bloß zur Auslegung heranziehen können, so würden sie auch keine „allgemeinen Grundsätze" i. S. d. Verfassung darstellen können, sondern letztlich auch nur deklaratorischer Natur sein.

Vielmehr muss der Bund eine Art Einschätzungsprärogative innehaben, wie es auch bei der Rahmengesetzgebung bezüglich der Voraussetzung der „Erforderlichkeit" gemäß Art. 72 Abs. 2 GG der Fall war.[605] Dies deckt sich insoweit auch mit der Gesetzesbegründung zur Föderalismusreform. Danach soll die Abweichungsfestigkeit der allgemeinen Grundsätze dem Bund die Möglichkeit geben, „in allgemeiner Form bundesweit verbindliche Grundsätze für den Schutz der Natur, insbesondere die Erhaltung der biologischen Vielfalt und die Sicherung der Funktionsfähigkeit des Naturhaushalts, *festzulegen*".[606] Das Wort „festlegen" spricht dafür, dass der Bund die Kompetenz haben soll, verbindliche Grundsätze konstitutiv zu bestimmen.

Im Grunde ist damit den Vertretern der ersten (konstitutiven) Auffassung zu folgen. Jedoch kann dies nur unter dem Vorbehalt geschehen, dass das Einschätzungs- und Gestaltungsermessen des Bundes nicht bloß *beschränkt* überprüfbar sein kann, sondern *vollumfänglich*. Ansonsten könnte der Bund durch einfaches Bundesgesetz, welches mit einer einfachen Mehrheit der abgegebenen Stimmen beschlossen wurde (Art. 77 Abs. 1 i. V. m. Art. 42 Abs. 2 GG), eine Verfassungsregelung, welche einer Zwei-Drittel-Mehrheit bedarf (Art. 79 Abs. 2 GG), zu Lasten der Länder einschränken. Dies wäre eine klare Umgehung der demokratischen verfassungsmäßigen Mehrheitserfordernisse. Es kann nicht sein, dass bei der Kompetenzverteilung der Bund einfachgesetzlich diese verfassungsrechtliche Verteilung sachfremd modifizieren kann. Bei Kompetenzstreitigkeiten zwischen Bund und Ländern kann letztlich einzig das BVerfG den Streit entsprechend den verfassungsrechtlichen Vorgaben schlichten. Dementsprechend hat das BVerfG im Altenpflege-Fall festgestellt, dass es einen von verfassungsgerichtlicher Kon-

---

604 Ebd.; *Burghart*, Die Pflicht zum guten Gesetz, 1996, S. 124 ff.

605 Vgl. *Oeter* in: v. Mangoldt/ Starck/Klein, GG, 2010, Art. 72, Rn. 117; *Degenhart* in: Sachs, GG, Art. 72, Rn. 20; *Uhle* in: Kluth, Föderalismusreformgesetz, Art. 72, Rn. 41.

606 BT-Drs. 16/813, S. 11 mit Verweis auf die Koalitionsvereinbarung vom 18.11.2005, Anlage 2, Rn. 42.

trolle freien gesetzgeberischen Beurteilungsspielraum hinsichtlich der Voraussetzungen des damaligen Art. 72 Abs. 2 GG nicht gäbe.[607]

Die Beantwortung der Frage, was unter „allgemeinen Grundsätzen" zu verstehen ist, kann nicht im luftleeren Raum stehen und „irgendjemanden" überlassen werden, sondern muss meines Erachtens konstitutiv festgelegt werden. Ansonsten bestünde die Gefahr einer weiteren Rechtszersplitterung durch unterschiedliche Auslegung durch die abweichenden Landesgesetzgeber. Dem scheint sich auch der niedersächsische Gesetzgeber anzuschließen, in dem er in der Gesetzesbegründung ausführt, dass abweichende Regelungen getroffen werden können, soweit sie „*bundesrechtlich* zulässig und rechtspolitisch geboten" sind.[608] Würde er die Klassifizierungen des BNatSchG als bloß deklaratorisch verstehen, so hätte er nicht von „bundesrechtlicher", sondern verfassungsrechtlicher Zulässigkeit gesprochen.

Um die Abweichungsgesetzgebung im Bereich des Naturschutzes und das dazugehörige Konzept der abweichungsfesten Kerne nicht vollständig ad absurdem zu führen, müssen „allgemeine Grundsätze" i. S. v. Art. 72 Abs. 3 Satz 1 Nr. 2 GG zunächst (konstitutiv) vorliegen, damit die Länder überhaupt von diesen abweichen können.

Zusammenfassend ist der Auffassung zu folgen, die besagt, dass die als „allgemeine Grundsätze" bezeichneten Regelungen des BNatSchG konstitutiven Charakters sind. Jedoch müssen diese Festlegungen meines Erachtens einer gerichtlichen Prüfung unbeschränkt zugänglich sein.

C. Einstufung der allgemeinen Grundsätze im BNatSchG zutreffend?

Die für die Landesgesetzgeber entscheidende Frage ist, ob die konkreten Einstufungen der allgemeinen Grundsätze durch den Bundesgesetzgeber den verfassungsrechtlichen Vorstellungen aus Art. 72 Abs. 3 Satz 1 Nr. 2 GG genügen und insbesondere, inwieweit ein Abweichungsrecht besteht. Der Bundesgesetzgeber könnte die allgemeinen Grundsätze des Naturschutzes aus Sicht der Länder zu eng oder aber auch zu weit ausgestaltet haben. „Zu eng" in diesem Zusammenhang bedeutet, dass Bereiche als „allgemeine Grundsätze" ausgewiesen wurden, obwohl sie tatsächlich – nach verfassungskonformer Auslegung – nicht als solche zu behandeln wären. „Zu weit" bedeutet dementsprechend das Gegenteil und

607 BVerfGE 106, 62 (135).
608 Nds. LT-Drs. 16/1902, S. 42.

wäre für die Länder unproblematisch, da sie einen großen Abweichungsspielraum hätten.

I. Gefahren einer zu engen bzw. zu weiten Ausgestaltung der allg. Grundsätze

Durch die Kennzeichnung verschiedener Regelungen des BNatSchG als „allgemeine Grundsätze" schreibt der Bundesgesetzgeber vor, welchen Abweichungsspielraum die Länder haben sollen, mit der Folge einer möglichen, nicht durch den verfassungsändernden Gesetzgeber gewollten Beschneidung des Abweichungsrechts der Länder.

Andererseits bestünde bei einer Beschränkung auf zu wenige Grundsätze die Gefahr, dass insbesondere geologisch und politisch notwendig grenzüberschreitende Maßnahmen nicht geschützt und durchgeführt werden können und dadurch ein zweckmäßiger Naturschutz bundesweit nicht angemessen garantiert werden kann. Dies könnte neben naturschutzbezogenen Folgen auch wirtschaftliche Auswirkungen haben, wenn den Ländern eine zu großzügige „Anwerbung" der Industrie durch zu milde naturschutzrechtliche Beschränkungen zur Verfügung stünde.

II. Heranziehung von sachgerechten Kriterien

Bei der Untersuchung der Grundsatznormen des BNatSchG entsteht die Schwierigkeit, sachgerechte und eindeutige Kriterien der Prüfung zugrunde zu legen. Daher kann eine Art Rasterprüfung vorgenommen werden, bei der die verschiedenen bisher untersuchten Kriterien für eine inhaltliche Grundsatzbestimmung herangezogen werden sollen.[609] Dies sind insbesondere europäische und völkerrechtliche Vorgaben, Vorstellungen des verfassungsändernden Gesetzgebers ausweislich der Gesetzesbegründung und der Protokolle zur Föderalismusreform, ferner die Reichweite des rahmengesetzlichen BNatSchG in der Fassung von 2002 und auch Sinn und Zweck des Naturschutzes im Allgemeinen sowie unter Berücksichtigung des föderalen Systems im Speziellen.

Dabei ist es klar, dass die bisherigen Grundsatzbestimmungen gemäß dem BNatSchG in der Fassung von 2002 keine verbindlichen Maßstäbe sein können, da der verfassungsändernde Gesetzgeber sonst auf diese in der Gesetzesbegründung oder im GG Bezug genommen hätte. Dies ist nicht erfolgt, der verfassungs-

609 Maßstabskomponente zusammengefasst nach Fn. 589.

ändernde Gesetzgeber hat die Festsetzung der Rechtspraxis überlassen. Ob nun der Bundesgesetzgeber oder die Landesgesetzgeber die Grenzziehungskompetenz hat, ist nicht im GG bestimmt.

Nach allem besteht ein Bedarf, die Auswahl der „allgemeinen Grundsätze" durch den Bundesgesetzgeber auf ihre Berechtigung und den anerkannten Bedarf des Naturschutzes zu untersuchen. Dies kann auch geeignet sein, um den Ländern bei der Gestaltung ihrer Naturschutzgesetze insoweit Anhaltspunkte zu liefern, als die Landesgesetzgebung einer erhöhten Sicherheit bedarf, inwieweit ihre Gesetzgebung ohne Kollision mit der Verfassung abweichen darf.

III. Prüfung der Bestimmungen des BNatSchG 2010 im Einzelnen

Der Bundesgesetzgeber hat in den §§ 1 Abs. 1, 6 Abs. 1, 8, 13, 20, 30 Abs. 1 und 59 Abs. 1 BNatSchG ausgewählte Materien als „allgemeine Grundsätze" definiert. Ob diese Definitionen für die Landesgesetzgeber bindend sind, ist – wie zuvor dargestellt – umstritten. Daher sind nachfolgend nicht nur die im BNatSchG definierten „allgemeinen Grundsätze" zu prüfen. Auch Materien, die der Bundesgesetzgeber nicht als abweichungsfest eingestuft hat, könnten darüber hinaus als „allgemeine Grundsätze des Naturschutzes" i. S. d. GG zu charakterisieren sein. Bei der Prüfung der Frage, ob es sich bei Materien um „allgemeine Grundsätze des Naturschutzes" i. S. d. Verfassung handelt, werden die oben erarbeiteten Maßstabskomponenten zugrunde gelegt.[610]

1. Ziele des Naturschutzes (§ 1 Abs. 1 BNatSchG)

Anhand der Definition des Bundes in § 1 Abs. 1 BNatSchG gehören die Ziele des Naturschutzes zu den „allgemeinen Grundsätzen" i. S. v. Art. 72 Abs. 3 Satz 1 Nr. 2 GG.

Die Ziele des Naturschutzes müssen einheitlich vorgegeben werden, um dem Wettbewerb zwischen den Ländern einen bundeseinheitlich geregelten Rahmen zu geben und dadurch eine unsachgemäße Standortkonkurrenz verhindern zu können.[611] Der Begriff „Standortkonkurrenz" spricht vordergründig dafür, dass es sich hierbei nicht um eine naturschutzrechtliche Begründung, sondern vielmehr eine wirtschaftliche handelt. Die Attraktivität als Wirtschaftsstandort hängt jedoch u. a. auch unmittelbar von den naturschutzrechtlichen Bedingungen ab. So

610 s. nach Fn. 589.
611 *Schulze-Fielitz*, NVwZ 2007, 249 (257).

kann z. B. eine Reduzierung von naturschutzrechtlichen Vorgaben und Auflagen zu einer Attraktivitätssteigerung für den Industrieanlagenbau führen.

Die Festlegung von bundeseinheitlichen Zielen ist die gemeinsame Regelungsgrundlage für den länderübergreifenden Naturschutz. Um zu gewährleisten, dass der Naturschutz in seinen bundesweiten Grundzügen und zentralen Punkten übereinstimmt, ist die Vorgabe von gemeinsamen Zielen unerlässlich.[612] Bereits in der Fassung des BNatSchG von 2002 enthielt § 2 BNatSchG a. F. einen Grundsatzkatalog, nach dessen Maßgabe die in § 1 BNatSchG a. F. vorgegebenen Ziele und Aufgaben des Naturschutzes – soweit im Einzelfall erforderlich – von den Ländern zu verwirklichen waren. Die damaligen Zielvorgaben und Aufgaben sind weitestgehend deckungsgleich mit den heutigen. Für die Beachtung dieser Ziele besteht ein besonders starkes Interesse an einer einheitlichen Regelung. Dafür spricht zum einen, dass auf diese Art ein sogenanntes *race to the bottom* verhindert werden kann. Gemeint ist damit, dass ohne die Vorgabe von Leitbildern und Aufgaben die Gefahr bestünde, dass die Länder den Naturschutz stetig weiter kürzen, um so ihre Attraktivität für die Wirtschaft im Vergleich zu anderen Ländern, in denen striktere Naturschutzgesetzen gelten, zu steigern. Zum anderen haben Wirtschaft und Bürger aus Gesichtspunkten der Rechtsicherheit ein hohes Interesse daran, dass sich die naturschutzrechtlichen Rahmenbedingungen von Land zu Land ähneln. Für einen effektiven bundeseinheitlichen Naturschutz und zur Wahrung der Wirtschaftseinheit ist die gemeinsame Zielvorgabe daher erforderlich.

Zu den Zielen des Naturschutzes gehört insbesondere die Erhaltung der biologischen Vielfalt (vgl. § 1 Abs. 1 Nr. 1 BNatSchG), die Sicherung der Funktionsfähigkeit des Naturhaushaltes (vgl. § 1 Abs. 1 Nr. 2 BNatSchG) und der Schutz der Vielfalt, Eigenart und Schönheit sowie des Erholungswerts von Natur und Landschaft (vgl. § 1 Abs. 1 Nr. 3 BNatSchG). Diese sind abweichungsfeste Grundsätze, denn die biologische Vielfalt und der Naturhaushalt machen nicht an Landesgrenzen halt und bedürfen einer flächendeckend einheitlichen Regelung. Der Bundesgesetzgeber hat insofern diese zentralen Grundelemente des Naturschutzes zu Recht als allgemeine Grundsätze bezeichnet.

2. Konkretisierung der Ziele (§ 1 Abs. 2 bis 6 BNatSchG)

Fraglich ist, ob die Absätze 2 bis 6 mit ihren Konkretisierungen zu den Zielen ebenfalls zu den allgemeinen Grundsätzen i. S. v. Art. 72 Abs. 3 Satz 1 GG gehören. Im alten BNatSchG von 2002 waren diese Konkretisierungen noch im Grundsatzkatalog des § 2 BNatSchG a. F. aufgeführt. Dort hieß es in Abs. 1

---

612 Noch zum alten BNatSchG: *Fischer-Hüftle*, NuR 2007, 78 (85).

Satz 1 einleitend, dass die Ziele des Naturschutzes „insbesondere nach Maßgabe folgender Grundsätze zu verwirklichen" seien. § 2 BNatSchG a. F. galt für die Länder unmittelbar (s. § 4 letzter Satz BNatSchG 1976). Es handelt sich nach dem damaligen Verständnis um Grundsätze, die für die Länder bindend waren. Dies spricht dafür, dass es sich bei den Absätzen 2 bis 6 auch heute noch um allgemeine Grundsätze i. S. v. Art. 72 Abs. 3 Satz 1 GG handelt. *Degenhart* deutet an, dass auch die Konkretisierungen von abweichungsfesten Grundsätzen als solche einzustufen seien. Im Rahmen der Diskussion um die Zulässigkeit einer Negativgesetzgebung argumentiert *Degenhart*, dass eine ersatzlose Streichung von derartigen Konkretisierungen durch einen Landesgesetzgeber unzulässig sei, da sie die Auslegung der allgemeinen Grundsätze betreffen.[613]

Dagegen spricht aber, dass dem Begriff „Grundsätze" i. S. d. BNatSchG a. F. eine andere Bedeutung zukam als den heutigen „allgemeinen Grundsätzen des Naturschutzes".[614] Damals sollten die „Grundsätze" die Ziele des Naturschutzes und der Landschaftspflege gemäß § 1 BNatSchG a. F. konkretisieren und dienten nicht dem Zweck einer Kompetenzzuweisung.[615] Für die Bestimmung der „allgemeinen Grundsätze" gemäß der Verfassung kann nicht auf den früheren Begriff zurückgegriffen werden.

a) Abs. 2–4 – Konkretisierung der Ziele

Inhaltlich sind die Absätze 2 bis 4, obwohl es sich um Konkretisierungen handelt, teilweise derart allgemein gehalten, dass die Länder nicht abweichen können, ohne nicht zugleich Art. 20a GG oder europarechtliche Vorgaben wie etwa die FFH-RL zu verletzen. Beispielsweise besagt § 1 Abs. 2 Nr. 1 BNatSchG, dass lebensfähige Populationen wild lebender Tiere und Pflanzen einschließlich ihrer Lebensstätten zu erhalten sind. Es fällt schwer, hierin eine Konkretisierung der Ziele des § 1 BNatSchG zu sehen. Vielmehr erscheint es eher als eine Wiederholung des Inhalts mit anderen Worten. § 1 Abs. 2 Nrn. 2 und 3 BNatSchG enthalten zwar Konkretisierungen, betreffen aber Elemente des Naturschutzes, die der Bundesgesetzgeber an späterer Stelle als allgemeine Grundsätze eingestuft hat. Beispiel ist der Biotopschutz, der nach § 30 Abs. 1 BNatSchG zu den allgemeinen Grundsätzen gehören soll: „Bestimmte Teile von Natur und Landschaft, die eine besondere Bedeutung als Biotope haben, werden gesetzlich geschützt

---

613 *Degenhart*, DÖV 2010, 422 (425).

614 BT-Drs. 16/12274, S. 50.

615 *Fischer-Hüftle* in: Schumacher/Fischer-Hüftle, BNatSchG, § vor 1, Rn. 15; *J. Schumacher/A. Schumacher* in: Schumacher/Fischer-Hüftle, BNatSchG, § 1, Rn. 1; *Lütkes* in: Lütkes/Ewer, BNatSchG, Einleitung, Rn. 32.

(allgemeiner Grundsatz).".[616] Nach dem Gesetzeswortlaut ist „Gefährdungen von natürlich vorkommenden Ökosystemen, Biotopen und Arten entgegenzuwirken". Auch hier bewegt sich die Konkretisierung auf einem derart abstrakten Niveau, dass die Bezeichnung „Grundsatz" eher zutrifft als „Konkretisierung". Jedoch enthalten die Absätze 2 bis 4 überwiegend detaillierte Konkretisierungen, die unproblematisch über das Verständnis eines allgemeinen Grundsatzes hinausgehen. So sind nach Abs. 3 Nr. 2 nicht mehr genutzte versiegelte Flächen zu renaturieren oder hat laut Abs. 3 Nr. 3 der Hochwasserschutz durch natürliche oder naturnahe Maßnahmen zu erfolgen.

Inhaltlich enthalten die Absätze 2 bis 4 aber keine Vorschriften, deren bundesweit einheitliche Regelung für einen effektiven Naturschutz sachlich erforderlich ist. Dazu sind meines Erachtens bereits die Ziele aus Absatz 1 ausreichend. Letztlich handelt es sich bei den Absätzen 2 bis 4 nicht um selbstständige Regelungen, sondern um Konkretisierungsbeispiele der entsprechenden Ziele aus Absatz 1. Dies ergibt sich aus der Bezugnahme auf die entsprechenden Ziele aus Absatz 1 und der Verwendung des Wortes „insbesondere". Es handelt sich hierbei also nicht um eigenständige Vorschriften, sodass sie aus diesem Grund nicht allgemeine Grundsätze des Naturschutzes regeln können. Vielmehr nehmen die Absätze 2 bis 4 lediglich Bezug auf eine eigenständige Vorschrift. Ergänzungen dieser Konkretisierungen durch Landesrecht sind damit insoweit zulässig, als sie die Zielvorgaben aus Absatz 1 nicht beeinträchtigen.

Folglich ist z. B. die Ergänzung der Zielkonkretisierungen von § 1 BNatSchG um den Schutz des Alpenraums entsprechend dem Art. 2 BayNatSchG verfassungsmäßig zulässig.

b) Abs. 5 u. 6 – Bedeutsame Querschnittsaspekte

Laut der Gesetzesbegründung enthalten die Absätze 5 und 6 Aspekte, die mehreren Handlungsgegenständen aus Absatz 1 zugleich zugeordnet werden können (Querschnittsaspekte), nämlich die Unzerschnittenheit von Landschaftsräumen und den Freiraumschutz.[617] Die Formulierung der Absätze 5 und 6 ist nicht gelungen. Beziehen sich noch die Absätze 4 bis 6 ausdrücklich auf die Ziele aus Absatz 1, so fehlt hier eine ausdrückliche Bezugnahme auf diese Ziele oder etwa auf die Konkretisierungen der Absätze 2 bis 4. Dass es sich bei den Absätzen 5 und 6 um Konkretisierungen der Ziele aus Absatz 1 handelt, wie es die Gesetzesbegründung andeutet, überzeugt mit Blick auf deren Formulierungen nicht. Es handelt sich hier vielmehr um eigenständige Regelungen. Der Hinweis in der Gesetzes-

616 Näheres dazu bei Fn. 702.

617 BT-Drs. 16/12274, S. 50.

begründung, die gegenständlichen Absätze könnten den Handlungsgegenständen aus Absatz 1 zugeordnet werden, trifft schließlich – aufgrund der Allgemeinheit der Ziele – auf einen Großteil der Normen des BNatSchG zu.

Es ist daher denkbar, dass es sich anders als bei den Konkretisierungsbeispielen der Absätze 2 bis 4 um (selbständige) „allgemeine Grundsätze des Naturschutzes" im verfassungsrechtlichen Sinne handelt.

aa) Abs. 5 – Bewahrung weitgehend unzerschnittener Landschaftsräume

In Absatz 5 wird das in dessen Satz 1 allgemein formulierte Ziel der Bewahrung weitgehend unzerschnittener Landschaftsräume in den Sätzen 2 und 3 für bestimmte Arten von Vorhaben konkretisiert. Fraglich ist, ob die Bewahrung weitgehend unzerschnittener Landschaftsräume entgegen der Meinung des einfachen Bundesgesetzgebers einen „allgemeinen Grundsatz" i. S. v. Art. 72 Abs. 3 Satz 1 Nr. 2 GG darstellt. Eine gewisse Bedeutung kommt der Bewahrung der Unzerschnittenheit bereits aus dem Grund zu, da eine Zerschneidung von Landschaftsräumen teilweise schwer rückgängig zu machen ist und daher ein Interesse besteht, diese von vornherein zu verhindern. Die Zerschneidung von Natur und Landschaft wird in der Literatur wegen der damit verbundenen Isolations- und Barrierewirkung als eine der größten Gefahren für den Fortbestand und die Weiterentwicklung der biologischen Vielfalt beschrieben.[618] Die Bedeutung der Landschaftsunzerschnittenheit findet ihren Ausdruck auch in der Koalitionsvereinbarung. Ein Bundesprogramm „Wiedervernetzung" soll an den wichtigsten Stellen Querungshilfen für wild lebende Tiere ermöglichen.[619] Die in den Medien meistdiskutierten Beispiele für die aktive Wiedervernetzung dürften sogenannte „Krötentunnel" und „Wildbrücken" sein.[620] Auch der finanzielle Aufwand, den der Bund für die Wiedervernetzung betreibt, spricht für die Beimessung einer hohen Bedeutung für den Naturschutz. So wurde für derartige Baumaßnahmen im Jahr 2010 ein Etat von rund EUR 70 Mio. bestimmt.[621]

Im alten BNatSchG von 2002 wurde die Unzerschnittenheit der Landschaft als „Grundsatz" in § 2 Abs. 1 Nr. 12 BNatSchG a. F. nur beiläufig erwähnt. Danach sollen Verkehrswege, Energieleitungen und ähnliche Vorhaben so zusammenge-

618 *J. Schumacher/A. Schumacher* in: Schumacher/Fischer-Hüftle, BNatSchG, § 1, Rn. 157.
619 Vgl. BT-Drs. 16/7082, S. 64.
620 s. etwa *Albrecht* in FAZ vom 3.2.2010 „Was kostet die Welt?" abrufbar auf der Internetseite der FAZ unter: http://www.faz.net/aktuell/wissen/natur/biodiversitaet-oekonomie-was-kostet-die-welt-1657484.html; oder DER SPIEGEL vom 7.12.2005 „Merkel gibt Ostseeautobahn für Verkehr frei" abrufbar unter: http://www.spiegel.de/reise/aktuell/0,1518,389141,00.html.
621 Pressemitteilung des BMU Nr. 051/10 vom 13.4.2010 abrufbar auf der Internetseite des BMU unter: http://www.bmu.de/pressemitteilungen/aktuelle_pressemitteilungen/pm/45883.php.

fasst werden, dass die Zerschneidung von Landschaften so gering wie möglich gehalten wird. Auch wenn die „Grundsätze" i. S. d. BNatSchG 2002 nicht die gleiche Bedeutung wie die „allgemeinen Grundsätze" im verfassungsrechtlichen Sinne haben, so können sie doch als Auslegungshilfe herangezogen werden. Der Blick auf die Regelung im alten BNatSchG spricht gegen eine Einstufung als „allgemeinen Grundsatz" im verfassungsrechtlichen Sinne. Denn der damalige Bundesgesetzgeber hatte der Wahrung der Unzerschnittenheit keine überragende Bedeutung beigemessen. Damals sollte sie bei der Planung von Infrastrukturmaßnahmen lediglich „so gering wie möglich gehalten werden". Auch heute hat der Bundesgesetzgeber die Wahrung der Unzerschnittenheit der Landschaft nicht als „allgemeinen Grundsatz" definiert. Jedoch wurde sie in § 1 Abs. 5 Satz 1 BNatSchG erstmalig als allgemeines Ziel im BNatSchG eingeführt. Der ohne Frage hohe Stellenwert der unzerschnittenen Landschaftsflächen begründet aber noch keine Einstufung als allgemeinen Grundsatz. Es fehlt an einem sachlichen Erfordernis für einen effektiven bundesweiten Naturschutz. Denn immerhin sind nach einer Erhebung des Umweltbundesamtes 26 % der Bundesfläche unzerschnitten.[622] Dies stellt eine relativ große Fläche dar, sodass schwer vorstellbar ist, dass hier ein akuter Handlungsbedarf bestünde, der eine Einstufung als allgemeinen Grundsatz des Naturschutzes rechtfertige. Der Gefahr der Landschaftszerschneidung wird durch die unionsrechtlichen Regelungen zum Schutze des Netzes „Natura 2000" und den abweichungsfesten Biotopverbund ausreichend vorgebeugt.[623] Die Erforderlichkeit einer darüber hinaus gehenden Unterschutzstellung ist nicht erkennbar. Es handelt sich hierbei also zu Recht um keinen „allgemeinen Grundsatz" i. S. d. Verfassung.

Satz 4 entspricht dem damaligen „Grundsatz" aus § 2 Abs. 1 Nr. 7 BNatSchG a. F. und betrifft den Abbau von Bodenschätzen. Das BNatSchG schreibt an dieser Stelle vor, dass beim Abbau Schäden vermieden werden sollen, und enthält weitergehende Detailregelungen. Die Erforderlichkeit der Einstufung als allgemeiner Grundsatz ist hier nicht erkennbar. Ein bundeseinheitlicher Schutz ist insoweit bereits durch die Ziele des Absatz 1 gewährleistet.

bb) Abs. 6 – Freiraumschutz

Absatz 6 erklärt den Schutz von Freiräumen im besiedelten und siedlungsnahen Bereich einschließlich ihrer Bestandteile wie Parkanlagen etc. zum Ziel. Die Auflistung von Natur- und Landschaftsbestandteilen, die nach dem Dafürhalten des Bundesgesetzgebers zu „Freiräumen im besiedelten und siedlungsnahen Bereich"

---

622 s. *Lütkes* in: Lütkes/Ewer, BNatSchG, § 1, Rn. 68.

623 s. dazu auch bei Fn. 705.

gehören, ist derart detailliert, dass es sich hierbei begrifflich nicht um einen allgemeinen Grundsatz handeln kann. Des Weiteren sind diese Freiräume bereits ausreichend durch die unionsrechtlichen Regelungen zum Schutze des Netzes „Natura 2000“ und den abweichungsfesten Biotopverbund geschützt.[624]

3. Verwirklichung der Ziele (§ 2 BNatSchG)

§ 2 BNatSchG vereinigt im Wesentlichen bereits im früher geltenden Recht vorhandene Bestimmungen, die sich auf die Verwirklichung der Ziele und vormaligen „Grundsätze“ des Naturschutzes i. S. d. BNatSchG a. F. beziehen. Der Gesetzgeber hat § 2 BNatSchG nicht als allgemeinen Grundsatz klassifiziert. Aufgrund der engen Verbindung zu den abweichungsfesten Zielen aus § 1 BNatSchG stellt sich aber die Frage, ob die die Verwirklichung dieser Ziele nicht ebenfalls einheitlich geschehen müsste und damit auch als allgemeiner Grundsatz hätte ausgestaltet werden müssen.

Dies ginge jedoch zu weit und würde den Rahmen der Abweichungsgesetzgebung sprengen. Es kann nicht darauf ankommen, wie die abweichungsfesten Ziele des Naturschutzes erreicht werden, sondern dass sie erreicht werden. Die einzelnen Abs. von § 2 BNatSchG betreffen die abweichungsfesten Ziele des Naturschutzes, regeln aber alle nicht das Ob, sondern lediglich das Wie der Unterschutzstellung. Die Regeln zur Verwirklichung aus § 2 BNatSchG stellen schon aus diesem Grund keine „allgemeinen Grundsätze“ i. S. d. Verfassung dar.

Daneben sprechen bei einer Einzelbetrachtung der Absätze 1 bis 6 weitere Argumente gegen das Erfordernis einer Einstufung als „allgemeine Grundsätze“ in diesem Sinne:

Absatz 1 kommt innerhalb des § 2 BNatSchG eine Sonderstellung zu. Denn anders als die übrigen Absätze des § 2 BNatSchG richtet er sich nicht an Behörden oder die öffentliche Hand, sondern an Jedermann („Jeder“).[625] Er enthält die an alle Bürger gerichtete Aufforderung, nach den eigenen Möglichkeiten zur Verwirklichung der Ziele des Naturschutzes beizutragen und sich so zu verhalten, dass Natur und Landschaft nicht mehr als nach den Umständen unvermeidbar beeinträchtigt werden. Die Formulierung entspricht § 4 BNatSchG a. F. Die Vorschrift soll die Bedeutung des Naturschutzes und der Landschaftspflege für die Allgemeinheit sowie auch die Erforderlichkeit gesellschaftlicher Akzeptanz als Grundlage für den Erfolg der Bemühungen um den Schutz von Natur und Landschaft verdeutlichen.[626] Wie schon die Gesetzesbegründung zum BNatSchG a. F.

---

624 s. dazu auch bei Fn. 703.

625 Vgl. hierzu *Lütkes* in: Lütkes/Ewer, BNatSchG, § 2, Rn. 5.

626 BT-Drs. 16/12274, S. 50.

unterstreicht der Bundesgesetzgeber auch beim aktuellen BNatSchG 2010, dass die gegenständliche Regelung „keine unmittelbar durchsetzbaren Handlungs- oder Unterlassungspflichten“ begründet.[627] Sie könne aber als Verhaltensmaßstab bei der Auslegung und Anwendung anderer Vorschriften und im Zusammenhang mit der Sozialbindung des Eigentums bedeutsam werden.[628] Ein Verstoß gegen die Verhaltenspflicht ist weder bußgeld- noch strafpflichtig nach § 69 oder § 71 BNatSchG.[629] Auch wenn die Mitwirkung der Bürger zu einem Umweltschutz zweifelsohne von großer Bedeutung ist, so handelt es sich dennoch um keinen „allgemeinen Grundsatz des Naturschutzes“ im verfassungsrechtlichen Sinne. Schon im damaligen BNatSchG 2002 fiel diese Regelung (damals § 4 BNatSchG a. F.) nicht unter die „Grundsätze des Naturschutzes“ im einfachgesetzlichen Sinne. Bedrohliche Eingriffe in die Umwelt durch den Bürger werden bereits vor allem durch die Eingriffsregelung verhindert bzw. kompensiert. Die Eingriffsregelung stellt einen allgemeinen Grundsatz i. S. v. Art. 72 Abs. 3 Satz 1 GG dar.[630] Für die Einstufung dieser Verwirklichungsregelung als „allgemeiner Grundsatz“ in diesem Sinne besteht keine Erforderlichkeit.

Absatz 2 entspricht § 6 Abs. 2 Satz 1 BNatSchG a. F. und verpflichtet die Behörden des Bundes und der Länder, im Rahmen ihrer Zuständigkeiten die Verwirklichung der Ziele des Naturschutzes und der Landschaftspflege zu unterstützen. Durch die Neuregelung wird der Tatsache Rechnung getragen, dass der Bund hier nicht mehr ausschließlich Rahmengesetze erlassen darf, sondern die Vollkompetenz hat. Somit werden nunmehr nicht nur die Bundesbehörden, sondern auch die Landesbehörden unmittelbar adressiert.[631] Es handelt sich nicht um einen „allgemeinen Grundsatz des Naturschutzes“. Es mangelt an der sachlichen Erforderlichkeit einer einheitlichen Regelung für einen effektiven Naturschutz.

Absatz 3 entspricht inhaltlich im Wesentlichen § 2 Abs. 1 BNatSchG a. F. und bringt zum Ausdruck, dass die Ziele des Naturschutzes nur insoweit zu verwirklichen sind, als es im Einzelfall möglich und unter Abwägung anderer naturschutzrechtlicher Vorgaben angemessen ist. Die Klausel ist Ausfluss des rechtsstaatlichen Abwägungsgebots (Art. 20 Abs. 3 GG), das die staatlichen Organe in Bund und Ländern bindet. Die gesonderte Erwähnung des verfassungsrechtlich verankerten Abwägungsgebots ist streng genommen überflüssig. Es kann sich daher nicht um einen „allgemeinen Grundsatz des Naturschutzes“ handeln.

Absatz 4 entspricht nahezu wortgleich § 7 Satz 1 BNatSchG a. F. Danach sollen bei der Bewirtschaftung von Grundflächen im Eigentum oder Besitz der

---

627 Ebd., S. 51; BT-Drs. 14/6378, S. 38.

628 BT-Drs. 16/12274, S. 51.

629 Vgl. auch *Lütkes* in: Lütkes/Ewer, BNatSchG, § 2, Rn. 5.

630 s. bei Fn. 689.

631 *J. Schumacher/A. Schumacher* in: Schumacher/Fischer-Hüftle, BNatSchG, § 1, Rn. 6.

öffentlichen Hand die Ziele des Naturschutzes in besonderer Weise berücksichtigt werden. Es handelt sich bei dieser Reglung um eine Anweisung an Bund, Länder, Gemeinden und sonstige Personen des öffentlichen Rechts.[632] Als bloße Anweisung erfüllt diese Vorschrift nicht die oben aufgestellten Maßstabskriterien. Die sachliche Erforderlichkeit der bundeseinheitlichen Regelung der Bewirtschaftung von Grünflächen ist zum Zweck eines effektiven Naturschutzes nicht erkennbar.

Absatz 5 greift den Gedanken des § 2 Abs. 2 BNatSchG a. F. auf. Hiermit soll die besondere Bedeutung der zwischen- und überstaatlichen Bemühungen im Naturschutz betont und in diesem Zusammenhang insbesondere der Aufbau und Schutz des Netzes „Natura 2000" hervorgehoben werden. Regelungsgegenstand sind hier europäische und internationale Bemühungen oder Projekte wie das Netz „Natura 2000".[633] Derartige Bemühungen oder Projekte sind punktuelle Engagements und können als solche keine „*allgemeinen* Grundsätze des Naturschutzes" darstellen.

Absatz 6 Satz 1 entspricht dem § 2 Abs. 1 Nr. 15 Satz 1 BNatSchG a. F. Durch diese Vorschrift soll die Wichtigkeit der Förderung des allgemeinen Verständnisses der Bevölkerung für die Ziele des Naturschutzes betont werden. Es handelt sich um eine bloße Anweisung an die Behörden. Gründe, die für die Erforderlichkeit einer bundeseinheitlichen Regelung sprechen, sind nicht ersichtlich.

4. Umweltbeobachtung (§ 6 BNatSchG)

Allerdings gehört eine koordinierte Umweltbeobachtung[634] (§ 6 Abs. 1 BNatSchG) zu den allgemeinen Grundsätzen.[635] Der Auffassung war auch der Bundesgesetzgeber, der die Umweltbeobachtung – im Rahmen der Zuständigkeiten von Bund und Ländern – als „allgemeinen Grundsatz" definiert hat. Ohne einheitliche Erfassungskriterien und Schwerpunkte würde eine gemeinsame Argumentations- oder Vergleichsbasis fehlen und als Folge kein einheitlicher Maßstab für die jeweiligen Länder angesetzt werden können.[636] Eine koordinierte Umweltbeobachtung ist für einen effektiven und bundesweit einheitlichen Naturschutz unabkömmlich.

---

632 *Lütkes* in: Lütkes/Ewer, BNatSchG, § 2, Rn. 15.

633 Vgl. ebd. Rn. 19 u. 21.

634 Auch „Monitoring" genannt, s. z. B.: Art. 3 der VO (EG) Nr. 2152/2003 des Europäischen Parlaments und des Rates vom 17.11.2003.

635 Vgl. auch *Schulze-Fielitz*, NVwZ 2007, 249 (257).

636 s. auch: *Koch/Mechel*, NuR 2004, 277 (280, 282).

5. Landschaftsplanung (§§ 8 ff. BNatSchG)

Auch die Landschaftsplanung ist im BNatSchG als „allgemeiner Grundsatz“ ausgewiesen und ist unstrittig ein wichtiges und notwendiges Instrument des Naturschutzes. Sie beinhaltet die frühzeitige Bewältigung von Konflikten, die Prüfung von Alternativen, die Erkenntnis zukünftiger oder bestehender Erfordernisse und die Abstimmung vorzunehmender Maßnahmen.[637] Die Landschaftsplanung dient nach dem Willen des Bundesgesetzgebers laut § 8 BNatSchG „als Grundlage vorsorgenden Handelns“. Sie ist damit Ausdruck des Vorsorgeprinzips und des Nachhaltigkeitsprinzips, welche beide aus Art. 20a GG abgeleitet und als zentrale Umweltpflegeprinzipien verstanden werden.[638] Der Sachverständigenrat für Umweltfragen hat die Landschaftsplanung als „das zentrale raumbezogene und vorsorgeorientierte Planungsinstrument des Naturschutzes und der Landschaftspflege“ beschrieben.[639] Darüber hinaus ermöglicht sie u. a. die gesamträumliche Einbindung der Planung von Kompensationsmaßnahmen, aber auch den zielgerichteten Einsatz von Fördermitteln.[640]

a) Klassifizierung als „allg. Grundsatz“ – Widerspruch zum Willen des verfassung-ändernden Gesetzgebers?

Trotz der übergeordneten Bedeutung der Landschaftsplanung für den Naturschutz hat der Verfassunggeber in seiner Gesetzesbegründung zur Abweichungskompetenz die Landschaftsplanung ausdrücklich von der Zugehörigkeit zu den allgemeinen Grundsätzen ausgeschlossen, ohne dieses selbst jedoch zu begründen.[641]

Gleichwohl hat der Bundesgesetzgeber unbeeindruckt von der Gesetzesbegründung den landschaftsplanerischen Einzelregelungen die Vorschrift des § 8 BNatSchG vorangestellt, welcher mit „Allgemeiner Grundsatz“ überschrieben ist. Hier heißt es, dass die Ziele des Naturschutzes und der Landschaftspflege als Grundlage vorsorgenden Handelns im Rahmen der Landschaftsplanung sowohl überörtlich als auch örtlich konkretisiert sowie die Erfordernisse und Maßnahmen zur Verwirklichung dieser Ziele dargestellt und begründet werden sollen. Während des Gesetzgebungsverfahrens zum BNatSchG 2010 gab es seitens der

---

637 *Marzik/Wilrich,* BNatSchG, 2004, Einl. zu „Umweltbeobachtung, Landschaftsplanung“, Rn. 6 (S. 201).

638 *Jarass* in: Jarass/Pieroth, Art. 20a, Rn. 8, 10; zur letzteren Aussage: ebd.

639 SRU, Stellungnahme vom 8.2.2006, Ziff. 28.

640 *J. Schumacher/A. Schumacher* in: Schumacher/Fischer-Hüftle, BNatSchG, § 8, Rn. 3.

641 BT-Drs. 16/813, S. 11.

Länder Bedenken, da die verfassungsmäßigen Rechte der Länder aus Art. 72 Abs. 3 GG durch diese Regelung unzulässig eingeschränkt würden.[642]

Diese Bedenken sind unbegründet. Zunächst einmal definiert der § 8 BNatSchG nur die groben Grundzüge der Landschaftsplanung, die sich ohnehin aus den Zielen und Aufgaben herleiten ließen. § 8 BNatSchG gibt zudem nicht vor, wie die Landschaftsplanung im Detail ausgestaltet werden soll, sondern benennt lediglich die zwei Aufgabenbereiche der Landschaftsplanung, nämlich die Konkretisierung der Ziele des Naturschutzes und der Landschaftspflege sowie die Formulierung von Erfordernissen und Maßnahmen zur Verwirklichung dieser Ziele. Außerhalb dieser groben Grundzüge bleibt den Ländern ein (immer noch) umfangreicher Abweichungsspielraum. Das Instrument der Landschaftsplanung ist für die bundeseinheitliche und effektive Verwirklichung der Naturschutzziele unerlässlich. Denn wenn die Ziele und Aufgaben „allgemeine Grundsätze“ darstellen, so muss dies konsequenterweise auch für die Maßnahmen gelten, die für die Erfüllung dieser Ziele und Aufgaben erforderlich sind.[643] Die Landschaftsplanung ist ein solches Mittel.[644]

Es kann außerdem nicht bestritten werden, dass die Landschaftsplanung ein zentrales Instrument zur Ermittlung, Bewertung, Entwicklung und Koordinierung des Naturschutzes ist und darüber hinaus auch eine unverzichtbare Rolle bei der Koordinierung von anderen Sektoren spielt.[645] Denn die Landschaftsplanung hat nicht nur naturschutzrechtliche Auswirkungen, sondern vor allem auch baurechtliche (Bauleitplanung). Auch sonstige genehmigungsabhängige Vorhaben werden durch die Landschaftsplanung beeinflusst. Sie wird daher als „querschnittsbezogene“ oder „medienübergreifende“ Planung oder Planung mit „Schnittstellenfunktion“ bezeichnet und dient so in besonderer Weise dem umweltrechtlichen Integrationsprinzip.[646]

Die bundesweite Geltung der wesentlichen Elemente der Landschaftsplanung ist einer der wesentlichen Stützpfeiler des deutschen Naturschutz- und Umweltrechts.[647] Daher müssen diese Grundelemente der Landschaftsplanung allgemeine Grundsätze des Naturschutzes darstellen. Diese Erkenntnis steht auch nicht im

642 BR-Drs. 278/09, S. 9 f.; BR-Plenarprotokoll 858 vom 15.5.2009, S. 198.

643 *J. Schumacher/A. Schumacher* in: Schumacher/Fischer-Hüftle, BNatSchG, § 8, Rn. 6.

644 Ebd.; *Appel* in: Frenz/Müggenborg, BNatSchG, 2011, § 8, Rn. 37; *Mengel* in: Lütkes/Ewer, BNatSchG, § 8, Rn. 3.

645 *Köck/Wolf*, NVwZ 2008, 353 (359 f.); *Mengel in:* Lütkes/Ewer, BNatSchG, § 8, Rn. 3.

646 *Appel* in: Frenz/Müggenborg, BNatSchG, 2011, § 8, Rn. 37; *Köck/Wolf*, NVwZ 2008, 353 (360); *Fischer-Hüftle*, NuR 2007, 78 (83).

647 So i. E. auch: SRU, Umweltgutachten vom 18.6.2008, Kapitel 5, Ziff. 441; *Köck/Wolf*, NVwZ 2008, 353 (359 f.); *Fischer-Hüftle*, NuR 2007, 78 (83); *Appel*, NuR 2010, 171 (175); *Hendrischke*, NuR 2007, 454 (458); *Kloepfer*, ZG 2006, 250 (261); *Kotulla*, NVwZ 2007, 489 (493); *Berghoff/Steg*, NuR 2010, 17 (22); *Stüer*, DVBl. 2007, 1544 (1545).

Widerspruch zu der Aussage des verfassungsändernden Gesetzgebers, der die Landschaftsplanung nicht zu den allgemeinen Grundsätzen zählt. Die Gesetzesbegründung lässt nämlich offen, ob sich dies auf das gesamte Instrument der Landschaftsplanung oder bloß dessen Ausgestaltung im Einzelnen bezieht.[648] Es mangelt an jeglicher inhaltlicher Auseinandersetzung in der Gesetzesbegründung.[649] Diese kann das Ergebnis der oben vorgenommenen teleologischen Auslegung schon aus diesem Grund nicht bestätigen. Ohnehin sind Gesetzesbegründungen nach gefestigter Rechtsprechung des BVerfG nicht maßgebend für die Auslegung einer Gesetzesvorschrift und können lediglich eine nach dem objektiven Sinn bestehende Auslegung bestätigen oder Zweifel beheben.[650] Das BVerfG zitiert dabei zur Begründung *Gustav Radbruch*.[651] Dieser sagt, der Staat spreche nicht in den persönlichen Äußerungen der an der Entstehung des Gesetzes Beteiligten, sondern nur im Gesetz selbst.[652]

b) Die einzelnen Elemente der Landschaftsplanung

Das Instrument der Landschaftsplanung als solches sowie deren Grundzüge (die in § 8 BNatSchG umschrieben werden) gehören daher zu den allgemeinen Grundsätzen des Naturschutzes.

Zu klären ist nun, welche Elemente der Landschaftsplanung deren Grundzüge und somit den abweichungsfesten Kern der Landschaftsplanung ausmachen. Es muss sich um Gesichtspunkte handeln, deren bundeseinheitliche Geltung für einen effektiven Naturschutz erforderlich ist. Nach alter Rechtslage war die Landschaftsplanung in Teilen durch den Bund als Rahmengesetz vorgegeben. So oblag den Ländern nach den §§ 13 bis 17 BNatSchG a. F. eine generelle Landschaftsplanungspflicht zur Verwirklichung der Ziele und Grundsätze der §§ 1 und 2 BNatSchG a. F. Außerdem war es zwingend vorgeschrieben, die Mindestinhalte der Landschaftsplanung nach § 14 BNatSchG a. F. zu erfüllen, ein Mindestmaß an Verbindlichkeit einzuhalten sowie die Ausdifferenzierung gemäß §§ 15 bis 17 BNatSchG a. F. zu wahren, wie z. B. das Flächendeckungsprinzip auf überörtlicher Ebene, die Fortschreibungspflicht von Landschaftsplänen, die Verpflichtung zur gegenseitigen Rücksichtnahme und zu dem Zusammenwirken bei grenzüberschreitender Planung.[653] Durch Überführung des Titels „Naturschutz und Landschaftspflege" in die konkurrierende Gesetzgebung sollte die alte Rechtslage fak-

---

648 *Appel* in: Frenz/Müggenborg, BNatSchG, 2011, § 8, Rn. 39.

649 *Mengel* in: Lütkes/Ewer, BNatSchG, § 8, Rn. 2; *Appel*, NuR 2010, 171 (175 f.).

650 BVerfGE 1, 299 (312); 11, 126 (129 ff.); 62, 1 (45).

651 BVerfGE 11, 126 (130).

652 *Radbruch*, Rechtsphilosophie 1950, S. 210 f.

653 *Gassner* in: Gassner/Bendomir-Kahlo/Schmidt-Räntsch, BNatSchG, 2003, § 13, Rn. 15.

tisch bestehen bleiben und unter anderer Fahne weiterleben. So sollte der Weg für ein UGB kompetenzrechtlich geebnet werden. Diese Fortführung der alten Rechtslage kann aber in Einzelfällen problematisch sein, wenn Elemente nach einer zweckmäßigen Betrachtungsweise einer bundeseinheitlichen Regelung nicht bedürfen.

aa) Aufgaben und Inhalte der Landschaftsplanung

Zweck und Ziel der Landschaftsplanung ist es, die Ziele und Aufgaben des Naturschutzes, wie sie als allgemeine Grundsätze in § 1 Abs. 1 und auch Abs. 2 BNatSchG aufgeführt sind, zu verwirklichen und zu konkretisieren.[654] Ohne planerische raumbezogene Konkretisierung ist die Verwirklichung der abweichungsfesten Ziele des Naturschutzes unmöglich. Daher ist es für einen effektiven Naturschutz unerlässlich, dass die Elemente der Landschaftsplanung, die sich auf die Verwirklichung der abweichungsfesten Ziele und Aufgaben des Naturschutzes i. S. v. § 1 BNatSchG beziehen, bundesweite Geltung erlangen und abweichungsfest geregelt werden können.[655] Es handelt sich hierbei um einen allgemeinen Grundsatz des Naturschutzes.

bb) Vorsorgefunktion der Landschaftsplanung

Die Vorsorgefunktion der Landschaftsplanung ist direkter Ausdruck des Staatsziels des Umweltschutzes aus Art. 20a GG. Als eines der zentralen Umweltpflegeprinzipien ist damit auch die Vorsorgefunktion als abweichungsfest i. S. v. Art. 72 Abs. 3 Satz 1 GG zu verstehen.

cc) Mehrstufigkeit der Landschaftsplanung

Nach § 8 BNatSchG sind die Ziele des Naturschutzes und der Landschaftsplanung örtlich sowie überörtlich zu konkretisieren. „Örtlich" meint das Gebiet innerhalb einer Gemeinde und „überörtlich" umschreibt das über eine Gemeinde hinausgehende Gebiet.[656] Diese Zweistufigkeit hat der Bundesgesetzgeber zu Recht als „allgemeinen Grundsatz" hervorgehoben, denn sie ist für einen bundesweit effektiven Rechtsschutz unerlässlich.[657] Die Betrachtung verschiedener räumlicher Planungsebenen ist ein wesentliches Element der Landschaftsplanung

654 *Mengel* in: Lütkes/Ewer, BNatSchG, § 8, Rn. 4; *Appel*, NuR 2010, 171 (176).
655 Ders. in: Frenz/Müggenborg, BNatSchG, 2011, § 8, Rn. 42.
656 *Mengel* in: Lütkes/Ewer, BNatSchG, § 8, Rn. 7.
657 *J. Schumacher/A. Schumacher* in: Schumacher/Fischer-Hüftle, BNatSchG, § 8, Rn. 10; *Appel*, NuR 2010, 171 (177).

und für einen bundeseinheitlich effektiven Naturschutz sachlich erforderlich.[658] Die Anforderungen, Darstellungen und Begründungen von landschaftsplanerischen Maßnahmen sind den verschiedenen Planungsebenen anzupassen.[659] Den Anforderungen an die Landschaftsplanung ist dabei im Hinblick auf z. B. das überörtliche Netz Natura 2000 in anderem Maße Rechnung zu tragen als gemeindeinternen Planungsaufgaben. Um den Erfolg des Netzes Natura 2000 oder auch den Erfolg überregionaler Biotopenverbunde zu gewährleisten, müssen die Länder verpflichtet werden, hier die gleichen planerischen Standards zu nutzen, um so etwa Wanderungs- und Austauschbeziehungen zwischen Teilpopulationen zu ermöglichen.[660] Auf örtlicher Ebene ist eine detaillierte und kleinteiligere Planung erforderlich, die auf örtliche Gepflogenheiten Rücksicht nehmen sollte und sich insofern von den Anforderungen an die überörtliche Planung unterscheidet.[661] Die bundesweite Geltung der Mehrstufigkeit der Landschaftsplanung ist somit unerlässlich für einen effektiven Naturschutz.

Gegen die Einstufung als „allgemeinen Grundsatz" spricht auch nicht die Sonderregelung des § 11 Abs. 4 BNatSchG für Stadtstaaten. Danach ersetzen bei den Stadtstaaten Landschaftsrahmenpläne oder Landschaftsprogramme die Landschaftspläne, wenn die örtlichen Erfordernisse und Maßnahmen des Naturschutzes in der überörtlichen Landschaftsplanung mitdargestellt werden. Dies bedeutet nicht etwa, dass die Unterscheidung zwischen örtlicher und überörtlicher Ebene aufgehoben wird, sondern lediglich, dass die örtliche und überörtliche Landschaftsplanung gemeinsam dargestellt werden können.[662] Die Mehrstufigkeit der Landschaftsplanung wird von dieser Regelung inhaltlich also nicht betroffen.

dd) Flächendeckende Planung

Auch das Flächendeckungsprinzip ist in dem von § 10 Abs. 2 Satz 2 und § 11 Abs. 2 Satz 2 BNatSchG beschriebenem Umfang als abweichungsfest zu betrachten, obwohl es nicht vom Bundesgesetzgeber als „allgemeiner Grundsatz" definiert wurde.[663] Anderenfalls würden die naturschutzrechtlichen Kernregelungen ad

658 *Appel* in: Frenz/Müggenborg, BNatSchG, 2011, § 8, Rn. 48; SRU, Umweltgutachten vom 18.6.2008, Kapitel 5, Ziff. 449.

659 *Appel*, NuR 2010, 171 (176).

660 *Albrecht/Leibenath*, ZUR 2008, 518 (522 f.).

661 *Appel*, NuR 2010, 171 (177).

662 Vgl. ders. in Frenz/Müggenborg, BNatSchG, 2011, § 8, Rn. 49.

663 So auch: *Mengel* in: Lütkes/Ewer, BNatSchG, § 8, Rn. 11; *J. Schumacher/A. Schumacher* in: Schumacher/Fischer-Hüftle, BNatSchG, § 8, Rn. 11; *Appel*, NuR 2010, 171 (178); *Hendrischke*, NuR 2007, 454 (458).

absurdum geführt werden.[664] Denn der Naturschutz und die Landschaftsplanung sind gerade keine projektorientierten, sondern gesamtraumbezogene Instrumente.[665] Eine sinnvolle Landschaftsplanung kann grundsätzlich nur flächendeckend vorgenommen werden.

ee) Fortschreibungspflicht

Auch die Fortschreibungspflicht aus § 9 Abs. 4 BNatSchG ist als abweichungsfester Grundsatz einzustufen.[666] Eine planerisch sinnvolle Aussagekraft kann eine Landschaftsplanung nur dann haben, wenn sie fortwährend an die tatsächlichen Entwicklungen und sich ändernden Umstände angepasst wird.[667]

6. Naturschutzrechtliche Eingriffsregelung (§§ 13 ff. BNatSchG)

Nicht eindeutig lässt sich die Frage beantworten, inwieweit die naturschutzrechtliche Eingriffsregelung, die einfachgesetzlich im dritten Kapitel des BNatSchG geregelt ist, zu den allgemeinen Grundsätzen gehört. Gemäß § 13 Satz 1 BNatSchG, der mit „Allgemeiner Grundsatz“ überschrieben ist, sind erhebliche Beeinträchtigungen von Natur und Landschaft vom Verursacher vorrangig zu vermeiden. Nach Satz 2 sind nicht vermeidbare erhebliche Beeinträchtigungen vorrangig durch Ausgleichs- oder Ersatzmaßnahmen oder nachrangig durch einen Ersatz in Geld zu kompensieren. In den folgenden Paragraphen des dritten Kapitels benutzt der Bundesgesetzgeber anstelle des Begriffs „erhebliche Beeinträchtigungen“ den des „Eingriffs“. Hier ist zu differenzieren:

a) § 13 BNatSchG – erhebliche Beeinträchtigungen

Die Überlegung, erhebliche Beeinträchtigungen von Natur und Landschaft nicht ersatzlos hinzunehmen, ist ein zentraler verfassungsrechtlich verankerter Grundpfeiler des deutschen Umweltrechts und als solcher ein allgemeiner Grundsatz i. S. v. Art. 72 Abs. 3 Satz 1 GG.[668] Dies ergibt sich heute aus der in 1994 eingeführten Staatszielbestimmung des Umweltschutzes gemäß Art. 20a GG. Als grundgesetzliche Vorschrift ist der Umweltschutz ein Grundsatz, der im ganzen Bundesgebiet gilt. Zum Umweltschutz gehören die Abwehr von Schädigungen,

---

664 *J. Schumacher/A. Schumacher* in: Schumacher/Fischer-Hüftle, BNatSchG, § 8, Rn. 11; *Mengel* in: Lütkes/Ewer, BNatSchG, § 8, Rn. 11.

665 *Mengel* in: Lütkes/Ewer, BNatSchG, § 8, Rn. 11.

666 *J. Schumacher/A. Schumacher* in: Schumacher/Fischer-Hüftle, BNatSchG, § 8, Rn. 11.

667 *Appel*, NuR 2010, 171 (178); *Mengel* in: Lütkes/Ewer, BNatSchG, § 8, Rn. 11.

668 *Kotulla*, NVwZ 2007, 489 (493); *Kloepfer*, ZG 2006, 250 (261).

aber auch Maßnahmen zur Beseitigung bereits eingetretener Schäden sowie die Pflege der natürlichen Lebensgrundlagen.[669] § 13 BNatSchG kennt die Instrumente der Vermeidung, des Ausgleichs oder des Ersatzes sowie die nachrangige Kompensation im Zusammenhang mit erheblichen Beeinträchtigungen von Natur und Landschaft. Diese Maßnahmen sind sowohl zur Abwehr von Schäden als auch zur Beseitigung von bereits eingetretenen Schäden dem GG entsprechend geeignet.[670] Die einzelnen Bestandteile der Eingriffsregelung lassen sich jeweils unter Art. 20a GG subsumieren, was für einen besonders hohen Stellenwert spricht und daher bundeseinheitlich geregelt werden sollte.

Schon vor Einführung von Art. 20a GG war die damalige Eingriffsregelung als bundesweit geltendes Rahmengesetz ausgestaltet. § 19 BNatSchG a. F. sprach damals sowohl von „Beeinträchtigung" (entsprechend § 13 BNatSchG 2010) als auch „Eingriffen" (entsprechend § 14 BNatSchG 2010). Daher wird auch heute noch, obwohl das BNatSchG 2010 hier die beiden Begriffe trennt, auch im Zusammenhang mit § 13 BNatSchG 2010 von „Eingriffsregelung" gesprochen.[671]

Laut der Gesetzesbegründung des damaligen Bundesgesetzgebers war die Eingriffsregelung bei seiner Einführung in das BNatSchG im Jahr 1976 als ein Instrument des flächendeckenden Mindestschutzes konzipiert.[672] Eingriffe i. S. d. damaligen BNatSchG 1976 waren laut dessen § 18 Abs. 1 „Veränderungen der Gestalt oder Nutzung von Grundflächen, die die Leistungsfähigkeit des Naturhaushalts oder das Landschaftsbild erheblich oder nachhaltig beeinträchtigen können". Diese Definition gleicht dem heutigen § 13 BNatSchG zumindest insoweit, als dieser ebenfalls eine erhebliche Beeinträchtigung verlangt. Die Erforderlichkeit einer einheitlichen Eingriffsregelung hat das BVerwG im Jahr 1990 ausdrücklich bejaht.[673] Die Frage, was ein Eingriff in Natur und Landschaft sei, könne entsprechend der Entscheidung des BVerwG nur bundeseinheitlich beantwortet werden.[674] Auch das letzte BNatSchG vor der Föderalismusreform verlangte in § 18 Abs. 1 BNatSchG 2002 eine „erhebliche Beeinträchtigung". Mit dem in § 13 BNatSchG 2010 normierten allgemeinen Grundsatz wird die bisherige Rechtslage also im Wesentlichen fortgeführt.[675] Dies spricht für die Einstufung des § 13 BNatSchG durch den Bundesgesetzgeber als allgemeinen Grundsatz.

---

669 *Murswiek* in: Sachs, GG, Art. 20a, Rn. 33.

670 Vgl. *Kloepfer*, ZG 2006, 250 (262).

671 BT-Drs. 16/12274, S. 56; *Fischer-Hüftle* in: Schumacher/Fischer-Hüftle, BNatSchG, § 13, Rn. 2; *Lütkes* in: Lütkes/Ewer, BNatSchG, § 13, Rn. 1.

672 BT-Drs. 7/3879, S. 1; BT-Drs. 7/5251, S. 8.

673 BVerwG, NVwZ 1991, 364 (364 ff.).

674 Ebd., (366).

675 Vgl. *Guckelberger* in: Frenz/Müggenborg, BNatSchG, 2011, § 13, Rn. 3.

Auch sah das damalige BNatSchG die gleichen Pflichten für den Verursacher erheblicher Beeinträchtigungen vor wie heute. Der Unterschied ist, dass nach § 19 Abs. 2 BNatSchG 1976 Ausgleichsmaßnahmen Vorrang vor Ersatzmaßnahmen hatten. Heute sind beide gleichrangig. Der Pflichtenkatalog für Verursacher von Beeinträchtigungen war damals als Rahmenvorschrift ausgestaltet, und den Ländern wurde das Recht eingeräumt, „weitergehende Regelungen" zu § 19 Abs. 1 bis 3 BNatSchG 2002 zu erlassen. Diese Abs. stellten Mindestregelungen dar.[676] Im Umkehrschluss heißt das, dass damals nicht nur die Verursacherpflichten als solche, sondern auch deren Stufen- bzw. Rangfolge von den Ländern nicht einschränkend verändert werden durften. Sie konnten lediglich weiter – also schärfer -[677] ausgestaltet werden. Die Länder haben diese Vorgaben auch entsprechend umgesetzt, was dafür spricht, dass alle Parteien sich darüber einig waren, dass die Verursacherpflichten sowie deren Rangfolge im Bundesgebiet einheitlich bestehen sollten. Die Interessenlage ist heute nicht anders. Daher fallen die Verursacherpflichten als solche und deren Rangfolge von vorrangiger Vermeidung über Ausgleichs- und Ersatzmaßnahme bis zur nachrangigen Kompensationszahlung unter die allgemeinen Grundsätze, wie auch vom Bundesgesetzgeber entsprechend bezeichnet.

Des Weiteren spricht für die Einstufung als abweichungsfest, dass die Eingriffsregelung eine Konkretisierung des Verursacherprinzips ist.[678] Der Bundesregierung ist zuzustimmen, dass die Eingriffsregelung des § 13 BNatSchG eine grundlegende Regelung zum Ausgleich und Ersatz von Eingriffen in Natur und Landschaft darstellt, die auch im Hinblick auf die Rechts- und Wirtschaftseinheit von bundesweiter Bedeutung ist.[679] Das Verursacherprinzip ist als primäres europäisches Unionsrecht aufgrund von Art. 191 Abs. 2 Satz 2 AEUV und aufgrund des Einigungsvertrages von 1990[680] für den Bund verbindlich. Zwar gibt es keine expliziten unionsrechtlichen Vorgaben dahin gehend, dass das Verursacherprinzip im Naturschutz durch eine Eingriffsregelung mit der Pflichtenfolge der Vermeidung, des Ausgleichs, der Abwägung und der Entschädigung von den Mitgliedstaaten umzusetzen ist.[681] Jedoch stellt die Eingriffsregelung ein durch-

676 BT-Drs. 14/6378, S. 47: „genereller (Mindest-)Schutz von Natur und Landschaft".

677 *Marzik/Wilrich,* BNatSchG, 2004, § 19, Rn. 2.

678 Vgl. BT-Drs. 16/767, S. 5 f. (Antwort zu Frage 19); vgl. dazu auch etwa *Murswiek* in: Sachs, GG, Art. 20a, Rn. 34; *Guckelberger* in: Frenz/Müggenborg, BNatSchG, 2011, § 13, Rn. 9; *Berghoff/Steg*, NuR 2010, 17 (22 f.); noch zur alten Eingriffsregelung in den §§ 18–21 BNatSchG a. F.: *Schulze-Fielitz*, NVwZ 2007, 249 (257).

679 BT-Drs. 16/767, S. 5 f. (Antwort zu Frage 19).

680 Vertrag zwischen der Bundesrepublik Deutschland und der Deutschen Demokratischen Republik über die Herstellung der Einheit Deutschlands vom 31.8.1990 (BGBl. 1990 II S. 885, 1055), in Kraft getreten am 29.9.1990.

681 *Louis*, ZUR 2006, 340 (342); *Kloepfer*, ZG 2006, 250 (262).

aus wirksames Instrument dar, um den Verursacher einer Beeinträchtigung in die Verantwortung zu nehmen.[682] Auch aus diesem Grund muss die naturschutzrechtliche Eingriffsregelung unter die allgemeinen Grundsätze fallen.

Außerdem verlangt die europäische UVP-RL eine Kompensationsregelung, die auf Beeinträchtigungen von Natur und Landschaft reagiert.[683] Das Instrument der Eingriffsregelung entspricht dieser Forderung.[684] Ohne sie würde die Ermächtigungsgrundlage für Kompensationsmaßnahmen fehlen. Dies wäre mit dem Unionsrecht nicht zu vereinbaren.[685] Eine einheitliche Normierung der Eingriffsregelung als allgemeiner Grundsatz ist nach dem vorangehend Gesagten für einen effektiven bundesweiten Naturschutz wie auch schon zu Zeiten der Rahmengesetzgebung daher geboten und „erforderlich".[686] Der Einstufung des Bundesgesetzgebers des § 13 BNatSchG als allgemeinen Grundsatz i. S. v. Art. 72 Abs. 3 Satz 1 GG ist beizupflichten. Die Eingriffsregelung nach § 13 BNatSchG ist abweichungsfest. Für die Landesgesetzgeber bedeutet dies zunächst einmal, dass die in § 13 BNatSchG festgelegte Rang- und Stufenfolge von vorrangiger Vermeidung über Ausgleichs- und Ersatzmaßnahme bis zur nachrangigen Kompensationszahlung für die Länder unantastbar ist. Träfen sie hier eine abweichende Regelung, so wäre dies mangels Abweichungskompetenz verfassungswidrig.[687]

b) § 14 BNatSchG – Definition der Eingriffsregelung

Fraglich ist, ob die nachfolgenden Paragraphen des dritten Kapitels auch zu den allgemeinen Grundsätzen i. S. v. Art. 72 Abs. 3 Satz 1 GG gehören. Dort hat der Bundesgesetzgeber mittels eines Negativkatalogs einfachgesetzlich konkretisiert, wann eine erhebliche Beeinträchtigung i. S. v. § 13 BNatSchG nicht vorliegt.[688] Das Rechtsgefühl verbietet die Annahme, dass die Eingriffsregelung in ihrer Ausgestaltung für die Länder absolut unantastbar sein soll. Ein solches Ergebnis kann nicht gewünscht sein und widerspricht dem föderalen Grundgedanken. Nicht einmal der Bundesgesetzgeber geht davon aus, dass hier keinerlei Abweichungen durch die Landesgesetzgeber vorgenommen werden dürfen. Sonst

682 *Kloepfer*, ZG 2006, 250 (262).

683 s. Art. 5 Abs. 3 zweiter Spiegelstrich UVP-RL.

684 Vgl. Ausführungen zum Verursacherprinzip aus Art. 191 Abs. 2 Satz 2 AEUV; s. auch *Louis*, ZUR 2006, 340 (342).

685 Vgl. *Louis*, ZUR 2006, 340 (342).

686 s. auch: BT-Drs. 16/767, S. 5 f. (Antwort zu Frage 19); *Schulze-Fielitz*, NVwZ 2007, 249 (257).

687 So auch: *Guckelberger* in: Frenz/Müggenborg, BNatSchG, 2011, § 13, Rn. 10; *Louis*, NuR 2010, 77 (81).

688 Begriffe „Negativ- und Positivkatalog" bei *Berghoff/Steg*, NuR 2010, 17 (22).

hätte er nicht nur § 13, sondern das gesamte Kapitel mit „Allgemeiner Grundsatz“ überschrieben. Weil er aber lediglich § 13 BNatSchG mit der Überschrift versehen hat, kann nur gefolgert werden, dass der Bundesgesetzgeber die §§ 14 ff. BNatSchG der landesgesetzlichen Abweichung zugänglich machen wollte. Auch spricht der Bundesgesetzgeber in den folgenden Paragraphen von „Eingriff“ und nicht von „erheblichen Beeinträchtigungen“ wie in § 13 BNatSchG.

Zumindest in Bezug auf die Absätze 2 und 3 von § 14 BNatSchG ist der Einstufung des Bundesgesetzgebers beizupflichten. Diese dürften wohl nicht zu den allgemeinen Grundsätzen gehören, denn sie beziehen sich nicht auf die zentralen Gegenstände eines effektiven Naturschutzes. Vielmehr stellen sie eine Ausnahme des Grundsatzes von § 13 BNatSchG dar, also eine Konkretisierung, die per se kein Grundsatz sein kann. Die beiden gegenständlichen Abs. betreffen sehr spezielle Fälle der land-, forst- und fischereiwirtschaftlichen Bodennutzung. Es handelt sich hier um Einzelfall- und nicht um Grundsatzregelungen. Aber nicht nur die Detailliertheit der Regelungen, sondern auch die verschiedenen Möglichkeiten der Ausgestaltung, ob und inwieweit land-, forst- oder fischereiwirtschaftliche Betätigungen einen relevanten Eingriff darstellen, lassen die Einstufung als allgemeinen Grundsatz fernliegend erscheinen.[689]

Dagegen erscheint es unvergleichbar schwieriger, § 14 Abs. 1 BNatSchG nicht als abweichungsfesten allgemeinen Grundsatz zu begreifen. Er enthält die „klassische“ Eingriffsdefinition.[690] Danach sind Eingriffe in Natur und Landschaft „Veränderungen der Gestalt oder Nutzung von Grundflächen oder Veränderungen des mit der belebten Bodenschicht in Verbindung stehenden Grundwasserspiegels, die die Leistungs- und Funktionsfähigkeit des Naturhaushalts oder das Landschaftsbild erheblich beeinträchtigen können“.

Anders als die Absätze 2 und 3 von § 14 BNatSchG geht Abs. 1 nicht ins Detail und regelt – wie auch schon zur Zeit der Rahmengesetzgebung – einen Rahmen. Der heutige § 14 Abs. 1 BNatSchG ist nahezu wortgleich mit der Eingriffsdefinition von § 8 Abs. 1 BNatSchG 1976 sowie § 18 Abs. 1 BNatSchG 2002. Nach dem BVerwG hatte der Eingriffsbegriff abschließenden Charakter.[691] Dies ergibt sich schon aus dem damaligen § 18 Abs. 4 Satz 1 BNatSchG 2002, wonach die Länder zu den Absätzen 1 bis 3 nur „nähere“, den feststehenden Eingriffsbegriff konkretisierende Vorschriften erlassen durften. So konnten bei der Rahmengesetzgebung die Länder die Merkmale dieser Definition nicht abweichend regeln, damit die L-NatSchG bei dem Thema Eingriffsregelung in den wesentlichen Punkten

689 *Hendrischke*, NuR 2007, 454 (457); *Guckelberger* in Frenz/Müggenborg, BNatSchG, 2011, § 14, Rn. 5.

690 Bezeichnung als „klassisch“ bei: *Guckelberger* in Frenz/Müggenborg, BNatSchG, 2011, § 14, Rn. 6.

691 BVerwGE 112, 41 (44); 85, 348 (357 f.).

identisch blieben.[692] Damals wichen einige Länder dennoch direkt von der Legaldefinition des § 8 Abs. 1 BNatSchG 1976 ab. So ersetzten M-V und Hessen das Wort „Leistungsfähigkeit" durch „ökologische Funktionsfähigkeit".[693] Dies war aber nur eine sprachliche und keine inhaltliche Abweichung und berührte die Eingriffsdefinition als solche nicht.[694] Brandenburg und Sachsen-Anhalt stellten dagegen klar, dass die Eingriffsregelung in besiedelten wie unbesiedelten Bereichen gilt. Auch dies war keine inhaltliche Abweichung, sondern lediglich eine Klarstellung dessen, was ohnehin schon durch § 1 Abs. 1 BNatSchG 1976 geregelt war. Das Land Niedersachsen wich dadurch von der bundesgesetzlichen Definition der Eingriffsregelung ab, in dem es das Wort „nachhaltig" ersatzlos strich.[695] Der niedersächsische Landesgesetzgeber ging aber damals davon aus, dass jede erhebliche Beeinträchtigung auch nachhaltig sei.[696] Diese Ansicht hat sich schließlich mit dem BNatSchG von 2002 auch auf Bundesebene durchgesetzt. Somit ist klar, dass auch diese Abweichung nur sprachlicher Natur war und im Einklang mit dem Verständnis stand, dass die Grundzüge der bundesrechtlich konzipierten Eingriffsregelung nicht infrage gestellt werden durften.[697] Die nahezu wortgleichen Definitionen der Eingriffsregelung des BNatSchG von 1976 und 2002 waren also zur Zeit der Rahmengesetzgebung „abweichungsfest". Die Länder durften lediglich zur Vereinfachung der Verwaltungsaufgaben und im gesetzlichen Rahmen unwiderlegbare Positiv- und Negativlisten als Regelbeispiele aufstellen.[698]

Die heutige Eingriffsdefinition aus § 14 Abs. 1 BNatSchG unterscheidet sich nur unwesentlich von ihren Vorgängern. Warum diesen Grundprinzipien, die damals „unbedingt bundeseinheitlich" in den Ländern geregelt werden mussten,[699] heute nicht mehr die gleiche Bedeutung zukommen soll, ist nicht erkennbar. Außerdem verwendet § 14 Abs. 1 BNatSchG den Kernbegriff aus § 13 BNatSchG, nämlich „erhebliche Beeinträchtigung von Natur und Landschaft". Dies ist ein weiteres Argument dafür, dass die Grundzüge der Eingriffsdefinition aus § 14 Abs. 1 BNatSchG zu den allgemeinen Grundsätzen gehören.

Es gibt meines Erachtens keine überzeugenden Argumente dagegen. *Guckelberger* hat angedacht, aber im Ergebnis offengelassen, dass die Eingriffsregelung deshalb kein allgemeiner Grundsatz sein könne, da es sich um eine Legaldefini-

---

692 *Louis*, BNatSchG 2000, § 8, Rn.202.
693 s. § 14 Abs. 1 LNatSchG M-V u. § 5 Abs. 1 HENatG.
694 *Louis*, BNatSchG 2000, § 8, Rn.202.
695 s. § 7 Abs. 1 NNatG
696 Nds. LT-Drs. 9/2300, S. 4.
697 *Gassner* in: Gassner/Bendomir-Kahlo/Schmidt-Räntsch, BNatSchG, 2003, § 18, Rn. 28.
698 Vgl. *Lorz*, Naturschutzrecht mit Artenschutz, 1985, S. 43 unter 10. a).
699 BT-Drs. 7/3879, S. 17, 22; s. auch: BVerwGE 85, 348 (358).

tion handele.[700] Dieser Ansatz vermag nicht zu überzeugen. Gerade bei Legaldefinitionen kann ein bundesweites Interesse an einem einheitlichen Verständnis des Definitionsobjekts bestehen. Schließlich können Legaldefinitionen, wie auch im konkreten Fall der Eingriffsregelung, eine gemeinsame Grundlage für die Rechtspraxis in Bund und Ländern schaffen. Bei Legaldefinition ist es insbesondere wichtig, dass diese allgemeingültig sind und nicht jedes Land seine eigene Definition festlegen kann. Auch sprechen das Verständnis und die Tragweite der Eingriffsdefinition zur Zeit der Rahmengesetzgebung gegen den Denkansatz von *Guckelberger.*

Die Grundzüge der Eingriffsdefinition nach § 14 Abs. 1 BNatSchG gehören zu den allgemeinen Grundsätzen i. S. v. Art. 72 Abs. 3 Satz 1 GG und sind damit abweichungsfest. Die Absätze 2 und 3 dagegen sind nicht als allgemeine Grundsätze zu verstehen und sind der landesgesetzlichen Abweichung zugänglich.

c) §§ 15–19 BNatSchG

Die §§ 15 bis 19 BNatSchG enthalten im Wesentlichen weitere Konkretisierungen und vor allem Verfahrensvorschriften. Sie gestatten den Ländern ausdrücklich, Näheres zu regeln und sind bereits aus diesem Grund keine allgemeinen Grundsätze.

d) Ergebnis zur Eingriffsregelung

Im Ergebnis sind damit sind § 13 und § 14 Abs. 1 BNatSchG allgemeine Grundsätze i. S. v. Art. 72 Abs. 3 Satz 1 GG und der landesgesetzlichen Abweichung versperrt. Konsequenterweise sind alle Regelungen, die den Eingriffsbegriff verengen, kompetenz- und verfassungswidrig.

7. Schutz bestimmter Teile von Natur und Landschaft (§§ 20 ff. und § 30 Abs. 1 BNatSchG)

Der Schutz bestimmter Teile von Natur und Landschaft war schon im RNatSchG von 1935 einheitlich geregelt. Damals erstreckte sich der Naturschutz gemäß § 1 ff. RNatSchG auf Naturdenkmale, Naturschutzgebiete, Landschaftsschutzgebiete und sonstige Landschaftsteile in der freien Natur. Naturdenkmale und Naturschutzgebiete unterlagen wie auch heute einem Veränderungsverbot. Andere Landschaftsteile der freien Natur konnten vor schädigenden Eingriffen oder Ver-

700 *Guckelberger* in: Frenz/Müggenborg, BNatSchG, 2011, § 14, Rn. 6.

änderungen geschützt werden (s. §§ 5, 19 RNatSchG). Heute ist der Natur- und Landschaftsschutz facettenreicher, aber in den Grundzügen identisch.[701]

a) § 20 Abs. 1 und § 30 Abs. 1 BNatSchG – Biotopverbund

§ 20 BNatSchG führt die Überschrift „Allgemeine Grundsätze". Laut Bundesgesetzgeber 2009 gehört also zu den allgemeinen Grundsätzen, dass ein Netz verbundener Biotope auf mindestens 10 Prozent der Fläche eines jeden Landes zu schaffen ist (§ 20 Abs. 1 BNatSchG). Damit soll die besondere Bedeutung des Biotopverbundes für Tier- und Pflanzenarten sowie die Aufrechterhaltung funktionsfähiger Wechselbeziehungen für Lebensräume und Lebensgemeinschaften unterstrichen werden.[702] Nach wissenschaftlichen Erkenntnissen entspricht die quantitative Vorgabe von 10 % der Landesfläche dem Minimalwert für einen Biotopverbund.[703] Diese Vorgabe ist bereits aus diesem Grund ein allgemeiner Grundsatz i. S. v. Art. 72 Abs. 3 Satz 1 GG. Das Instrument des Biotopverbundes und der Schutz und die Errichtung des Netzes Natura 2000 erfordern zwangsläufig eine bundeseinheitliche Regelung, denn diese länderübergreifenden Instrumente können nur dann funktionieren, wenn alle Länder kooperieren.[704] Zudem dienen sie der Umsetzung europäischer Richtlinien und sind auch deshalb für die Länder bindend. In der Konsequenz ist daher der in § 30 Abs. 1 BNatSchG vorgesehene Schutz bestimmter Teile von Natur und Landschaft – welche eine besondere Bedeutung als Biotope haben – zu Recht als „allgemeiner Grundsatz" definiert. Dieser bezieht sich dabei auf das Instrument des Biotopschutzes als solchen und nicht auf bestimmte Biotoptypen.[705]

b) § 20 Abs. 2 BNatSchG – Schutzgebietskategorien

§ 20 Abs. 2 BNatSchG nennt die bereits nach altem Recht anerkannten Schutzgebietskategorien (wie etwa Naturschutzgebiete, Nationalparke oder Naturdenkmäler) und führt die neue Kategorie des Nationalen Naturmonuments ein. Die Abgrenzung der einzelnen Schutzgebietskategorien kann im konkreten Einzelfall Schwierigkeiten bereiten und wird an späterer Stelle getrennt vorgenommen.

---

701 *Fischer-Hüftle*, NuR 2007, 78 (83).
702 BT-Drs. 16/12274, S. 60.
703 *Lau* in: Frenz/Müggenborg, BNatSchG, 2011, § 20, Rn. 4.
704 *Fischer-Hüftle*, NuR 2007, 78 (83).
705 BT-Drs. 16/12274, S. 62 f.; *Heugel* in: Lütkes/Ewer, BNatSchG, § 30, Rn. 3; *Kratsch/Czybulka in:* Schumacher/Fischer-Hüftle, BNatSchG, § 30, Rn. 5.

Die Schutzkategorien waren bislang in § 22 Abs. 1 BNatSchG a. F. rahmenrechtlich vorgegeben und damit für Landesrecht im Kern bindend.[706] Auch schon zu Zeiten des RNatSchG unterlagen das Naturdenkmal und das Naturschutzgebiet bereits einem Veränderungsverbot (vgl. § 16 RNatSchG). Durch die Klassifizierung als allgemeiner Grundsatz in der Paragraphenüberschrift hat der Gesetzgeber deutlich gemacht, dass die Schutzkategorien auch heute bundeseinheitlich geregelt werden sollen.[707] Sie sind abschließend vorgegeben; ihnen können die Länder keine weitere Schutzkategorie hinzufügen.[708]

Der bundeseinheitlichen Vorgabe der Schutzkategorien als allgemeine Grundsätze ist nicht nur aus historischen Gründen beizupflichten. Für die Erforderlichkeit dieser bundeseinheitlichen Schutzkategorien sprechen vor allem praktische Gesichtspunkte, denn schützenswerte Landschaftsteile machen nicht an Ländergrenzen halt. Eine Unterschutzstellung muss daher häufig länderübergreifend erfolgen.[709] Auch aus Sicht der Wirtschaft ist die Einheitlichkeit der Schutzkategorien erforderlich, weil sie sich so bei länderübergreifenden Tätigkeiten nicht auf stets wechselnde Schutzkategorien einstellen müssen. Entsprechendes gilt auch für die Bürger, die sich bei einheitlichen Schutzkategorien in ihrem Verhalten entsprechend einrichten können, unabhängig davon, in welchem Bundesland sie auf Schutzgebiete treffen.[710] Die Ausweisung von Schutzgebieten ist ein unantastbares Instrument des Naturschutzes.

Fraglich ist, was genau die „Ausweisung von Schutzgebieten" umfasst. Nach der Rechtsprechung des VG Regensburg von Oktober 1982 war der Inhalt der Schutzgebietskategorien (welche rahmenrechtlich in § 22 BNatSchG a. F. normiert waren) „abweichungsfest".[711] Nach Meinung des Gerichts ist der Inhalt eines Rechtsbegriffs des Bundesrechts als solcher der Abänderung, Erweiterung oder Reduzierung durch Landesrecht entzogen; die hier betroffenen Begriffsbestimmungen bedurften nach damaliger Rechtsprechung keiner weiteren Ausfüllung.[712] Nach *Lau* macht diese Einschätzung auch heute insoweit noch Sinn, als es unter Bestimmtheitsaspekten erforderlich sei, dass einer bestimmten Bezeich-

706 Zum damaligen Recht: *Schmidt-Räntsch* in: Gassner/Bendomir-Kahlo/Schmidt-Räntsch, 2003, § 22, Rn. 4; *Kolodziejcok* in: Kolodziejcok/Recken, Naturschutz, Landschaftspflege, Kz. 1168, Rn. 4; s. auch *Lorz/Müller/Stöckel*, Naturschutzrecht mit Artenschutz, 2003, § 22, Rn. 11.

707 BT-Drs. 16/12274, S. 60.

708 *Gassner/Heugel*, Das neue Naturschutzrecht 2010, Rn. 364; *Lau* in: Frenz/Müggenborg, BNatSchG, 2011, § 20, Rn. 7; a. A. *Gellermann*, NVwZ 2010, 73(74 f.).

709 Vgl. auch BT-Drs. 16/12274, S. 60.

710 BT-Drs. 16/12274, S. 60.

711 VG Regensburg, NuR 1983, 127 (128).

712 Ebd. mit Verweis auf *Maunz* in: Maunz/Dürig, GG, 1982, Art. 75, Rn. 14.

nung ein bestimmter Inhalt folgt.[713] Zwar ist die bundesfreundliche Rechtsprechung des VG Regensburg mit Vorsicht zu genießen, da in den Folgejahren der Trend klar zur länderfreundlichen Auslegung in Kompetenzfragen ging (vgl. Altenpflege-,[714] Kampfhunde-[715]oder Ladenschlussentscheidung[716] des BVerfG). Dennoch ist *Lau* zuzustimmen. Würde man den Ländern gestatten, die Schutzgebietskategorien nach Belieben inhaltlich auszufüllen, so würde der Sinn einer bundesweit einheitlichen Bezeichnung vollständig untergraben werden. Bereits aus Gründen der Bestimmtheit ist es erforderlich, dass hinter den Bezeichnungen der jeweiligen Schutzgebietskategorien bundesweit der gleiche Inhalt steht.

Gemäß § 20 Abs. 2, Nrn. 1, 2 und 4 BNatSchG können die Schutzkategorien „Naturschutzgebiet", „Nationalpark" oder „Nationale Monument" sowie „Landschaftsschutzgebiet" „nach Maßgabe" der jeweiligen Bundesnorm (§§ 23, 24 oder 26 BNatSchG) geschützt werden. Hinsichtlich der anderen Schutzgebietskategorien fehlt dieses „nach Maßgabe". Es muss also einen qualitativen Unterschied bezüglich der Abweichungsfestigkeit geben. Dieser qualitative Unterschied ist darin zu sehen, dass bei den betroffenen Schutzgebietskategorien die jeweilige bundesrechtliche Ausgestaltung zur Erreichung des jeweils verfolgten Schutzzwecks abweichungsfest ist, während im Übrigen vom jeweiligen Schutzzweck abgewichen werden kann, soweit dies nicht den Inhalt der Schutzgebietskategorie betrifft.[717] Diese Auslegung basiert auf der Feststellung, dass die Unterschutzstellung eines Gebietes der Abwehr von Gefahren für Natur und Landschaft dient und sich die verschiedenen Schutzgebietskategorien dabei hauptsächlich in dem jeweils verfolgtem Schutzzweck unterscheiden.[718]

c) § 20 Abs. 2 BNatSchG – Abgrenzung der Schutzgebietskategorien

Die zuvor genannten Gebiete, das Landschaftsschutzgebiet, das Naturschutzgebiet, der Nationalpark sowie die Nationalen Naturmonumente sind also von nationaler Bedeutung, sodass auch die jeweiligen Ausweisungsvoraussetzungen unter die allgemeinen Grundsätze des Naturschutzes i. S. d. Abweichungskompetenz fallen. In diesem Zusammenhang kommt die Frage auf, wie sich die genannten Gebiete von den anderen Schutzgebietskategorien unterscheiden. Wo liegt etwa der Unterschied zwischen einem Nationalpark und einem Naturpark oder Bio-

---

713 *Lau* in: Frenz/Müggenborg, BNatSchG, 2011, § 20, Rn. 7.

714 BVerfGE 106, 62 ff.

715 BVerfGE 110, 141 ff.

716 BVerfGE 111, 10 ff.

717 *Lau* in: Frenz/Müggenborg, BNatSchG, 2011, § 20, Rn. 8.

718 *J. Schumacher/A. Schumacher/Fischer-Hüftle* in: Schumacher/Fischer-Hüftle, BNatSchG, § 20, Rn. 23.

sphärenreservat? Tatsächlich sind die Grenzen zwischen den einzelnen Schutzkategorien aus § 20 Abs. 2 BNatSchG fließend.[719]

aa) Naturschutzgebiet

Das Naturschutzgebiet ist die älteste Schutzgebietskategorie des Katalogs von § 20 Abs. 2 BNatSchG.[720] Es war bereits im RNatSchG von 1935 enthalten. Es handelt sich gemäß § 23 Abs. 1 BNatSchG um rechtsverbindlich festgesetzte Gebiete, in denen ein besonderer Schutz von Natur und Landschaft in ihrer Ganzheit oder in einzelnen Teilen erforderlich ist

1. zur Erhaltung, Entwicklung oder Wiederherstellung von Lebensstätten, Biotopen oder Lebensgemeinschaften bestimmter wild lebender Tier- und Pflanzenarten,
2. aus wissenschaftlichen, naturgeschichtlichen oder landeskundlichen Gründen oder
3. wegen ihrer Seltenheit, besonderen Eigenart oder hervorragenden Schönheit.

Da ein Naturschutzgebiet ein „rechtsverbindlich festgesetztes Gebiet" ist, handelt es sich um ein Instrument des Flächenschutzes als Gegenstück zum Objektschutz. Eine Mindest- oder Maximalgröße ist nicht vorgegeben.[721]

Gemäß § 23 Abs. 2 Satz 1 BNatSchG sind alle Handlungen, die auch nur zu einer Veränderung des Gebiets führen könnten verboten. Es handelt sich um ein sogenanntes „absolutes Veränderungsverbot".[722]

bb) Nationalpark

Die Schutzkategorie des Nationalparks wurde in den USA entwickelt und fand erst 1987 Eingang in das damalige BNatSchG.[723] Die Definition des Nationalparks laut dem Bundesgesetzgeber richtet sich nach den internationalen Vorgaben der IUCN von 1969.[724] Gemäß § 24 Abs. 1 BNatSchG handelt es sich wie bei Naturschutzgebieten ebenfalls um ein „rechtsverbindlich festgelegtes Gebiet", jedoch mit dem Unterschied, dass das Gebiet „einheitlich" zu schützen ist und

719 Etwa *J. Schumacher/A. Schumacher/Fischer-Hüftle* in: Schumacher/Fischer-Hüftle, BNatSchG, § 23, Rn. 8 oder § 24, Rn. 91.

720 *Meßerschmidt*, Bundesnaturschutzrecht, § 23 a. F., Rn. 3.

721 *J. Schumacher/A. Schumacher/Fischer-Hüftle* in: Schumacher/Fischer-Hüftle, BNatSchG, § 23, Rn. 8.

722 *Heugel* in: Lütkes/Ewer, BNatSchG, § 20, Rn. 3.

723 *Schmidt-Räntsch* in: Gassner/Bendomir-Kahlo/Schmidt-Räntsch, 2003, § 24, Rn. 2.

724 Beschluss der 10. Generalversammlung der IUCN vom 24.11. – 1.12.1969.

es „großräumig“ sowie von „besonderer Art“ sein muss. Nach § 24 Abs. 1 Nr. 2 BNatSchG muss ein Nationalpark im überwiegenden Teil seines Gebietes die Voraussetzung eines Naturschutzgebietes erfüllen. Das Merkmal „großräumig“ hat der Bundesgesetzgeber der Definition der IUCN entliehen und nicht näher konkretisiert. In der Literatur gehen die Meinungen bezüglich der Bedeutung dieses Begriffs auseinander. Sie reichen von konkreten Mindestgrößen in Höhe von 1.000 Hektar[725] bis zu einer Mindestgröße von 10.000 Hektar[726] über die heute vorherrschenden flexiblen Formulierungen ohne konkrete Größenangabe.[727] Die Größenspanne der heute in Deutschland anerkannten Nationalparke geht von ca. 3.000 Hektar[728] (Nationalpark Jasmund) bis ca. 441.000 Hektar (Schleswig-Holsteinisches Wattenmeer).[729]

Gemäß § 24 Abs. 3 BNatSchG sind Nationalparke grundsätzlich wie Naturschutzgebiete zu schützen; sie unterliegen einem „grundsätzlich absoluten Veränderungsverbot“.[730]

cc) Nationales Naturmonument

Die Schutzkategorie des Nationalen Monuments hat mit Neuregelung von 2010 Einzug in das BNatSchG erhalten. Unter Nationalen Monumenten versteht der Gesetzgeber ein rechtsverbindlich festgesetztes Gebiet, das aus wissenschaftlichen, naturgeschichtlichen, kulturhistorischen oder landeskundlichen Gründen und wegen ihrer Seltenheit, Eigenart oder Schönheit von herausragender Bedeutung ist (§ 24 Abs. 4 BNatSchG). Diese Schutzkategorie wurde eingeführt, um national bedeutsame Schöpfungen der Natur auch auf kleineren Flächen ab ca. 5 Hektar Größe einem herausgehobenen Schutz zu unterwerfen, der auch international Anerkennung und Beachtung findet.[731] In Abgrenzung zum Naturschutzgebiet, das ebenfalls dem Flächenschutz dient, sollte der internationale Bezug dieses Schutzgebietes ermöglicht werden.[732]

---

725 *Erbs/Kohlhaas*, N 16, § 24, Rn. 3; *Scharinger*, Rechtsgrundlagen für die Errichtung von Nationalparken 1999, S. 27.

726 *Kolodziejcok* in: Kolodziejcok/Recken, Naturschutz, Landschaftspflege, Kz. 1139, Rn. 11; *J. Schmidt-Räntsch* in: Gassner/Bendomir-Kahlo/Schmidt-Räntsch, 2003, § 24, Rn. 5.

727 *J. Schumacher/A. Schumacher* in: Schumacher/Fischer-Hüftle, BNatSchG, § 24, Rn. 28; *Heugel* in: Lütkes/Ewer, BNatSchG, § 24, Rn. 5.

728 s. Internetseite des Nationalparks Jasmund, abrufbar unter: http://www.nationalpark-jasmund.de.

729 s. Internetseite des Nationalparks Schleswig-Holsteinisches Wattenmeer, abrufbar unter: http://www.nationalpark-wattenmeer.de/sh.

730 Begriff bei *Heugel* in: Lütkes/Ewer, BNatSchG, § 20, Rn. 3.

731 BT-Drs. 16/13430, S. 46.

732 Vgl. BT-Drs. 16/13430, S. 46.

Nationale Naturmonumente unterliegen wie Naturschutzgebiete einem absoluten Veränderungsverbot (§ 24 Abs. 4 Satz 2 BNatSchG).

dd) Biosphärenreservat

Die Voraussetzungen eines Biosphärenreservats sind in § 25 BNatSchG geregelt und wurden erst 1998 als Schutzkategorie in das BNatSchG aufgenommen.[733] Es handelt sich um großräumige Gebiete, die für bestimmte Landschaftstypen charakteristisch sind und in wesentlichen Teilen die Voraussetzungen eines Naturschutzgebietes erfüllen (§ 25 Abs. 1 BNatSchG). In Abgrenzung zu Naturschutzgebieten handelt sich hier also nicht um einen flächenhaften, sondern einen großräumigen Schutz.

Biosphärenreservate unterliegen gemäß § 25 Abs. 3 BNatSchG einem grundsätzlich absoluten Veränderungsverbot. In Abgrenzung zu Nationalparken dienen sie jedoch nach § 25 Abs. 2 BNatSchG nicht nur der Beobachtung von Natur und Landschaft, sondern auch der Forschung und Bildung auf dem Gebiet nachhaltiger Entwicklung.

ee) Landschaftsschutzgebiet

Das Landschaftsschutzgebiet ist in Deutschland als Konzept bereits seit dem RNatSchG von 1935 bekannt und war dort in § 19 Abs. 2 RNatSchG geregelt. Ausdrücklich geregelt wurde das Konzept des Landschaftsschutzgebietes in § 15 BNatSchG in der Fassung von 1976.

Heute sind die Voraussetzungen dieser Schutzgebietskategorie in § 26 BNatSchG normiert. Genauso wie Naturschutzgebiete und Nationale Naturmonumente sind Landschaftsschutzgebiete danach rechtsverbindlich festgesetzte Gebiete. Im Unterschied zu diesen beiden Schutzgebietskategorien sind gemäß § 26 Abs. 2 BNatSchG nur solche Handlungen verboten, die den Charakter des Gebiets verändern oder dem Schutzzweck eines Landschaftsschutzgebiets zuwiderlaufen. Es handelt sich hier also um ein „relatives Veränderungsverbot".[734]

ff) Naturparke

Naturparke sind einheitlich zu entwickelnde und zu pflegende Gebiete, die großräumig sind und überwiegend Landschaftsschutzgebiete oder Naturschutzgebiete darstellen (§ 27 Abs. 1 BNatSchG). Anders als Landschaftsschutz- oder Natur-

733 *Heugel* in: Lütkes/Ewer, BNatSchG, § 25, Rn. 3.
734 Begriff bei: ebd., § 20, Rn. 3.

schutzgebiete muss sich ein Naturpark wegen der landschaftlichen Voraussetzungen für die Erholung besonders eignen, und darüber hinaus muss auf dem Gebiet ein nachhaltiger Tourismus angestrebt sein. Dieser „Leitgedanke“[735] der Verknüpfung des Naturschutzes mit dem Tourismus zeichnet den Naturpark aus. Von einem Nationalpark oder einem Biosphärenreservat, die auch den Schutz großräumiger Gebiete zum Gegenstand haben, unterscheidet sich der Naturpark nicht nur durch die Verknüpfung von Naturschutz und Tourismus, sondern auch durch die Verbotsregelung. Denn § 27 BNatSchG enthält anders als die übrigen Schutzgebietskategorien ausdrücklich keine Verbote. Da ein Naturpark jedoch überwiegend ein Landschaftsschutz- oder Naturschutzgebiet ist, muss dementsprechend zumindest auf diesen Gebietsteilen ein absolutes und/oder ein relatives Veränderungsverbot herrschen.[736] Ansonsten können die Länder über § 22 Abs. 1 Satz 2 und Abs. 4 BNatSchG die zur Erreichung des Schutzzwecks erforderlichen Gebote und Verbote aus eigenem Recht bestimmen.[737]

gg) Naturdenkmal

Das Naturdenkmal i. S. v. § 28 BNatSchG zeichnet sich in Abgrenzung zu den übrigen Schutzgebietskategorien dadurch aus, dass es sich hier um einen Objektschutz oder den Schutz von kleinen Flächen bis zu 5 Hektar handelt. In Abgrenzung zu Naturschutzgebieten, die ebenfalls kleinflächig sein könnten, wird bei Naturdenkmälern eine gewisse „Objekthaftigkeit“ und „Beständigkeit im äußeren Erscheinungsbild“[738] verlangt; das betroffene Objekt muss sich aus der sie umgebende Landschaft abheben und abgrenzen lassen.[739] Im Gegensatz zu den anderen Schutzgebietskategorien kennt das Naturdenkmal keine ökologischen Schutzgründe.[740] Unter Naturdenkmäler in diesem Sinne können z. B. kleinere Baumgruppen,[741] Höhlen[742] oder Moore[743] fallen.

Wie beim Naturschutzgebiet herrscht ein absolutes Veränderungsverbot (§ 28 Abs. 2 BNatSchG).

---

735 Ebd., § 27, Rn. 1.

736 Ebd., § 27, Rn. 11.

737 *J. Schumacher/A. Schumacher* in: Schumacher/Fischer-Hüftle, BNatSchG, § 27, Rn. 26; *Gellermann* in: Landmann/Rohmer, UmwR IV, 2010, § 27, Rn. 10.

738 VGH Kassel, NuR 1996, 264 (265); *Louis*, NuR 1990, 105 (106).

739 VGH München, DVBl. 2008, 332 (332); OVG Lüneburg, NuR 2004, 52 (53).

740 Vgl. *Heugel* in: Lütkes/Ewer, BNatSchG, § 28, Rn. 6.

741 VGH München, NuR 1979, 154 (154).

742 VG Regensburg, NuR 1983,127 (128).

743 *J. Schumacher/A. Schumacher* in: Schumacher/Fischer-Hüftle, BNatSchG, § 28, Rn. 5 mit Verweis auf die Praxis des Landes Baden-Württemberg.

hh) Geschützter Landschaftsbestandteil

Die Schutzgebietskategorie der geschützten Landschaftsbestandteile i. S. v. § 29 BNatSchG betrifft wie auch das Naturdenkmal den Objektschutz (§ 29 Abs. 1 Satz 1 BNatSchG). Anders als das Naturdenkmal kennt sie jedoch auch ökologische Schutzgründe. In Bezug auf den Schutzzweck und das Schutzregime ist die Kategorie des geschützten Landschaftsbestandteils vergleichbar mit dem Landschaftsschutzgebiet; es herrscht auch hier ein absolutes Veränderungsverbot.[744]

d) § 20 Abs. 2 BNatSchG – Besonderheit bei großflächigen Schutzgebieten

Die Ausweisung von Schutzgebieten ist ein unantastbares Instrument des Naturschutzes. Die konkrete Ausformung der beiden großflächigen Grundkategorien (Landschaftsschutzgebiet und Naturschutzgebiet) sowie die großflächigen Schutzkategorien mit gesamtstaatlicher Bedeutung (Nationalpark und Nationale Naturmonumente) wurden jedoch nicht den Ländern überlassen. Diese Schutzgebiete sind laut dem Bundesgesetzgeber „nach der Maßgabe" der jeweiligen Einzelvorschriften (§§ 23, 24 und 26 BNatSchG) zu schützen. Durch Bezugnahme auf die betreffenden Einzelvorschriften werden die jeweiligen Ausweisungsvoraussetzungen und Schutzregime als Bestandteil des allgemeinen Grundsatzes ausgestaltet.

Zwar handelt es sich bei diesen speziellen Schutzkategorien um großflächige Gebiete, die über Landesgrenzen hinweggehen (können), aber dies kann nicht erklären, warum der Begriff „allgemeine Grundsätze" i. S. v. Art. 72 Abs. 3 Satz 1 Nr. 2 GG in diesem Fall von dem Bundesgesetzgeber so interpretiert wird, dass er detaillierte Ausweisungsvoraussetzungen und Schutzregime umfasst. Dies könnte den gegenständlichen Verfassungsbegriff unverhältnismäßig weit ausdehnen. Der Bundesgesetzgeber begründet diese konkrete Ausgestaltung als „allgemeinen Grundsatz" lediglich damit, dass eine Unterschutzstellung häufig länderübergreifend erfolgen müsse.[745] Dies mag zutreffend sein, ist aber als Begründung für eine Beschneidung der Landeskompetenz nicht ausreichend.[746] Es ist richtig, dass die genannten großflächigen Schutzgebietskategorien von gesamtstaatlicher Bedeutung sind. Im Fall des § 24 BNatSchG kann man bereits aus der Bezeichnung als *National*park und *Nationales* Monument folgern, dass es sich hier wegen des Sachzusammenhangs um eine Sache des Bundes handeln muss. Zwar mögen einzelne Besonderheiten wie etwa die Größe des Gebiets vom

744 *Heugel* in: Lütkes/Ewer, BNatSchG, § 20, Rn. 3.

745 BT-Drs. 16/12274, S. 60.

746 So auch *Fischer-Hüftle*, NuR 2007, 78 (83).

Schutzzweck und von den örtlichen Begebenheiten abhängen. Aber dies spricht nicht gegen die Ausgestaltung der §§ 23, 24 und 26 BNatSchG als allgemeine Grundsätze. Denn hier hat der Bundesgesetzgeber ausschließlich offene Begriffe, wie „großräumig", „weitgehend unzerschnitten", „im überwiegenden Teil", etc. benutzt, sodass örtliche Besonderheiten problemfrei berücksichtigt werden können.

Im Ergebnis ist die Ausgestaltung der Ausweisungsvoraussetzungen und Schutzregime dieser großflächigen Schutzgebietskategorien mit nationaler Bedeutung schon aus dem Sachzusammenhang zu bejahen. Auch regionale Besonderheiten können berücksichtigt werden, sodass der Begriff „allgemeine Grundsätze" aus Art. 72 Abs. 3 Satz 1 Nr. 2 GG auch nicht überdehnt wird.

8. Betreten der freien Landschaft (§ 59 BNatSchG)

Das Betreten der freien Landschaft hat der Bundesgesetzgeber in § 59 Abs. 1 BNatSchG als „allgemeinen Grundsatz" ausgestaltet. Das Betreten der freien Landschaft bezieht sich auf Straßen und Wege sowie auf ungenutzte Grundflächen zum Zweck der Erholung und ist allen gestattet. Dieses Betretungsrecht hat der Bundesgesetzgeber als „allgemeinen Grundsatz" i. S. v. Art. 72 Abs. 3 Satz 1 GG klassifiziert. Das Betreten ist für die Erholung in Natur und Landschaft zwingende Voraussetzung. Da der Erholungswert i. S. v. § 1 Abs. 1 Nr. 3 BNatSchG, wie oben dargestellt, einen allgemeinen Grundsatz darstellt, muss dies auch für das Betreten von Natur und Landschaft gelten.[747] Denn ohne ein Betreten von Natur und Landschaft kann diese auch keinen Erholungswert für den Menschen bieten.

Ein Verbot des Betretens der freien Natur wäre meines Erachtens ein Eingriff in das Grundrecht auf allgemeine Handlungsfreiheit aus Art. 2 Abs. 1 GG. Denn die freie Natur und Landschaft sind Allgemeingut und müssen daher als Grundsatz auch der Allgemeinheit zugänglich sein, soweit dadurch keine entgegenstehenden Grundrechte Dritter verletzt[748] werden (z. B. Eigentum). Ein Betreten der freien Natur und Landschaft verstößt auch nicht etwa gegen die Schranken der Handlungsfreiheit aus Art. 2 Abs. 1 GG, nämlich die verfassungsmäßige Ordnung oder das Sittengesetz. Dies gilt insbesondere dann, wenn das Betreten der freien Landschaft zum Zwecke der Erholung – wie hier – allein auf das Betreten von Straßen und Wegen sowie ungenutzte Grundflächen reduziert ist.

747 So i. E. auch ders. in Schumacher/Fischer-Hüftle, BNatSchG, § 59, Rn. 1.
748 „Verletzt" meint hier einen „unverhältnismäßigen Eingriff".

IV. Zusammenfassung – allgemeine Grundsätze im BNatSchG

Zusammenfassend kann den Einstufungen einzelner Materien als allgemeine Grundsätze durch den Bundesgesetzgeber im Wesentlichen zugestimmt werden. So sind allgemeine Grundsätze des Naturschutzes in den §§ 1 Abs. 1, 6 Abs. 1, 8, 13, 20, 30 Abs. 1 und 59 Abs. 1 BNatSchG geregelt. Diese sind stichwortartig zusammengefasst die Ziele des Naturschutzes, die koordinierte Umweltbeobachtung, das Instrument der Landschaftsplanung, die Rang- und Stufenfolge im Zusammenhang mit erheblichen Beeinträchtigungen der Natur, der Schutz bestimmter Teile von Natur und Landschaft und der besonders hervorgehobene Schutz von Biotopen sowie das Betreten der freien Landschaft.

In zwei Fällen hat der Bundesgesetzgeber Regelungsbereiche nicht als „allgemeinen Grundsatz" klassifiziert, obwohl dies meines Erachtens erforderlich gewesen wäre. Dabei handelt es sich um Elemente der Landschaftsplanung aus den §§ 9 ff. BNatSchG und um die Eingriffsdefinition nach § 14 Abs. 1 BNatSchG. Folgt man der vorzugswürdigen Ansicht, die Klassifizierungen von allgemeinen Grundsätzen im BNatSchG seien konstitutiver Natur,[749] so haben die genannten Fehleinschätzungen des Bundesgesetzgebers keine Folgen. Die Länder können hiervon abweichende Regelungen erlassen, ohne dass diese gegen Art. 72 Abs. 3 Satz 1 Nr. 2 GG verstoßen.

Folgte man der meines Erachtens inkonsequenten Auffassung, die einfachgesetzlichen Klassifizierungen von allgemeinen Grundsätzen seien bloß deklaratorischer Natur, so könnten die Länder hier keine abweichenden Regelungen treffen.

749 Vgl. dazu die Ausführungen bei Fn. 590 und Fn. 609.

Kapitel 5: Umsetzung der verfassungsrechtlichen Vorgaben in Niedersachsen, Bayern und Brandenburg

Ein Großteil der Bundesländer[750] hat zum heutigen Stand von der Abweichungskompetenz Gebrauch gemacht und in unterschiedlichem Umfang die L-NatSchG an das neue BNatSchG aus 2010 angepasst. Dazu zählen auch Niedersachsen und Bayern, (noch) nicht jedoch Brandenburg. Im Bearbeitungszeitpunkt liegt lediglich der Entwurf eines Brandenburgischen Naturschutzausführungsgesetzes vor. Da das derzeit geltende brandenburgische Naturschutzgesetz älter ist als das BNatSchG 2010, kann es von dem BNatSchG aus 2010 nicht i. S. v. Art. 72 Abs. 3 GG abweichen und bedarf daher keiner näheren Untersuchung. In dieser Arbeit soll jedoch der Entwurf des BbgNatSchAG auf unzulässige Abweichungen untersucht werden. Dabei wird an manchen Stellen der Einfachheit halber der Entwurf sprachlich wie ein verkündetes Gesetz behandelt.

Nachfolgend werden zunächst im Allgemeinen die Entwicklungen im Landesnaturschutzrecht Niedersachsens, Bayerns und Brandenburgs nach Einführung der Abweichungsgesetzgebungskompetenz im Jahr 2006 beleuchtet. Im Anschluss werden konkrete Regelungen der besagten Landesrechte untersucht, die von dem Bundesnaturschutz abweichen. Dabei wird geprüft, ob die Landesgesetzgeber möglicherweise von einem abweichungsfesten Kern i. S. d. Verfassung abweichen.

A. Entwicklung des Naturschutzrechts in Niedersachsen, Bayern und Brandenburg nach der Verfassungsreform

Niedersachsen und Bayern haben nach der Föderalismusreform die Verkündung des neuen BNatSchG abgewartet. Danach haben sie von ihrem neueingeräumten Abweichungsrecht Gebrauch gemacht und ihrerseits neue L-NatSchG erlas-

750 Bayern, Bremen, Hamburg, Hessen, M-V, Niedersachsen, NRW, Sachsen, S-A, S-H.

sen. Das NAGBNatSchG[751] trat zeitgleich mit dem BNatSchG am 1.3.2010 in Kraft, das BayNatSchG[752] am 1.3.2011. Der brandenburgische Gesetzentwurf des BbgNatSchAG ist am 30.11.2011 eingegangen.[753] Wann der endgültige Entwurf voraussichtlich als Gesetz in Kraft treten soll, ist zum aktuellen Zeitpunkt nicht absehbar.

Abweichungen vom BNatSchG durch die L-NatSchG Bayerns und Niedersachsens sowie der anderen Länder sind einerseits im Bundesgesetzblatt angezeigt.[754] Die angezeigten Abweichungen beziehen sich aber jeweils nur auf das ‚Ob' der Abweichung. Wie eine Änderung nun tatsächlich inhaltlichen abweicht, muss sich der Rechtsanwender selbst erarbeiten. Andererseits haben beide Landesgesetze sowie der Entwurf des BbgNatSchAG „Abweichungen" oder „Ergänzungen" durch entsprechende Formulierungen im Gesetzestext oder auch in den Paragraphenüberschriften – so das BayNatSchG – kenntlich gemacht. Dabei benutzen die Länder die Begriffe „abweichen" (z. B. § 6 Abs. 1 BbgNatSchAG-E, Art. 6 Abs. 1-5 BayNatSchG, § 6 Abs. 1 NAGBNatSchG) und „ergänzen" (z. B. § 2 BbgNatSchAG-E) nicht immer einheitlich.

Der niedersächsische Landesgesetzgeber spricht nur dann von „Ergänzungen", wenn der Bundesgesetzgeber auf das Gebrauchmachen seines Gesetzgebungsrechts verzichtet und die konkrete Regelung den Ländern überlässt (so z. B. § 17 Abs. 11 BNatSchG: „Die Landesregierungen werden ermächtigt, … das Nähere…zu bestimmen.").[755] Der bayerische Gesetzgeber dagegen benutzt das Wort „Ergänzung" auch im Zusammenhang mit „Abweichungen" i. S. v. Art. 72 Abs. 3 Satz 1 GG. In Art. 13 BayNatSchG z. B. „ergänzt" der bayerische Landesgesetzgeber das BNatSchG, in dem er den Begriff „großräumig" aus § 24 BNatSchG konkretisiert. Hierbei handelt es sich nicht um eine bloße Ergänzung, sondern um eine Abweichung i. S. d. Verfassung.[756] Die unterschiedliche Verwendung der Begrifflichkeiten sorgt für Verwirrung.

Um eine derartige Verwirrung zu vermeiden, sieht Brandenburg in § 1 Satz 2 BbgNatSchAG-E eine detaillierte Auflistung der Regelungen vor, die vom

---

751 Niedersächsisches Ausführungsgesetz zum BNatSchG (NAGBNatSchG) vom 19.2.2010, verkündet als Art. 1 des Gesetzes zur Neuordnung des Naturschutzrechts vom 19.2.2010, Nds. GVBl. 2010, S. 104.

752 Gesetz über den Schutz der Natur, die Pflege der Landschaft und die Erholung in der freien Natur (Bayerisches Naturschutzgesetz – BayNatSchG) vom 23.2.2011, Bay. GVBl. 2011, S. 82.

753 Gesetzentwurf der Landesregierung eines Brandenburgischen Ausführungsgesetzes zum BNatSchG (BbgNatSchAG), Bbg. LT-Drs. 5/4349.

754 Für Niedersachsen: BGBl. 2010 I Nr. 38, S. 970 ff.; für Bayern: BGBl. 2011 I Nr. 9, S. 365 ff.

755 s. § 2 Abs. 1 Satz 2 NAGBNatSchG, vgl. auch Nds. LT-Drs. 16/1902, S. 42.

756 Dazu im Detail bei Fn. 800.

BNatSchG entsprechend Art. 72 Abs. 3 GG „abweichen".[757] Aber auch hier zeigt sich, dass der brandengurgische Gesetzgeber nicht konsequent zwischen den Begriffen „abweichen" und „ergänzen" trennt. Denn der in der Auflistung enthaltene § 18 Abs. 2 BbgNatSchAG-E spricht nicht von „abweichen", sondern systemfremd von „ergänzen".

B. Konkrete Regelungen der gegenständlichen L-NatSchG im Grenzbereich der Abweichungskompetenz

An unterschiedlichen Stellen haben die besagten Landesgesetzgeber vom BNatSchG abweichende Regelungen erlassen. Diese werden auf ihre Verfassungsmäßigkeit untersucht. Dazu ist zu prüfen, ob eine abweichende Regelung einen abweichungsfesten Kern i. S. d. Verfassung betrifft. Gegenstand dieser Prüfung werden auch die rechtlichen Konsequenzen einer solchen eventuell verfassungswidrigen Abweichung sein. Der Untersuchung vorangestellt wird jeweils ein Kurzexkurs zur geschichtlichen Entwicklung der gegenständlichen L-NatSchG.

I. Niedersachsen

1. Geschichtliche Entwicklung

Das Land Niedersachsen ist landschaftlich äußerst vielseitig. Niedersachsen wird geprägt durch Moor und Heide, Mittelgebirge und Wälder, Flüsse und Seen, Auen und Wiesen, Wattenmeer und Dünen. Kaum ein anderes Bundesland hat eine so intakte und vielfältige Natur wie Niedersachsen. Geschützt werden Natur und Landschaft durch zwei Nationalparke (Wattenmeer und Harz), zwei Biosphärenreservate (Elbtalaue und Wattenmeer), rund 750 Naturschutzgebiete, über 1.400 Landschaftsschutzgebiete und 13 großräumige Naturparke.[758]

Bis 1981 galt das RNatSchG in Niedersachsen als Landesrecht weiter. Es wurde durch das niedersächsische Naturschutzgesetz vom 20.3.1981 abgelöst, das am 1.7.1981 in Kraft trat.[759] Gleichzeitig reagierte der niedersächsische Gesetzge-

757 Dabei handelt es sich um § 4 Abs. 4, § 6 Abs. 1, § 7 Abs. 2, § 8 Abs. 3, § 18 Abs. 2 u. § 29 Abs. 4 BbgNatSchAG-E.

758 s. http://www.umwelt.niedersachsen.de dort unter Themen > Natur & Landschaft.

759 Niedersächsische Naturschutzgesetz (NNatG), Nds. GVBl. 1981, S. 31.

ber damit auf das in 1976 in Kraft getretene und als Rahmengesetz ausgestaltete BNatSchG a. F. Durch das NNatG von 1981 wurden verschiedene Bestimmungen des Feld- und Forstgesetzes, des Landeswaldgesetzes und des Landesjagdgesetzes geändert. Das Bodenabbaugesetz vom 15.3.1972, dessen Regelungen in veränderter Gestalt Bestandteil des NNatG von 1981 wurden, wurde entbehrlich. In den Folgejahren gab es zwei kleinere Änderungen im Zusammenhang mit dem niedersächsischen Straf- und Ordnungsrecht sowie der niedersächsischen Bauordnung. Eine ungleich bedeutendere Änderung des Regelungsinhalts des damaligen NNatG erfolgte jedoch durch das Erste Gesetz zur Änderung des BNatSchG vom 10.12.1986, auch „Artenschutznovelle" genannt.[760] Der damalige Bundesgesetzgeber hat dadurch den Umfang des unmittelbar geltenden Bundesrechts vor allem im Bereich des Artenschutzes erheblich ausgedehnt und einen Teil der landesrechtlichen Vorschriften nach dem Grundsatz „Bundesrecht bricht Landesrecht" verdrängt. Bis ins Jahr 2010 erfolgten kleinere Änderungen des NNatG von 1981. Dann machte Niedersachsen als erstes Bundesland von der Abweichungsgesetzgebung Gebrauch und verkündete am 19.2.2010 das „Niedersächsische Ausführungsgesetz zum BNatSchG", welches zeitgleich mit dem BNatSchG am 1.3.2010 in Kraft trat und das NNatG von 1981 ersetzte.[761] Die neue Bezeichnung als „Ausführungsgesetz" dient der Kennzeichnung der geänderten Funktion gegenüber dem damaligen NNatG als abweichendes Gesetz i. S. v. Art. 72 Abs. 3 Satz 1 GG und zur Vermeidung einer Verwechselung mit bisherigen NNatG-Reglungen.[762] Auch das hamburgische L-NatSchG[763] und der Entwurf des BbgNatSchAG sind als „Ausführungsgesetz" bezeichnet. Durch diese Bezeichnung soll klargestellt werden, dass das BNatSchG die materielle Basis des Naturschutzrechts bildet, während die Landesgesetze (lediglich) die zur Ausführung des Bundesgesetzes notwendigen Bestimmungen enthalten.[764] Daneben sollen die Ausführungsgesetze das BNatSchG dort weiter ergänzen, wo dieses sich für das Recht der Länder öffnet, auf ergänzendes Landesrecht verweist oder Teile des Naturschutzrechts bewusst nicht regelt, weil es dafür kein bundesseitiges Regelungsbedürfnis gibt.[765] In derartigen Fällen macht der Bund also keinen Gebrauch von der Gesetzgebungskompetenz nach Art. 72 Abs. 1 GG.

---

760 Erstes Gesetz zur Änderung des BNatSchG, BGBl. 1986 I, S. 2349.

761 NAGBNatSchG vom 19.2.2010, Nds. GVBl. 2010, 104.

762 Nds. LT-Drs. 16/1902, S. 42.

763 Hamburgisches Gesetz zur Ausführung des BNatSchG (HmbBNatSchAG), HmbGVBl. 2010, S. 350.

764 Bbg. LT-Drs. 5/4349, S. 2 u. Begründung S. 1; im Ansatz auch Hmb. LT-Drs. 19/5988, S. 1.

765 Bbg. LT-Drs. 5/4349, S. 2.

2. Abweichungen im NAGBNatSchG

Das NAGBNatSchG[766] ist zeitgleich mit dem BNatSchG am 1.3.2010 in Kraft getreten. Für die Frage, welches Gesetz das „spätere" i. S. v. Art. 72 Abs. 3 Satz 3 GG ist und damit in der Anwendung vorgeht, ist auf den Verkündungszeitpunkt abzustellen.[767] Das NAGBNatSchG wurde zeitlich nach dem BNatSchG verkündet und hat damit Anwendungsvorrang. Es orientiert sich im Aufbau stark an seinem bundesrechtlichen Pendant.

Im NAGBNatSchG wurden Regelungen getroffen, die das BNatSchG an unterschiedlichen Stellen ergänzen oder von diesem abweichen.[768] Laut Gesetzesbegründung regeln „Ergänzungen" in erster Linie den Behördenaufbau sowie das Verfahren, aber auch Einzelheiten des materiellen Naturschutzrechts im Rahmen der verbleibenden Länderkompetenz.[769] Abweichende Regelungen sind im Umkehrschluss hierzu alle übrigen Vorschriften.

Ob Zusätze eine verfassungsrechtlich relevante Abweichung oder die Ausführung einzelner Öffnungsklauseln des BNatSchG kennzeichnen, wird nicht verlässlich dargestellt und muss durch Prüfung der bundesrechtlichen und der entsprechenden landesrechtlichen Norm erarbeitet werden.

a) Allgemeine Vorschriften (§§ 1–2 NAGBNatSchG)

§ 2 NAGBNatSchG regelt die Aufgaben und Befugnisse der Naturschutzbehörde. Abs. 1 Satz 2 ergänzt § 3 Abs. 2 BNatSchG dergestalt, dass die zuständige Naturschutzbehörde nicht nur die Vorschriften des BNatSchG, sondern auch die Einhaltung entsprechender Vorschriften der EU überwachen soll. Diese Ergänzung erweitert den Rahmen der bundesgesetzlichen Vorschrift und ist eine Abweichung i. S. d. Abweichungskompetenz. Sie betrifft aber keine abweichungsfeste Materie. Es handelt sich bei § 3 BNatSchG, der hier ergänzt wird, weder um einen „allgemeinen Grundsatz des Naturschutzes" noch um eine sonstige abweichungsfeste Materie i. S. d. Verfassung.

Auch § 2 Abs. 3 NAGBNatSchG weicht von § 3 Abs. 2 BNatSchG ab, indem er vorsieht, dass für Maßnahmen nach den Absätzen 1 und 2 sowie § 3 Abs. 2 BNatSchG im Übrigen das Niedersächsische Gesetz über die öffentliche Sicherheit und Ordnung gilt. Diese Abweichung betrifft aber aus gleichen Gründen ebenfalls keinen abweichungsfesten Kern des Naturschutzes.

---

766 NAGBNatSchG vom 19.2.2010, Nds. GVBl. 2010, 104.
767 s. bei Fn. 358.
768 Vgl. hierzu auch § 1 Satz 1 NAGBNatSchG.
769 Nds. LT-Drs. 16/1902, S. 42.

b) Landschaftsplanung (§§ 3–4 NAGBNatSchG)

§ 3 NAGBNatSchG enthält Regelungen über die Aufstellung von Landschaftsprogrammen und Landschaftsrahmenplänen. Ergänzend zu § 10 Abs. 4 BNatSchG kann nach § 3 Abs. 2 Satz 2 NAGBNatSchG jedermann den Landschaftsrahmenplan bei der Naturschutzbehörde einsehen und Abdrucke verlangen. Diese Ergänzung stellt keine Abweichung i. S. d. Art. 72 Abs. 3 Satz 1 GG dar, da hier der Bund das Aufstellen von Verfahrensregeln für die Aufstellung von Landschaftsplänen ausdrücklich den Ländern überlässt. Durch diese Öffnungsklausel verzichtet der Bundesgesetzgeber also auf ein Gebrauchmachen seiner konkurrierenden Gesetzgebungskompetenz für diesen Bereich.

c) Allgemeiner Schutz von Natur und Landschaft (§§ 5–7 NAGBNatSchG)

aa) Definition der naturschutzrechtlichen Eingriffsregelung

§ 5 NAGBNatSchG widmet sich der Definition eines Eingriffs in Natur und Landschaft und weicht von der Definition in § 14 Abs. 1 BNatSchG ab. So stellen gemäß § 5 Veränderungen des Grundwasserspiegels, die nicht von einer Behörde durchgeführt werden und die keiner behördlichen Zulassung oder Anzeige nach anderen Rechtsvorschriften bedürfen, keinen Eingriff dar. Gemäß § 14 Abs. 1 BNatSchG dagegen ist „jede Veränderung" des Grundwasserspiegels, die geeignet ist, die Leistungs- und Funktionsfähigkeit des Naturhaushalts oder das Landschaftsbild erheblich zu beeinträchtigen, ein Eingriff.

In der Regel sind Maßnahmen, die keiner behördlichen Zulassung oder Anzeige nach anderen Vorschriften bedürfen, gerade keine „erhebliche Beeinträchtigung" i. S. v. § 14 Abs. 1 BNatSchG. Die abweichende Ausgestaltung der Eingriffsdefinition durch den niedersächsischen Gesetzgeber dürfte in der Praxis wohl kaum zu einem Ergebnis führen, das im Widerspruch zu der Regelung des BNatSchG steht. Rein theoretisch sind Abweichungen jedoch möglich. Im Einklang mit dem oben[770] dargestellten Verständnis des Begriffs „abweichende Regelung" handelt es sich daher im konkreten Fall um eine solche i. S. v. Art. 72 Abs. 3 Satz 1 GG.

Folgt man der – meines Erachtens vorzugswürdigen – Auffassung,[771] dass die als „allgemeine Grundsätze" bezeichneten Regelungen des BNatSchG konstitutiven Charakters sind, so handelt es sich bei dem hier gegenständlichen § 14 Abs. 1 BNatSchG nicht um einen abweichungsfesten Grundsatz. Die Abweichung durch

770 s. bei Fn. 203.

771 Zum Meinungsstreit s. o. ab Fn. 590.

den niedersächsischen Landesgesetzgeber wäre danach verfassungsrechtlich unbedenklich.

Folgt man jedoch der Auffassung, die „allgemeinen Grundsätze" gemäß dem BNatSchG seien rein deklaratorischer Natur, so würde es sich hier dennoch nicht um die Abweichung von einem abweichungsfesten „allgemeinen Grundsatz des Naturschutzes" handeln. Denn unter den verfassungsrechtlich geschützten abweichungsfesten Kern fallen nicht die Bestimmungen des § 14 Abs. 1 BNatSchG als Ganzes, sondern nur die „Grundzüge" der bundesrechtlich konzipierten Eingriffsregelung.[772] Die Abweichung bezüglich der Veränderungen des Grundwasserspiegels tangiert unter keinem denkbaren Gesichtspunkt die Grundzüge der Eingriffsdefinition. Denn Veränderungen des Grundwasserspiegels, die von einer Behörde durchgeführt werden oder keiner behördlichen Zulassung oder Anzeige nach anderen Rechtsvorschriften bedürfen, können keine erhebliche Beeinträchtigung der Natur oder Landschaft darstellen. Ansonsten würden sie nicht genehmigungsfrei möglich sein. Es handelt sich hier um bagatellartige Beeinträchtigungen, die für den Naturschutz bedeutungslos sind.

Zusammengefasst ist festzustellen, dass unabhängig von der strittigen Frage, ob als „allgemeine Grundsätze" bezeichneten Regelungen des BNatSchG konstitutiver oder nur deklaratorischer Natur seien, die niedersächsische Definition der Eingriffsregelung keine Abweichung von einem solchen Grundsatz darstellt. § 5 NAGBNatSchG ist somit im Ergebnis verfassungsrechtlich unbedenklich.

bb) Ersatzzahlungen bei Eingriffen

§ 6 NAGBNatSchG regelt die Ersatzzahlungen bei Eingriffen. Abweichend von § 15 Abs. 6 Satz 3 BNatSchG bemisst sich die Ersatzzahlung nach § 6 Abs. 1 NAGBNatSchG allein nach der Dauer und Schwere des Eingriffs und beträgt höchstens 7 % der Kosten für die Planung und Ausführung des Vorhabens einschließlich der Beschaffungskosten für Grundstücke. Die Verfassungsmäßigkeit einer derartigen Höhenbegrenzung wird in der Literatur angezweifelt.[773] Eine Regelung, welche das Ersatzgeld der Höhe nach begrenzt, aber die Dauer und Schwere des Eingriffs nicht vollständig berücksichtigt, verstoße gegen den allgemeinen Grundsatz aus § 13 BNatSchG.[774] Diese Meinung teile ich nicht, denn die Abweichung des § 6 NAGBNatSchG betrifft nicht das „Ob" einer Ersatzzahlung, sondern allein das „Wie". Dadurch ist die abweichungsfeste Rang- und Stufenfolge aus § 13 BNatSchG meines Erachtens nicht berührt. Auch traditionell

772 s. dazu oben bei Fn. 689; vgl. zur alten Rechtslage BVerwGE 85, 348 (358); *Gassner* in Gassner/Bendomir-Kahlo/Schmidt-Räntsch, BNatSchG, 2003, § 18, Rn. 28.

773 *Franzius*, ZUR 2010, 346 (352); *Schütte/Kattau*, ZUR 2010, 353 (356).

774 *Franzius*, ZUR 2010, 346 (352).

unterliegt die Bemessung des Ersatzgeldes den Ländern und nicht dem Bund.[775] Es ist nicht nachvollziehbar, wie sich aus § 13 BNatSchG herauslesen lässt, dass die Bemessung des Ersatzgeldes für die Länder unantastbar sein soll. Der Bund spricht hier lediglich davon, dass nicht vermeidbare erhebliche Beeinträchtigungen durch „einen Ersatz" in Geld zu kompensieren seien. Die Verwendung des unbestimmten Artikels spricht eher dafür, dass die Bemessung der Höhe einer Abweichung zugänglich sein soll. Jedenfalls spricht der Wortlaut nicht für das Verständnis, dass nicht nur die Rangfolge der Ersatzleistungen, sondern auch die Bemessung des Ersatzgeldes abweichungsfest sein soll.

Diese Abweichung ist meines Erachtens verfassungsrechtlich nicht zu beanstanden.

cc) Verfahrensregeln für Kompensationsmaßnahmen, Eingriffsgenehmigung

In § 7 NAGBNatSchG werden Regeln zum Verfahren von Kompensationsmaßnahmen aufgestellt. Dabei verzichtet § 7 Abs. 1 NAGBNatSchG auf die vom Bund neu geschaffene Eingriffsgenehmigung. Die bundesrechtliche Eingriffsgenehmigung sieht vor, dass Eingriffe, die nicht von einer Behörde durchgeführt werden, einer Genehmigung der zuständigen Behörde bedürfen. Ein solches Genehmigungserfordernis sei nach Auffassung des niedersächsischen Landesgesetzgebers nicht vollzugsfähig, weil der Vorhabenträger selbst prüfen müsste, ob eine „erhebliche Beeinträchtigung" i. S. v. § 14 BNatSchG und folglich eine Genehmigungspflicht vorliegt. Damit sei eine erhöhte Rechtsunsicherheit nicht zuletzt auch zulasten des Vorhabenträgers verbunden. Das Genehmigungserfordernis trage darüber hinaus zu einer unnötigen Bürokratisierung bei und führe zu einer aus naturschutzfachlicher Sicht nicht sachgerechten Behandlung von Veränderungen in Natur und Landschaft.[776]

Hiermit macht der niedersächsische Landesgesetzgeber von der Öffnungsklausel des § 15 Abs. 7 Satz 2 BNatSchG Gebrauch.

In den Absätzen 4 bis 6 macht der der niedersächsische Gesetzgeber von seiner in § 17 Abs. 11 BNatSchG eingeräumten Möglichkeit Gebrauch und bestimmt Näheres zum Verfahren. Abweichend von dieser Bundesvorschrift regelt Niedersachsen dies nicht durch RVO, sondern durch Gesetz. Insofern handelt es sich um eine Abweichung i. S. v. Art. 72 Abs. 3 GG. Ein abweichungsfester Kern wird aber nicht berührt.

---

775 Ebd.

776 Nds. LT-Drs. 16/1902, S. 46.

d) *Bodenabbau (§§ 8–13 NAGBNatSchG)*

Die §§ 8 bis 13 NAGBNatSchG (Abschnitt 4) enthalten ergänzende Vorschriften über den Bodenabbau. Es geht um den Abbau von Bodenschätzen wie Kies, Sand, Mergel, Ton, Lehm, Moor oder Steine. Ein Abbau ist in Niedersachsen grundsätzlich nur mit Genehmigung der betroffenen Gemeinden oder Behörden möglich. Dieser Abschnitt des NAGBNatSchG enthält entsprechende Vorschriften hierzu. Da das BNatSchG zu diesem Thema schweigt und der Bund damit vom Gebrauchmachen seiner konkurrierenden Gesetzgebungszuständigkeit verzichtet, stellt diese Ergänzung keine Abweichung i. S. d. Abweichungskompetenz dar. Der Landesgesetzgeber hat damit schlicht von seiner konkurrierenden Gesetzgebungszuständigkeit gemäß Art. 72 Abs. 1 GG Gebrauch gemacht.

e) *Schutz bestimmter Teile von Natur und Landschaft (§§ 14–28 NAGBNatSchG)*

aa) Erklärung zum geschützten Teil von Natur und Landschaft

§ 14 NAGBNatSchG regelt die Erklärung bestimmter Gebiete zu geschützten Teilen von Natur und Landschaft. Diese Erklärung bestimmt den Schutzgegenstand, den Schutzzweck, die zur Erreichung des Schutzzwecks notwendigen Gebote und Verbote und – soweit erforderlich – die Pflege-, Entwicklungs- und Wiederherstellungsmaßnahmen. Die Kennzeichnungspflicht der Naturschutzbehörden in Bezug auf die geschützten Teile von Natur und Landschaft i. S. d. §§ 23, 24, 26 und 28 BNatSchG gilt laut § 14 Abs. 10 NAGBNatSchG abweichend von § 22 Abs. 4 Satz 1 BNatSchG nicht für Naturparke und für geschützte Landschaftsbestandteile i. S. v. § 22 NAGBNatSchG. Dies ist eine Abweichung i. S. d. Abweichungskompetenz. Die Tatsache, dass sich hier laut BNatSchG das „Nähere" nach Landesrecht richtet (so § 22 Abs. 4 Satz 2 BNatSchG), räumt den Ländern nicht etwa das Recht ein, den Schutzkreis zu beschränken und Naturparke auszunehmen. „Näheres" bezieht sich lediglich auf die Art und Weise der Registrierung und Kennzeichnung.[777] So sieht es offenkundig auch das Land Niedersachsen selbst, das den abweichenden Verzicht auf eine Kennzeichnungspflicht mit der „fehlenden Notwendigkeit" begründet.[778] Jedoch greift diese Abweichung nicht den Bestand der Schutzgebietskategorie der Naturparke oder eine sonstige Schutzkategorie an und ist damit auch nicht geeignet, einen allge-

777 Vgl. dazu auch *Heugel* in: Lütkes/Ewer, BNatSchG, § 23, Rn. 36.

778 Nds. LT-Drs. 16/1902, S. 47 f.

meinen Grundsatz des Naturschutzes i. S. v. Art. 72 Abs. 3 Satz 1 Nr. 2 GG zu verletzen. Die Abweichung ist also verfassungskonform.

bb) Form und Verfahren der Unterschutzstellung

Gemäß § 22 Abs. 2 BNatSchG richten sich Form und Verfahren der Unterschutzstellung, die Beachtlichkeit von Form- und Verfahrensfehlern und die Möglichkeit ihrer Behebung sowie die Fortgeltung bestehender Erklärungen zum geschützten Teil von Natur und Landschaft nach Landesrecht. Dies entspricht dem verfassungsrechtlichen Grundansatz, demzufolge die Länder die Einrichtungen der Behörden und das Verwaltungsverfahren regeln, wenn sie Bundesgesetze als eigene Angelegenheit ausführen (Art. 84 Abs. 1 Satz 1 GG). Insoweit sind die in den §§ 15–25 NAGBNatSchG enthalten entsprechende Ausführungen keine Abweichungen i. S. d. Abweichungskompetenz.

cc) Naturparke

§ 20 Abs. 1 Satz 2 NAGBNatSchG, der Verfahrensregeln zu Naturparken beinhaltet, weicht von seinem bundesrechtlichen Pendant (§ 27 Abs. 1 Nr. 2 BNatSchG) dergestalt ab, dass ein Naturpark nicht „überwiegend“, sondern nur „großenteils“ aus Landschaftsschutzgebieten oder Naturschutzgebieten bestehen muss. Diese Einschränkung durch den Landesgesetzgeber ist verfassungsgemäß entsprechend Art. 72 Abs. 3 Satz 1 GG, da sie nicht geeignet ist, den Bestand der Schutzgebietskategorie „Naturpark“, der gemäß § 20 Abs. 2 Nr. 5 BNatSchG einen allgemeinen Grundsatz des Naturschutzes darstellt, infrage zu stellen. In diesem Ausmaß ist die Einschränkung durch den Landesgesetzgeber diesbezüglich unbedenklich.

Ergänzend zu den in § 27 Abs. 1 BNatSchG genannten Voraussetzungen muss der Naturpark gemäß § 20 Abs. 1 Satz 3 NAGBNatSchG einen Träger haben, der ihn zweckentsprechend entwickelt und pflegt. Da das BNatSchG an dieser Stelle keine Ergänzungen durch Landesrecht vorsieht und damit auch nicht teilweise auf das Gebrauchmachen von seinem Gesetzgebungsrecht verzichtet, handelt es sich bei dieser Ergänzung um eine Abweichung i. S. v. Art. 72 Abs. 3 Satz 1 GG. Insofern ist die Bezeichnung des niedersächsischen Landesgesetzgebers als „Ergänzung“ irreführend. Richtig wäre eine Bezeichnung als „Abweichung“ gewesen. Letztlich ist diese Abweichung i. S. d. Abweichungskompetenz jedoch verfassungsgemäß, da sie nicht den Naturpark als Instrument infrage stellt.

dd) Naturdenkmäler

§ 21 NAGBNatSchG regelt das Verfahren im Zusammenhang mit Naturdenkmälern. Nach § 21 Abs. 2 Satz 1 NAGBNatSchG sind Maßnahmen, die der Feststellung oder Beseitigung einer von dem Naturdenkmal ausgehenden Gefahr dienen, abweichend von § 28 Abs. 2 BNatSchG nicht verboten. Worin hier eine Abweichung liegt, ist nicht klar erkennbar. Auch nach der Bundesnorm sind Maßnahmen zulässig, die der Feststellung oder Beseitigung einer von dem Naturdenkmal ausgehenden Gefahr dienen. Verboten sind lediglich die Beseitigung eines Naturdenkmals sowie alle Handlungen, die zu einer Schädigung oder Veränderung des Denkmals führen können. Erst unter Heranziehung der Gesetzesbegründung des niedersächsischen Landesgesetzgebers wird klar, dass mit Abs. 2 Maßnahmen, die der Wahrnehmung der Verkehrssicherungspflicht dienen, vom Verbot des § 28 Abs. 2 BNatSchG freigestellt werden sollen.[779] Diese Abweichung ist verfassungsgemäß, da sie nicht die abweichungsfeste Schutzkategorie „Naturdenkmäler" (§ 20 Abs. 2 Nr. 6 BNatSchG) als solche betrifft.

ee) Gesetzlich geschützte Biotope

Wie auch nach dem altem BNatSchG können die Länder nach § 30 Abs. 2 Satz 2 BNatSchG über die bundesgesetzlich vorgegebenen Biotoptypen hinaus weitere Biotoptypen dem gesetzlichen Biotopschutz unterstellen. Der niedersächsische Landesgesetzgeber macht mit § 24 Abs. 2 Nrn. 1 bis 3 NAGBNatSchG von dieser Möglichkeit Gebrauch und fügt hochstaudenreiche Nasswiesen, Bergwiesen sowie natürliche Höhlen und Erdwälle hinzu. Hierbei handelt es sich nicht um eine Abweichung i. S. d. Abweichungskompetenz, sondern um ein schlichtes Gebrauchmachen von der Landesgesetzgebungskompetenz i. S. v. Art. 72 Abs. 1 GG.

Nach § 24 Abs. 1 NAGBNatSchG findet § 30 Abs. 2 Satz 1 BNatSchG keine Anwendung auf Biotope, die auf bestimmten, besonders definierten Flächen entstehen. Dies stellt eine Abweichung von Bundesrecht dar. Da lediglich das Instrument des Biotopschutzes als solches einen allgemeinen Grundsatz des Naturschutzes ausmacht,[780] stellt die Ausklammerung besonderer Flächen von dem Schutz des § 30 Abs. 2 Satz 1 BNatSchG keine Verletzung eines allgemeinen Grundsatzes dar. Der Biotopschutz als solcher wird durch die landesrechtliche Regelung nicht infrage gestellt.

779 Nds. LT-Drs. 16/1902, S. 29 f.

780 BT-Drs. 16/12274, S. 62 f.; *Heugel* in: Lütkes/Ewer, BNatSchG, § 30, Rn. 3; *Kratsch/Czybulka* in: Schumacher/Fischer-Hüftle, BNatSchG, § 30, Rn. 5.

f) Schutz der wild lebenden Tierarten (§§ 29–30 NAGBNatSchG)

In Niedersachsen gilt die Anzeigepflicht bei Errichtung, Erweiterung, Vornahme wesentlicher Veränderungen oder Betrieb von Tiergehegen nach § 43 Abs. 3 Satz 1 BNatSchG nicht für die in § 30 NAGBNatSchG aufgeführten Fälle. Sollte diese Befreiung von der Anzeigepflicht den Ländern vom Bund anheimgestellt worden sein, so würde es sich bei dieser Landesregelung nicht um eine Abweichung i. S. v. Art. 72 Abs. 3 Satz 1 GG handeln, sondern um das Gebrauchmachen der Landesgesetzgebungskompetenz nach Art. 72 Abs. 1 GG.

Nach dem Wortlaut des § 43 Abs. 4 BNatSchG können die Länder bestimmen, dass die Anforderungen nach § 43 Abs. 2 BNatSchG (Errichtung und Betrieb von Gehegen) für besondere Arten von Gehegen nicht gelten; die Anzeigepflicht aus § 43 Abs. 3 BNatSchG soll aber in jedem Fall gelten. Aus der Gesetzesbegründung zum BNatSchG ergibt sich, dass der Bundesgesetzgeber nicht auf Abs. 2, sondern Abs. 3 (Anzeigepflicht) Bezug nehmen wollte.[781] Nach der Gesetzesbegründung sollen solche Gehege von der Anzeigepflicht ausgenommen werden, bei denen aufgrund der geringen Größe, der geringen Zahl von gehaltenen Exemplaren, der Anspruchslosigkeit der Haltung etc. grundsätzlich von einer geringen Problematik unter Arten- und Tierschutzgesichtspunkten auszugehen sei.[782] Hier handelt es sich also um einen Redaktionsfehler des Bundesgesetzgebers. Gewollt war tatsächlich die Freistellung von der Anzeigepflicht. Der niedersächsische Landesgesetzgeber hat in § 30 NAGBNatSchG also entsprechend der Intention des Bundesgesetzgebers bestimmte Einrichtungen von der Anzeigepflicht befreit. Dies stellt keine Abweichung i. S. v. Art. 72 Abs. 3 Satz 1 GG dar.

g) Regelungen zur Durchführung naturschutzrechtlicher Vorschriften (§§ 31–28 NAGBNatSchG)

Gemäß § 36 NAGBNatSchG kann die Naturschutzbehörde über die in § 3 Abs. 4 BNatSchG genannten Fälle hinaus Vereine und andere juristische Personen mit der Betreuung bestimmter Teile von Natur und Landschaft sowie von Naturparken beauftragen und ihnen bestimmte Aufgaben des Artenschutzes überlassen. Diese Abweichung betrifft zwar die abweichungsfesten einheitlichen Schutzkategorien der bestimmten Teile von Natur und Landschaft, stellt diese als Instrument jedoch nicht infrage. Es handelt sich hierbei lediglich um verfassungsgemäße Verfahrens- und Zuständigkeitsregelungen.

---

781 BT-Drs. 16/12274, S. 70 unter § 43 (Tiergehege); vgl. auch *Heugel* in: Lütkes/Ewer, BNatSchG, § 44, Rn. 5.

782 BT-Drs. 16/12274, S. 70 unter § 43 (Tiergehege).

§ 38 NAGBNatSchG regelt die Mitwirkungsrechte von Naturschutzvereinigungen, die von den Ländern anerkannt sind, und weicht an mehreren Stellen von § 63 Abs. 2 BNatSchG ab. So werden gemäß Abs. 1 Satz 2 diese Vereinigungen abweichend von § 63 Abs. 2 BNatSchG auch über vorbereitende Maßnahmen hinausgehend an bestimmten Verfahren beteiligt, wenn der Antragsteller dies beantragt hat oder sie innerhalb von zwei Wochen nach Zugang der Mitteilung ankündigen, eine Stellungnahme abgeben zu wollen. Hiermit nimmt der niedersächsische Landesgesetzgeber den eigenen Gesetzgebungsspielraum in Anspruch, den der Bund ihm durch § 63 Abs. 2 Nr. 8 BNatSchG eingeräumt hat. Insofern handelt der Landesgesetzgeber nicht abweichend i. S. d. Abweichungskompetenz, sondern nutzt sein Gesetzgebungsrecht aus Art. 72 Abs. 1 GG.

Nach Abs. 5 haben Naturschutzvereinigungen jeder Behörde eine Stelle zu benennen, die zur Mitwirkung nach § 63 Abs. 2 BNatSchG berechtigt ist. Unterlassen sie dies, werden sie gemäß Abs. 5 Satz 3 abweichend von § 63 Abs. 2 BNatSchG nicht am Verfahren beteiligt. In diesem Fall handelt es sich um eine Abweichung i. S. d. Abweichungskompetenz, von der jedoch kein abweichungsfester Kern i. S. v. Art. 72 Abs. 3 Satz 1 Nr. 2 GG betroffen ist, da hier lediglich Verfahrens- und Zuständigkeiten geregelt werden.

h) Eigentumsbindung, Befreiung (§§ 39–42 NAGBNatSchG)

§ 40 NAGBNatSchG enthält Regelungen zum Vorkaufsrecht, welche auf Bundesniveau in § 66 BNatSchG normiert sind. Durch § 66 Abs. 5 BNatSchG sind die Länder ermächtigt, hier vom Bundesrecht abzuweichen. In Abs. 1 macht der Landesgesetzgeber von diesem Recht Gebrauch und ergänzt den § 66 Abs. 1 Satz 1 BNatSchG insoweit, als die Naturschutzbehörde auch durch Verordnung ein Vorkaufsrecht des Landes an Grundstücken in bestimmten Gebieten begründen kann. Hier liegt ein teilweiser Nichtgebrauch der Gesetzgebungszuständigkeit durch den Bund vor. Hierbei handelt sich es nicht um eine Abweichung i. S. d. Abweichungskompetenz, sondern um ein Gebrauchmachen der landeseigenen Gesetzgebungskompetenz gemäß Art. 72 Abs. 1 GG.

§ 41 NAGBNatSchG ist das niedersächsische Pendant zu § 67 BNatSchG und regelt die Möglichkeiten einer Befreiung von Geboten und Verboten des BNatSchG. Die Befreiung von Geboten und Verboten ist Ausprägung des Verfassungsgrundsatzes der Verhältnismäßigkeit und damit einer Abweichung nur bedingt zugänglich.[783] Nach § 41 Abs. 2 NAGBNatSchG findet § 67 Abs. 3 Satz 2 BNatSchG keine Anwendung. Diese Bundesnorm sieht vor, dass bestimmte Ausgleichsmaßnahmen nach § 15 und § 17 BNatSchG durchzuführen sind, auch

783 *Fischer-Hüftle* in: Schumacher/Fischer-Hüftle, BNatSchG, § 67, Rn. 46.

wenn kein Eingriff i. S. v. § 14 BNatSchG vorliegt. Da das Streichen dieser Vorschrift für den Gesetzesadressaten eine Milderung bedeutet, ist auch das Prinzip der Verhältnismäßigkeit nicht verletzt worden. Diese Abweichung ist somit verfassungsgemäß.

i) Ordnungswidrigkeiten und Bußgeldvorschriften (§§ 43–44 NAGBNatSchG)

§ 43 NAGBNatSchG weicht mehrfach von § 69 BNatSchG ab. Beide Paragraphen befassen sich mit ordnungswidrigem Handeln. In Abs. 1 schließt der niedersächsische Gesetzgeber die Anwendung von § 69 Abs. 3 Nr. 1 BNatSchG aus. Dieser besagt, dass ordnungswidrig handelt, wer vorsätzlich oder fahrlässig ohne Genehmigung nach § 17 Abs. 3 Satz 1 BNatSchG einen Eingriff in Natur und Landschaft vornimmt. Dies ist eine Folgeänderung zu § 7 Abs. 1 NAGBNatSchG und eine verfassungsrechtlich zulässige Abweichung, da kein abweichungsfester Kern betroffen ist.

Nach Abs. 2 liegt eine Ordnungswidrigkeit abweichend von § 69 Abs. 3 Nr. 5 BNatSchG nur vor, wenn die Eintragung in das Verzeichnis von geschützten Gebieten der Naturschutzbehörde (§ 14 Abs. 9 Satz 1 NAGBNatSchG) oder eine Mitteilung nach § 24 Abs. 3 Satz 2 NAGBNatSchG gegeben ist. Insoweit erweitert der Landesgesetzgeber die erforderlichen Voraussetzungen für die Annahme einer Ordnungswidrigkeit bei Zerstörung von Biotopen. Diese abweichende Regelung entspricht § 64 Nr. 8 NNatG a. F. und ist verfassungsrechtlich zulässig.

In Ergänzung zu § 69 Abs. 1 bis 5 BNatSchG handelt außerdem vorsätzlich oder fahrlässig, wer einen der Tatbestände des Katalogs des § 43 Abs. 3 Nr. 1 bis 11 NAGBNatSchG erfüllt. Dieses ist im Wesentlichen die Weiterführung der alten Regelungen von § 64 NNatG a. F. Anders als die zuvor genannte Regelung liegt hier keine Abweichung i. S. d. Abweichungskompetenz vor, sondern lediglich eine von der Öffnungsklausel aus § 69 Abs. 7 BNatSchG gedeckte Ergänzung.

3. Fazit zum NAGBNatSchG

Obwohl das NAGBNatSchG „nur“ als Ausführungsgesetz konzipiert ist, enthält es doch einige Abweichungen i. S. d. Abweichungskompetenz aus Art. 72 Abs. 3 GG. Die Bezeichnung als Ausführungsgesetz ist insofern irreführend. Die Abweichungen im NAGBNatSchG sind teilweise erheblich,[784] betreffen aber nicht die abweichungsfesten Kerne und sind insoweit verfassungsrechtlich meines Erachtens unbedenklich.

784 *Schütte/Kattau*, ZUR 2010, 353 (356).

Als erhebliche Abweichung kann man die Abschaffung der neu eingeführten Eingriffsgenehmigung ansehen.[785] Auch die Bemessung von Erzsatzzahlungen allein nach Dauer und Schwere des Eingriffs und nicht nach den durchschnittlichen Kosten der nicht durchgeführten Kompensationsmaßnahme ist in diesem Zusammenhang zu nennen. Darüber hinaus wird in der Literatur die Begrenzung der Höhe der Ersatzzahlung auf maximal 7 % der Investitionssumme gemäß § 6 Abs. 1 NAGBNatSchG teilweise als verfassungsrechtlich bedenklich gesehen.

II. Bayern

1. Geschichtliche Entwicklung

Von allen bekannten Tier- und Pflanzenarten in Deutschland kommen rund 80 Prozent in Bayern vor,[786] welches (nur) etwa 20 Prozent der Gesamtfläche Deutschlands ausmacht. Diese Artenvielfalt ist besonders der extrem vielseitigen naturräumlichen Ausstattung Bayerns zu verdanken. Als Beispiele für den hohen Grad an Vielseitigkeit sind die ausgedehnten Flusslandschaften um Main und Donau, die oberbayerische Seenplatte mit Chiemsee, Tegernsee, Königssee, Ammersee und Starnberger See und die Alpenlandschaft zu nennen.

Wie in den anderen Bundesländern hat sich das Naturschutzrecht auch im Freistaat Bayern als Teil des Heimatschutzes entwickelt, der sich auf den Schutz von Natur- und Kulturdenkmälern erstreckt.[787] So wurden die ersten Naturschutzgebiete in Bayern aufgrund des Polizeistrafgesetzbuchs erlassen.[788] Weitere Natur- und Landschaftsschutzgebiete wurden später durch das RNatSchG[789] von 1935 festgesetzt. Steigende Mobilität und stärkere Mechanisierung führten ab den 50er Jahren zu einem erheblichen Landschaftsverbrauch und einer damit einhergehenden Belastung für Natur und Umwelt. Das RNatSchG stieß an seine Grenzen. Erst im Herbst 1970 wurde bei der bayerischen Regierungsbildung ein eigenes Ressort für Landesentwicklung und Umweltfragen eingerichtet. In 1973 – also rund drei Jahre vor Erlass des ersten BNatSchG – wurde das Bayerische Naturschutzgesetz verkündet, welches das bis dahin geltende RNatSchG ersetzte. Als dann in 1976 das als Rahmengesetz ausgestaltete BNatSchG in Kraft trat, waren

785 So auch ebd.

786 In absoluten Zahlen leben ca. 80.000 Arten in Bayern.

787 *Engelhardt* in: PdK G10 Bay, 2005, S. 5.

788 Ebd.

789 RNatSchG vom 26.6.1935 (RGBl. 1935 I, S. 821).

die Länder gehalten, ihre L-NatSchG entsprechend anzupassen. Dieser Aufforderungen des Bundes folgte Bayern erst durch die Gesetzesnovelle vom 3.8.1982.[790]

Das heute geltende BayNatSchG wurde am 23.2.2011 verkündet und trat ein Jahr nach dem Inkrafttreten des aktuellen BNatSchG und des Niedersächsischen Ausführungsgesetzes zum BNatSchG am 1.3.2011 in Kraft.[791] Es geht dem Bundesgesetz als späteres Gesetz i. S. v. Art. 72 Abs. 3 Satz 3 GG vor.

2. Abweichungen im BayNatSchG

Das BayNatSchG birgt gegenüber dem NAGBNatSchG für den Leser den Vorteil, dass in seinen Artikel-Überschriften verständlich und detailliert offengelegt wird, wenn nach Ansicht des bayerischen Landesgesetzgebers von einer Regelung des BNatSchG abgewichen wird. Anders als beim NAGBNatSchG wird also nicht nur bloß der betroffene Paragraph des BNatSchG genannt, sondern sogar der entsprechende Abs. und Satz. Inwiefern aber eine Regelung des BayNatSchG nun tatsächlich inhaltlich vom BNatSchG abweicht oder ob der bayerische Landesgesetzgeber lediglich eine Norm des BNatSchG ausfüllt, muss der Rechtsanwender selbst ermitteln.

a) Allgemeine Vorschriften (§§ 1–3 BayNatSchG)

aa) Allgemeine Verpflichtung zum Schutz der Natur

Art. 1 BayNatSchG regelt die allgemeine Verpflichtung zum Schutz der Natur und übernimmt die ehemalige Regelung des Art. 2 Abs. 1 BayNatSchG a. F. Dabei geht diese bayerische Landesvorschrift über den Regelungsgehalt von § 2 Abs. 4 BNatSchG hinaus. Denn nach der Bundesvorschrift „sollen" bei der Bewirtschaftung von Grundflächen im Eigentum oder Besitz der öffentlichen Hand die Ziele des Naturschutzes und der Landschaftspflege in besonderer Weise berücksichtigt werden. Gemäß Art. 1 BayNatSchG dagegen ist die öffentliche Hand zum Naturschutz uneingeschränkt „verpflichtet". Anstelle einer „Soll-" bzw. Ermessensvorschrift sieht der bayerische Landesgesetzgeber hier also eine zwingende Vorschrift vor. Dies stellt eine Abweichung i. S. v. Art. 72 Abs. 3 Satz 1 GG dar.

Weiter verwendet der Landesgesetzgeber statt „Grundflächen" den Ausdruck „ökologisch besonders wertvolle Grundstücke". Der bayerische Landesgesetzgeber präzisiert damit die besondere Verantwortung des Staats für die Erhaltung

790 Bay. GVBl. 1982, S. 500.
791 Bay. GVBl. 2011, S. 82.

der natürlichen Lebensgrundlagen gemäß Art. 141 Abs. 1 der Bayerischen Verfassung.[792] Diese Präzisierung stellt ebenfalls eine Abweichung im verfassungsrechtlichen Sinne dar, weil der Auslegungsspielraum von § 2 Abs. 4 BNatSchG eingeengt wird. Denn der Begriff „besonders wertvolle Grundstücke" ist wesentlich enger als bloße „Grundflächen".

Da es sich bei dem hier gegenständlichen § 2 Abs. 4 BNatSchG nicht um einen abweichungsfesten Grundsatz handelt,[793] sind die Abweichungen des Art. 1 BayNatSchG verfassungsrechtlich insoweit unbedenklich.

bb) Schutz des Alpenraums

Mit Art. 2 BayNatSchG ergänzt Bayern die Zielkonkretisierung von § 1 Abs. 2 bis 6 BNatSchG um den Schutz des Alpenraums. Bei diesen Konkretisierungen der abweichungsfesten Ziele aus § 1 Abs. 1 BNatSchG handelt es sich per se nicht um „allgemeine Grundsätze des Naturschutzes".[794] Ergänzungen dieser Konkretisierungen durch Landesrecht sind insoweit zulässig, als sie nicht die Zielvorgaben aus Abs. 1 hinterfragen. Die Ergänzung um den Schutz des Alpenraums widerspricht nicht den Zielen des BNatSchG und ist im Einklang mit der Abweichungskompetenz nach Art. 72 Abs. 3 GG.

cc) Land-, Forst- und Fischereiwirtschaft

Art. 3 BayNatSchG ist überschrieben mit „Land-, Forst- und Fischereiwirtschaft" und versucht, ein Gleichgewicht zwischen den Interessen des Naturschutzes einerseits und den Interessen der Landwirtschaft andererseits herzustellen und/oder zu wahren. Die Norm weicht mit Ausnahme des ersten Absatzes vollständig von § 5 BNatSchG ab. Die bayerische Landesregelung beschränkt sich im Wesentlichen auf die Wahrung der guten fachlichen Praxis und der Erhaltung von Grünland auf erosionsgefährdeten Hängen, in Überschwemmungsgebieten, Standorten mit hohem Grundwasserstand sowie auf Moorstandorten. Die speziellen landwirtschaftlichen, forstlichen und fischereifachlichen Anforderungen werden aufgrund ihres Sachzusammenhangs der Regelung in den entsprechenden Fachgesetzen überlassen, wie z. B. dem Bayerischen Fischereigesetz.[795] Somit beschränkt sich das BayNatSchG an dieser Stelle nur auf naturschutzfachlich relevante Sachverhalte. Mangels Öffnungsklausel des Bundesgesetzgebers handelt es sich hier um eine abweichende Regelung i. S. v. Art. 72 Abs. 3 Satz

792 Bay. LT-Drs. 16/5872, S. 22.
793 s. dazu oben bei Fn. 617.
794 s. bei Fn. 612.
795 Vgl. auch Bay. LT-Drs. 16/5872, S. 22 f.

1 GG. Diese betrifft jedoch keinen abweichungsfesten Kern und ist damit verfassungsgemäß.

b) Landschaftsplanung (§§ 4–11 BayNatSchG)

aa) Verfahrensregeln zur Landschaftsplanung

Art. 4 BayNatSchG regelt Verfahrensfragen der Landschaftsplanung und macht damit von der Öffnungsklausel aus § 11 Abs. 5 BNatSchG Gebrauch.

bb) Durchführung der Landschaftspflege

Art. 5 BayNatSchG enthält Regelungen zur Durchführung der Landschaftspflege und ist das Pendant zu § 3 BNatSchG. Die Fassung des Art. 5 Abs. 2 Satz 4 BayNatSchG „ergänzt" § 3 Abs. 4 BNatSchG insoweit, als eine Beauftragung von bestimmten Institutionen mit der Durchführung der Landschaftspflege nur mit dem Einverständnis des Beauftragten möglich ist. Auf Bundesebene wird ein solches Einverständnis nicht ausdrücklich verlangt. Dies ist aber eine Selbstverständlichkeit und bedarf einer ausdrücklichen Regelung nicht. Die entsprechende „Ergänzung" in Art. 5 Abs. 2 Satz 4 BayNatSchG ist aber unabhängig davon eine verfassungsgemäße Abweichung i. S. d. Abweichungskompetenz.

cc) Wegebau im Alpengebiet und genehmigungsfreie Eingriffe

In Art. 6 BayNatSchG werden der Wegebau im Alpengebiet sowie genehmigungsfreie Eingriffe vor allem durch Land-, Forst- und Fischereiwirtschaft aber auch durch den Bürger geregelt. Die landesrechtliche Regelung weicht mit den Absätzen 1 bis 3 von § 17 Abs. 3 BNatSchG ab, da sie für Eingriffe, die nicht nach sonstigen Spezialregelungen zulassungs- bzw. anzeigepflichtig sind oder nicht von einer Behörde durchgeführt werden, kein eigenständiges Genehmigungsverfahren vorsieht. Ein solches Genehmigungsverfahren würde die bayerische Genehmigungsfreistellung aus Art. 64 BayBauO unterlaufen.[796]

Abs. 4 ergänzt § 14 Abs. 2 BNatSchG dadurch, dass auch die nach dem bayerischen Waldgesetz zulässige und vorgeschriebene Waldbewirtschaftung eine ordnungsgemäße Bodennutzung darstellt. Und Abs. 5 Nr. 1 weicht von § 14 Abs. 3 Nr. 1 BNatSchG ab. Nach Landesrecht gilt die Wiederaufnahme einer Bodennutzung nicht als Eingriff, wenn die Wiederaufnahme innerhalb von 15 anstelle von zehn Jahren nach Auslaufen der Einschränkung oder Unterbrechung erfolgt.

796 Ebd., S. 23.

Durch diese Abweichungen des § 6 BayNatSchG ist weder die abweichungsfeste Eingriffsdefinition gemäß § 14 Abs. 1 BNatSchG noch die ebenso abweichungsfeste Rang- und Stufenfolge der Verursacherpflichten aus § 13 BNatSchG berührt. Die Verletzung anderer abweichungsfester Kerne ist nicht ersichtlich. Art. 6 BayNatSchG ist damit insoweit verfassungsrechtlich unbedenklich.

dd) Kompensationsmaßnahmen bei einem Eingriff

Art. 8 BayNatSchG normiert die Voraussetzungen, unter denen Kompensationsmaßnahmen anstelle von Ausgleichs- oder Ersatzmaßnahmen geleistet werden müssen oder dürfen. Art. 8 BayNatSchG weicht an mehreren Stellen von dem BNatSchG ab:

Anders als nach § 14 Abs. 3 BNatSchG bleibt nach Abs. 1 Satz 2 der besagten bayerischen Landesregelung die Wiederherstellung des Ausgangszustandes einer Fläche, unabhängig von ihrer Nutzung, bis zur endgültigen Entscheidung der zuständigen Behörde möglich. Nach Bundesrecht ist dieses ausschließlich im Fall der Wiederaufnahme einer land-, forst- und fischereiwirtschaftlichen Bodennutzung vorgesehen. Hiermit macht der bayerische Landesgesetzgeber von der Öffnungsklausel aus § 15 Abs. 7 BNatSchG Gebrauch.

Auch in Art. 8 Abs. 3 BayNatSchG wird diese Öffnungsklausel genutzt und die Staatsregierung ermächtigt, das Nähere zur Kompensation von Eingriffen i. S. v. § 15 Abs. 7 BNatSchG durch RVO zu regeln.

ee) Pflege eines Kompensationsverzeichnisses

Art. 9 BayNatSchG enthält Regelungen über das Pflegen eines Kompensationsverzeichnisses. Durch ein Kompensationsverzeichnis sollen die Naturschutzbehörden einen Überblick über Art, Lage und Flächenumfang festgelegter Ausgleichs- und/oder Ersatzmaßnahmen erlangen können, um so den Vollzug der Eingriffsregelung wirksam gestalten zu können.[797] Art. 9 Abs. 4 BayNatSchG schränkt dabei § 17 Abs. 6 BNatSchG insofern ein, als die Gemeinden nur dann die erforderlichen Angaben an das Landesamt für Umwelt übermitteln müssen, wenn Flächen oder Maßnahmen zum Ausgleich i. S. v. § 1a Abs. 3 BauG in einem gesonderten Bebauungsplan festgesetzt sind oder Maßnahmen auf von der Gemeinde bereitgestellten Flächen durchgeführt werden. Hiermit macht der bayerische Landesgesetzgeber von der Öffnungsklausel aus § 17 Abs. 11 BNatSchG Gebrauch.

797 *Fischer-Hüftle* in: Schumacher/Fischer-Hüftle, BNatSchG, § 17, Rn. 33.

ff) Änderungen im Zusammenhang mit Ski- und Rodelgebieten

Mit Art. 10 BayNatSchG werden Änderungen oder Erweiterungen im Zusammenhang mit Ski- und Rodelgebieten reguliert. Im BNatSchG werden diese Spezialgebiete nicht konkret bedacht. § 17 Abs. 3 BNatSchG enthält insoweit keine ausreichende Regelung. Da der Bundesgesetzgeber insoweit nicht von seiner Gesetzgebungskompetenz Gebrauch gemacht, haben hier die Länder die Möglichkeit gesetzgeberisch tätig zu werden.

c) Schutz von Flächen und einzelnen Bestandteilen der Natur (§§ 12–19 BayNatSchG)

aa) Nationalparke

Art. 13 BayNatSchG besagt, dass Nationalparke ergänzend zu § 24 Abs. 1 BNatSchG eine Mindestfläche von 10.000 Hektar haben sollen. Damit konkretisiert er das im Bundesrecht verwendete Merkmal „großräumig", das gerade nicht auf eine bestimmte Mindestgröße abstellt.[798] Diese Konkretisierung ist nicht durch eine bundesrechtliche Öffnungsklausel gedeckt. Es handelt sich also um eine Abweichung i. S. v. Art. 72 Abs. 3 GG.

(1) Art. 13 BayNatSchG – Abweichung verfassungswidrig?

Die Abweichung ist verfassungsrechtlich bedenklich.

Zum einen ist die Festlegung der Mindestgröße eines Nationalparks theoretisch geeignet, die Schutzgebietskategorie des Nationalparks gänzlich auszuhöhlen. So könnte ein Land durch das Vorgeben einer extrem großen Mindestflächengröße die abweichungsfeste Schutzkategorie des Nationalparks auf dem eigenen Landesgebiet praktisch bedeutungslos machen. Bei der geforderten Minimalgröße von 10.000 Hektar ist dies jedoch hier nicht anzunehmen.

Zum anderen ist gemäß § 20 Abs. 2 Nr. 2 BNatSchG nicht nur die Schutzgebietskategorie des Nationalparks als allgemeiner, abweichungsfester Grundsatz i. S. d. Abweichungsgesetzgebung ausgestaltet, sondern auch die Gesamtheit der Schutzvoraussetzungen und das Schutzregime aus § 24 BNatSchG.[799] Dies ergibt sich daraus, dass § 20 Abs. 2 Nr. 2 GG vorsieht, Teile von Natur und Landschaft „nach Maßgabe des § 24" als Nationalpark zu schützen. Das Merkmal der „Groß-

---

798 *Heugel* in: Schumacher/Fischer-Hüftle, BNatSchG, § 24, Rn. 5.
799 s. bei Fn. 746.

räumigkeit" gehört somit zu den Voraussetzungen einer Unterschutzstellung als Nationalpark und ist einer Länderabweichung nicht zugänglich.

Die Tatsache, dass die Länder noch vor der Reform gemäß der wohl herrschenden Literaturmeinung[800] die Mindestgröße eines Nationalparks eigenständig regeln konnten, führt angesichts der heutigen Ausgestaltung der Artt. 70 ff. GG zu keinem anderen Ergebnis. Die alte Rechtslage etwa als auslegungsrelevante „Staatspraxis" heranzuziehen wäre vermessen, denn damals machte allein der bayerische Landesgesetzgeber in Art. 8 Abs. 1 BayNatSchG a. F. von dieser Ausfüllungsmöglichkeit Gebrauch. Er legte – wie auch heute – durch eine „Soll-Vorschrift" eine Mindestfläche von 10.000 Hektar fest. Die Frage, ob Bayern dadurch auf verfassungswidrige Weise eine Bundesmaterie regelte, wurde nie einem Gericht vorgelegt und kann hier nicht geklärt werden.[801] Nach der heutigen Verfassungslage verletzt die bayerische Landesregelung jedenfalls Art. 72 Abs. 3 GG und ist insoweit verfassungswidrig.

(2) Ausnahmsweise verfassungsgemäß, da „Soll-Vorschrift"?

Gegen eine Verfassungswidrigkeit könnte jedoch sprechen, dass es sich bei Art. 13 BayNatSchG um eine „Soll-Vorschrift"[802] handelt. Ob ein Gebiet mit weniger als 10.000 Hektar Fläche tatsächlich als Naturpark unter Schutz gestellt wird, liegt damit allein im Ermessen der zuständigen Landesbehörde. Theoretisch ist durchaus denkbar, dass die Behörde – entgegen dem „Vorschlag" des bayerischen Landesgesetzgebers – auch Flächen von weniger als 10.000 Hektar als Nationalpark unter Schutz stellt.

Nach allgemeiner Ansicht ist eine Behörde aber grundsätzlich dazu verpflichtet, so zu verfahren, wie es eine „Soll-Vorschrift" bestimmt.[803] Liegen keine atypischen Umstände vor, so bedeutet das „Soll" ein „Muss".[804] Einen atypischen Fall kann es im Zusammenhang mit Nationalparken nicht geben. Hier gibt es keine typischen und erst recht keine atypischen Fälle, da jeder Nationalpark einzigartig ist. Dies gilt nicht nur für Flora und Fauna sowie geologische und geographische Eigenschaften, sondern auch für die Flächengröße. So reicht die Spanne bei der Gebietsgröße von ca. 3.000 Hektar (Nationalpark Jasmund) bis 441.000

800 *Marzik/Wilrich,* BNatSchG, 2004, § 24, Rn. 7.

801 Denkbar wäre dies, da Nationalparke wegen ihrer Überregionalität und ihrer internationalen repräsentativen Wirkung schon kraft Natur der Sache in die Zuständigkeit des Bundes hätte fallen können.

802 Zum Begriff bei: *Peine*, Allgemeines Verwaltungsrecht, Rn. 212.

803 BVerwGE 64, 318 (323); 88, 1 (8); 90, 88 (93); *Peine*, Allgemeines Verwaltungsrecht, Rn. 212; *Ipsen*, Allgemeines Verwaltungsrecht, Rn. 524.

804 Ebd.

Hektar (Schleswig-Holsteinisches Wattenmeer). Die „Soll-Vorschrift" aus Art. 13 BayNatSchG ist folglich für die zuständige Behörde zwingend.

Auch wenn man der Meinung wäre, es gäbe in diesem Zusammenhang grundsätzlich typische und atypische Sachverhaltskonstellationen, so gelangt man im konkreten Fall dennoch nicht zur Bejahung der Verfassungsmäßigkeit. Denn bezüglich der Flächengröße wäre allein die Konstellation denkbar, dass die geologischen Gegebenheiten nur eine gewisse Maximal-, nicht aber eine Minimalfläche gestatten. Ein geeignetes Bsp. ist der Nationalpark Jasmund auf der Insel Rügen. Im Wesentlichen begrenzt durch die Inselgröße, hat dieser Nationalpark nur eine Fläche von rund 3.000 Hektar.[805] Der umgekehrte Fall, dass ein Nationalpark eine Minimalgröße haben soll, ist aus geologischen oder auch naturschutzrechtlichen Überlegungen nicht vorstellbar.

Zusammengefasst handelt es sich bei Art. 13 BayNatSchG trotz der Ausgestaltung als „Soll-Vorschrift" um eine verfassungswidrige Abweichung i. S. v. Art. 72 Abs. 3 GG.

bb) Biosphärenreservate

Die Anerkennung von Biosphärenreservaten ist in Art. 14 BayNatSchG abweichend zu § 25 BNatSchG geregelt. Nach Art. 14 Abs. 1 Satz 1 BayNatSchG kann die oberste Naturschutzbehörde unabhängig von dem Vorliegen der Tatbestandsvoraussetzungen gemäß § 25 Abs. 1 BNatSchG großflächige repräsentative Ausschnitte von Kulturlandschaften nach Anerkennung durch die Organisation der UN zu Biosphärenreservaten erklären.

Hier ist zunächst festzustellen, dass diese Regelung nicht ein Gebrauchmachen von der Öffnungsklausel aus § 22 Abs. 2 BNatSchG sein kann, da diese lediglich Form und Verfahren der Unterschutzstellung den Ländern überlässt. Fraglich ist nun, ob die Abweichung im Einklang mit Art. 72 Abs. 3 Satz 1 Nr. 2 GG steht. Zweifel könnten bestehen, da Biosphärenreservate als Schutzkategorie nach § 20 Abs. 2 Nr. 3 BNatSchG den allgemeinen Grundsätzen unterfallen. Die Abweichung des bayerischen Landesgesetzgebers wäre insoweit verfassungsrechtlich bedenklich, wenn sie geeignet wäre, die Schutzkategorie als solche ad absurdum zu führen oder sonst irgendwie zu infrage zu stellen. Dies ist nicht zu erkennen. Die Landesregelung hebt nicht etwa die Hürde zur Unterschutzstellung als Biosphärenreservat an, sondern verlangt deutlich weniger Voraussetzungen als das BNatSchG. Lediglich die Anerkennung durch die Organisation der UN ist eine zusätzliche Tatbestandsvoraussetzung. Da jedoch das Konzept des Bio-

805 s. Internetseite des Nationalparks Jasmund, abrufbar unter: http://www.nationalpark-jasmund.de.

sphärenreservats ohnehin auf einer Initiative[806] der UNESCO basiert und § 25 BNatSchG die Einrichtung von UNESCO-Biosphärenreservaten in Deutschland ermöglichen soll,[807] ist anzunehmen, dass hier praktisch keine Divergenzen eintreten werden. Die Abweichung in Art. 14 BayNatSchG ist daher nicht geeignet, die Schutzkategorie des Biosphärenreservats infrage zu stellen, und ist damit verfassungsgemäß i. S. d. Abweichungskompetenz.

cc) Naturparke

Auch die bayerische Regelung zu Naturparken (Art. 15 BayNatSchG) weicht von der bundesgesetzlichen Regelung in § 27 BNatSchG ab. So konkretisiert Art. 15 Abs. 1 BayNatSchG den im Bundesrecht verwendeten Begriff „großräumig" – ähnlich wie zuvor beim Nationalpark – als eine Fläche von „in der Regel mindestens 20.000 Hektar". Anders als bei Nationalparken verletzt die landesrechtliche Abweichung in diesem Fall nicht Art. 72 Abs. 3 GG.

Diese unterschiedliche Bewertung ergibt sich aus der Ausgestaltung von § 20 Abs. 2 BNatSchG. Hiernach sind die einzelnen Schutzkategorien allgemein abweichungsfest. Bei den Schutzgebietskategorien, die von gesamtstaatlichem Interesse sind (Landschaftsschutzgebiet, Naturschutzgebiet, Nationalpark und Nationales Naturmonument), sieht das Bundesrecht darüber hinaus vor, dass diese Gebiete „nach Maßgabe des § 23 [, § 24 bzw. § 26]" geschützt werden können. Das BNatSchG erklärt damit in diesen Fällen auch die jeweilige bundesrechtliche Ausgestaltung zur Erreichung des jeweils verfolgten Schutzzwecks als abweichungsfest.[808] Bei der Bundesregelung zum Naturpark (§ 20 Abs. 2 Nr. 5 BNatSchG) fehlt der Verweis auf § 27 BNatSchG. Daher stehen abweichende Landesregelungen hier grundsätzlich im Einklang mit Art. 72 Abs. 3 GG, solange sie nicht die Schutzgebietskategorie des Naturparks als solche infrage stellen. Dazu ist die hier vorgenommene Beschränkung der Mindestfläche auf 20.000 Hektar nicht geeignet. Naturparks mit einer größeren Fläche als 20.000 Hektar sind in der Praxis nicht unüblich; der sich im Aufbau befindliche Naturpark „Schwarzwald Mitte/Nord" ist ca. 360.000 Hektar groß und damit ein Vielfaches größer.[809]

Art. 15 BayNatSchG ist verfassungsgemäß und verstößt auch nicht erkennbar gegen supranationale Regeln.

806 Initiative des UNESCO-Programms „Der Mensch und die Biosphäre" aus dem Jahr 1974, vgl. BT-Drs. 13/10189.

807 J. *Schumacher*/A. *Schumacher* in: Schumacher/Fischer-Hüftle, BNatSchG, § 25, Rn. 7.

808 s. hierzu auch *Lau* in: Frenz/Müggenborg, BNatSchG, 2011, § 20, Rn. 8.

809 J. *Schumacher*/A. *Schumacher* in: Schumacher/Fischer-Hüftle, BNatSchG, § 27, Rn. 8.

d) Netz „Natura 2000" (§§ 20–23 BayNatSchG)

aa) Unterschutzstellung

Art. 20 BayNatSchG enthält Regelungen zur Auswahl von „Natura 2000"-Gebieten und Festlegung von Vogelschutzgebieten sowie Regelungen zum besonderen Schutz dieser Gebiete. Der bayerische Gesetzgeber nutzt hier insbesondere die Öffnungsklauseln aus den Absätzen 1 und 4 des § 32 BNatSchG.

Art. 20 Abs. 2 BayNatSchG stellt ergänzend zum Bundesrecht klar, dass die in § 32 BNatSchG genannte Unterschutzstellung dann unterbleiben kann, wenn Maßnahmen aufgrund von Förderprogrammen einen gleichwertigen Schutz gewährleisten können, wie er durch die Vorschriften und Instrumente des BNatSchG gewährleistet wird. Das Netz „Natura 2000" basiert auf der europäischen FFH- und Vogelschutz-RL.[810] Sinn und Zweck ist die Errichtung eines zusammenhängenden europäischen ökologischen Netzes, um die natürlichen Lebensräume von wild lebenden Tieren und Pflanzen zu erhalten (Art. 3 FFH-RL). Bund und Länder sind nach Art. 288 Abs. 3 AEUV in Verbindung mit den genannten Richtlinien dazu verpflichtet, den mittlerweile weit fortgeschrittenen Aufbau des Netzes weiter voranzutreiben und auch zu schützen. Durch diese Regelungen des bayerischen Landesgesetzgebers ist weder der Aufbau noch der Schutz des Netzes „Natura 2000" gefährdet. Art. 20 Abs. 2 BayNatSchG betont sogar entsprechend § 32 Abs. 4 BNatSchG, dass ein gleichwertiger Schutz gewährleistet sein muss. Ein Verstoß gegen supranationales Recht oder deutsches Verfassungsrecht ist nicht erkennbar.

bb) Freisetzung von gentechnisch veränderten Organismen

Art. 21 BayNatSchG regelt die Freisetzung von gentechnisch veränderten Organismen innerhalb eines Natura 2000-Gebietes. Abweichend zu § 35 Nr. 2 letzter Halbsatz BNatSchG erweitert das bayerische Landesgesetz den geographischen Anwendungsbereich auf ein Umfeld von 1000 m um das Gebiet. Wie auch bei der bundesrechtlichen Norm sind gemäß Art. 21 BayNatSchG die Absätze 1 und 2 von § 34 BNatSchG entsprechend anwendbar. In Abweichung zur bundesrechtlichen Regelung gilt jedoch im Fall des Art. 21 Nr. 2 BayNatSchG der § 34 Abs. 6 BNatSchG entsprechend mit der Maßgabe, dass die Ausnahmemöglichkeiten des § 34 Abs. 3 bis 5 BNatSchG nicht anzuwenden sind.

Eine Verletzung von europarechtlichen Vorgaben im Zusammenhang mit dem Aufbau und dem Schutz des Netzes „Natura 2000" sind nicht ersichtlich. Auch

810 FFH-RL des Rates vom 21.5.1992 (92/43/EWG) sowie die RL des Rates vom 2.4.1979 über die Erhaltung der wildlebenden Vogelarten (79/409/EWG).

ist durch die Abweichung kein allgemeiner Grundsatz des Naturschutzes oder sonstiges Verfassungsrecht betroffen.

Die Abweichung ist verfassungsgemäß.

cc) Gesetzlich geschützte Biotope

Art. 23 BayNatSchG enthält Regelungen zu gesetzlich geschützten Biotopen. Er weicht an mehreren Stellen von Regelungen des BNatSchG ab. So enthält Abs. 2 Ausnahmen von den in § 30 Abs. 2 BNatSchG normierten Verboten schädigender Handlungen für Biotope. Abs. 3 ergänzt § 30 Abs. 3 BNatSchG dergestalt, dass er auf Antrag nicht nur dann eine Ausnahme von verbotenen Maßnahmen zulässt, wenn eine Beeinträchtigung ausgeglichen kann, sondern auch dann, wenn die Maßnahme aus Gründen des überwiegenden Interesses notwendig ist. Abs. 4 regelt abweichend von § 30 Abs. 3 und § 67 Abs. 1 BNatSchG, dass Maßnahmen aufgrund von öffentlich-rechtlichen Verpflichtungen zur Unterhaltung der Gewässer keiner behördlichen Ausnahme- oder Befreiungsentscheidung vom Verbot des § 30 Abs. 2 Satz 1 BNatSchG bedürfen. All diese Abweichungen verletzen nicht das abweichungsfeste Instrument der gesetzlich geschützten Biotope gemäß § 30 Abs. 1 BNatSchG. Damit sind die Abweichungen des Art. 23 BayNatSchG verfassungsgemäß entsprechend den Regelungen zur Abweichungskompetenz.

e) Zoos und Tiergehege (§§ 24–25 BayNatSchG)

Die §§ 24 und 25 BayNatSchG enthalten ausführende Regelungen entsprechend § 42 und § 43 BNatSchG zu Zoos bzw. Tiergehegen. Der Bund hat den Ländern hier ausdrücklich einen Regelungsspielraum eingeräumt, sodass es sich hier nicht um eine Abweichung durch Landesrecht i. S. v. Art. 72 Abs. 3 GG handelt, sondern um ein Gebrauchmachen von der konkurrierenden Gesetzgebungskompetenz aus Art. 72 Abs. 1 GG.

f) Erholung in der freien Natur (§§ 26–38 BayNatSchG)

aa) Recht auf Naturgenuss und Betretungsrecht

(1) Recht auf Naturgenuss und Erholung (Art. 26 Abs. 1 BayNatSchG)

Nach Art. 26 Abs. 1 Satz 1 BayNatSchG hat jedermann das Recht auf den Genuss der Naturschönheiten sowie auf die Erholung in der freien Natur. Dieses Recht wird gemäß Art. 26 Abs. 1 Satz 2 BNatSchG nach Maßgabe des Art. 141 Abs.

3 der Bayerischen Verfassung und den Vorschriften des sechsten Teils des BayNatSchG gewährleistet. Von diesem Grundrecht ausgehend, war in Bayern das Erholungs- und Betretungsrecht schon immer für Wald und Flur in der Bayerischen Verfassung geregelt. Diese verfassungsrechtliche Bestimmung wurde im Bayerischen Naturschutzgesetz einheitlich konkretisiert.[811] Die nähere Ausfüllung dieses Grundrechts wird daher auch weiterhin abweichend von § 59 Abs. 2 Satz 1 BNatSchG vollständig im BayNatSchG für die gesamte freie Natur geregelt.[812] Diese Abweichung verletzt nicht das vom Bundesgesetzgeber als allgemeiner Grundsatz ausgestaltete Recht auf Betreten der freien Landschaft zu Erholungszwecken, da dieses Recht auch nach bayerischem Landesrecht in gleicher Qualität gewährleistet ist. Art. 26 Abs. 1 Satz 2 ist verfassungsgemäß.

(2) Betretungsrecht; Gemeingebrauch an Gewässern (Art. 27 Abs. 1 BayNatSchG)

Des Weiteren sieht Art. 27 Abs. 1 BayNatSchG vor, dass alle Teile der freien Natur, insbesondere Wald, Bergweide, Fels, Ödungen, Brachflächen, Auen, Uferstreifen und landwirtschaftlich genutzte Flächen von jedermann unentgeltlich betreten werden können. Je nach Lesart könnte man hierin eine Abweichung vom allgemeinen Grundsatz aus § 59 Abs. 1 BNatSchG sehen, welcher ein Betretungsrecht ausschließlich für Straßen, Wege und ungenutzte Grünflächen vorsieht. Die Landesreglung ist aber nicht etwa so zu interpretieren, dass sie auf den genannten Teilen der Natur ein unbegrenztes Recht zum Betreten einräumt, also auch außerhalb von Straßen und Wegen. Vielmehr sollte hierdurch die Öffnungsklausel von § 59 Abs. 2 Satz 1 BNatSchG genutzt werden. Denn danach richtet sich das Betreten des Waldes nach dem Bundeswaldgesetz und den Waldgesetzen der Länder sowie im Übrigen nach dem sonstigen Landesrecht. Die Formulierung ist unglücklich gewählt, da aus Satz 1 nicht deutlich wird, dass der zweite Satzteil („...im Übrigen...“) sich nicht allein auf das „Betreten des Waldes“, sondern auf das „Betreten“ im Allgemeinen bezieht.[813] Dies ergibt sich erst aus der Gesamtschau mit § 59 Abs. 2 Satz 2 BNatSchG, der den Satz 1 konkretisiert und sich dabei nicht allein auf das „Betreten des Waldes“ bezieht, sondern z. B. auch den Feldschutz.

Die nicht abschließende Aufzählung von Teilen der Natur durch den Landesgesetzgeber (z. B.: Wald, Bergweide, usw.) soll nur beispielhaft klarstellen, was der Bundesgesetzgeber in § 59 Abs. 1 GG mit dem Begriff „freie Landschaft“ meint.

---

811 Bay. LT-Drs. 16/5872, S. 27.

812 Ebd.

813 *Kraft* in: Lütkes/Ewer, BNatSchG, § 59, Rn. 26; *Fischer-Hüftle* in: Schumacher/Fischer-Hüftle, BNatSchG, § 59, Rn. 1; *Berghoff/Steg*, NuR 2010, 17 (25).

Denn ursprünglich verwendete der Bundesgesetzgeber statt „freie[r] Landschaft" den Begriff „Flur", welcher nach damaliger allgemeiner Meinung den Wald nicht umfasste.[814]Mit dem Austausch des Begriffs „Flur" durch die Wendung „freie Landschaft" ist nun auch der Wald abgedeckt. Zwar schweigt hierzu die Gesetzesbegründung zum BNatSchG, aber dies ergibt sich aus der gleichrangigen Nennung der forst- und landwirtschaftlichen Bewirtschaftung in der Beschränkungsermächtigung des § 59 Abs. 2 Satz 2 BNatSchG. „Landschaft" ist der Oberbegriff für alle Grundflächen außerhalb der im Zusammenhang bebauten Ortsteile und umfasst nicht nur den Wald, sondern auch Ödland.[815]

Art. 27 Abs. 1 BayNatSchG ist keine Abweichung i. S. d. Abweichungskompetenz. Vielmehr handelt es sich um das Ausfüllen der Öffnungsklausel des Bundes, was letztlich ein Nichtgebrauchmachen von der Bundeskompetenz darstellt. Der bayerische Landesgesetzgeber handelt folglich in Erfüllung seiner Gesetzgebungskompetenz aus Art. 72 Abs. 1 GG.

bb) Pflichten des Freistaats Bayern und der Gebietskörperschaften

Im Zusammenhang mit der Erholung in der Natur weicht des Weiteren Art. 37 BayNatSchG vollständig von § 62 BNatSchG ab. Regelungsinhalt ist, dass der Freistaat Bayern und die Gebietskörperschaften die Ausübung des Rechts aus Art. 26 BayNatSchG (Erholung in der freien Natur; siehe vorangehenden Abs.) gewährleisten sollen. Sie haben die Zugänge zu landschaftlichen Schönheiten und Erholungsflächen für die Allgemeinheit freizuhalten. Weitergehend als die entsprechende Bundesvorschrift sind sie u. a. verpflichtet, soweit erforderlich den Zugang auch durch Einschränkungen des Eigentumsrechts freizumachen sowie Uferwege, Wanderwege, Erholungsparke und Spielflächen anzulegen. Zum Zwecke der Erfüllung dieser Verpflichtung haben die Verpflichtungsträger gemäß Art. 37 Abs. 3 BayNatSchG öffentliche Mittel bereitzustellen. Die Abweichung des bayerischen Landesgesetzgebers ist verfassungsrechtlich unbedenklich. Weder regelt § 62 BNatSchG einen allgemeinen Grundsatz des Naturschutzes, noch wird von dem allgemeinen Grundsatz gemäß § 59 Abs. 1 BNatSchG (Betreten der freien Landschaft) abgewichen.

---

814 *Kolodziejcok* in: Kolodziejcok/Recken, Naturschutz, Landschaftspflege, Kz. 1272, Rn. 3 m. w. N.

815 *Fischer-Hüftle* in: Schumacher/Fischer-Hüftle, BNatSchG, § 59, Rn. 1 mit Verweis auf OVG Münster, NuR 1993, 240 (240).

g) Organisation, Zuständigkeit und Verfahren (§§ 43–56 BayNatSchG)

Art. 54 BayNatSchG enthält Regeln sowohl zum Zutrittsrecht als auch der einstweiligen Sicherstellung sowie der Veränderungssperre. Ergänzend zu § 22 Abs. 3 BNatSchG sind gemäß Art. 54 Abs. 3 BayNatSchG in geplanten Naturschutzgebieten ab der Bekanntmachung der Auslegung (Art. 52 Abs. 2 Satz 2 BayNatSchG) bis zum Inkrafttreten der Schutzverordnung, längstens ein Jahr lang, grundsätzlich alle Veränderungen verboten. Damit wird die ehemalige Regelung des Art. 48 Abs. 3 BayNatSchG a. F. übernommen und hinsichtlich der Veränderungssperre vom Regelungssystem des Bundes aus § 22 BNatSchG abgewichen. Die Veränderungssperre ist kein allgemeiner Grundsatz des Naturschutzes. Die Abweichung des bayerischen Landesgesetzgebers ist verfassungsmäßig nicht zu beanstanden.

3. Fazit zum BayNatSchG

Der bayerische Landesgesetzgeber ist seiner Landesverfassung kompromisslos treu und bewegt sich daher häufig im Grenzbereich zu unzulässigen Abweichungen. Im Ergebnis ist nach meiner Auffassung jedoch nur Art. 13 BayNatSchG unzulässig, der abweichend von § 24 Abs. 1 Nr. 1 BNatSchG eine Mindestfläche von 10.000 Hektar für Nationalparke vorschreibt.

III. Brandenburg

1. Geschichtliche Entwicklung

Der Naturschutz und die Landschaftspflege sind in Brandenburg von zentraler Bedeutung. So nehmen die elf Naturparke, drei Biosphärenreservate und der Nationalpark Unteres Odertal ein Drittel der Fläche Brandenburgs ein.[816] Dabei handelt es sich keineswegs um eine neue Entwicklung, vielmehr wurde der hohe Stellenwert des Naturschutzes in Brandenburg schon zu DDR-Zeiten erkannt und 1968 sogar in der Verfassung der DDR fixiert.[817]

Das Landeskulturgesetz[818] der DDR von 1970 war als Rahmengesetz ausgestaltet und regelte nur Grundsätzliches im Bereich der Planung und Leitung der

816 So das Landesamt für Umwelt, Gesundheit und Verbraucherschutz Brandenburg auf der Internetseite: http://www.mugv.brandenburg.de unter dem Reiter „Großschutzgebiete“.

817 *Kloepfer/Franzius/Reinert*, Zur Geschichte des deutschen Umweltrechts, S. 138.

818 Gesetz über die planmäßige Gestaltung der sozialistischen Landeskultur in der Deutschen Demokratischen Republik vom 14.5.1970, GBl. DDR 1970, S. 67.

sozialistischen Landeskultur, von Landschaftspflege und Naturschutz, Bodenschutz, Schutz der Wälder, Gewässerschutz, Luftreinhaltung und Lärmschutz sowie der Abfallwirtschaft. In der Folgezeit wurden zahlreiche Einzelgesetze, Verordnungen und Durchführungsbestimmungen erlassen. Trotz einer hohen Regelungsdichte im Umweltrecht hat sich die Umweltsituation bis zur Wiedervereinigung in Brandenburg und der gesamten DDR kontinuierlich verschlechtert.[819] Mit Inkrafttreten des Einigungsvertrages am 3.10.1990 trat das damalige BNatSchG in Brandenburg und den anderen Ländern der ehemaligen DDR sowie im Osten Berlins in Kraft.[820]

Im 1992 trat dann das BbgNatSchG in Kraft.[821] Dieses wurde im Jahr 2004 novelliert[822] und zuletzt durch Art. 2 des Gesetzes zur Errichtung und Auflösung von Landesoberbehörden sowie zur Änderung von Rechtsvorschriften vom 15.7.2010[823] geändert. In der Folge des Inkrafttretens des geltenden BNatSchG am 1.3.2010 sind – wie auch die brandenburgische Landesregierung richtig erkannt hat – die meisten Vorschriften des BbgNatSchG nicht mehr anwendbar, da sie nun von Bundesrecht überlagert werden.[824] Nur die Vorschriften des BbgNatSchG blieben bestehen, in denen Sachverhalte geregelt sind, welche der Bund „unberührt" ließ (z. B. § 31 BbgNatSchG, der den gesetzlichen Schutz von Alleen regelt, vgl. § 29 Abs. 3 BNatSchG), oder Bereiche, in denen der Bund von seiner konkurrierenden Gesetzgebung keinen Gebrauch gemacht hat. Die dadurch entstandene unübersichtliche Rechtslage soll durch die Ablösung des BbgNatSchG durch ein Ausführungsgesetz BNatSchG bereinigt werden.[825]

Der Entwurf eines BbgNatSchAG[826] wurde nach seiner ersten Lesung im Ende 2011 an den Ausschuss für Umwelt, Gesundheit und Verbraucherschutz – federführend-, an den Ausschuss für Infrastruktur und Landwirtschaft und an den Ausschuss für Wirtschaft überwiesen.[827] Zum Bearbeitungszeitpunkt ist ein Verkündungsdatum des Gesetzes nicht absehbar.

819 *Kloepfer/Franzius/Reinert*, Zur Geschichte des deutschen Umweltrechts, S. 142.
820 *Marzik/Wilrich*, BNatSchG, 2004, Einleitung, Rn. 8.
821 Gesetz über den Naturschutz und die Landschaftspflege im Land Brandenburg vom 25.6.1992 (Bbg. GVBl. 1992, S.208).
822 BbgNatSchG in der Fassung der Bekanntmachung vom 26.5.2004 (Bbg. GVBl. 2004, S.350).
823 Bbg. GVBl. 2010, S. 3 ff.
824 Bbg. LT-Drs. 5/4349, S. 1.
825 Ebd., S. 2.
826 Bbg. LT-Drs. 5/4349 ausgegeben am 1.12.2011.
827 Bbg. LT Plenarprotokoll der 46. Sitzung vom 15.12.2011, S. 3905.

2. Abweichungen im BbgNatSchAG-E

Wenn das BbgNatSchAG in Kraft tritt, wird es als „späteres Gesetz" gemäß Art. 72 Abs. 3 Satz 2 GG Anwendungsvorrang vor dem BNatSchG 2010 haben.

Wie auch in den beiden anderen behandelten L-NatSchG sieht der Entwurf des BbgNatSchAG vor, dass jeweils in den Paragraphenüberschriften Abweichungen gekennzeichnet sind. Wie beim BayNatSchG und, anders als beim NAG-BNatSchG werden nicht nur der betroffene Paragraph des BNatSchG genannt, sondern sogar der entsprechende Abs. und Satz. Im Gesetzestext unterscheidet der Entwurf des BbgNatSchAG zwischen Ergänzungen (z. B. § 2 BbgNatSchAG-E) und Abweichungen (z. B. § 6 Abs. 1 BbgNatSchAG-E).

§ 1 Satz 2 BbgNatSchAG-E listet die vom BNatSchG entsprechend Art. 72 Abs. 3 GG „abweichenden" Vorschriften auf.[828] Nachfolgend wird geklärt, ob diese Abweichungen abweichungsfeste Kerne betreffen und ob darüber hinaus noch weitere Abweichungen i. S. v. Art. 72 Abs. 3 Satz 1 Nr. 2 GG bestehen.

a) Allgemeine Vorschriften (§§ 1–3 BbgNatSchAG-E)

aa) „Gute fachliche Praxis" in der Landwirtschaft

Ergänzend zu § 5 Abs. 2 BNatSchG gehört zu den Grundsätzen der guten fachlichen Praxis gemäß § 2 BbgNatSchAG-E, dass bei der landwirtschaftlichen Bodennutzung verwendetes Bindematerial nach seinem Einsatz aus der freien Landschaft entfernt werden soll. Die Aufzählung des Bundesgesetzgebers bezüglich der Grundsätze der guten fachlichen Praxis wird mit dem Wort „insbesondere" eingeleitet und ist somit nicht abschließend. Den Ländern wurde dadurch die Möglichkeit eröffnet, Ergänzungen als Sache landeseigener Gesetzgebung zu regeln. § 2 BbgNatSchAG-E ist verfassungsgemäß.

bb) Umweltbeobachtung

§ 3 BbgNatSchAG-E trifft Ausführungsregelungen zur Beobachtung von Natur und Landschaft. Dieses Instrument gehört zu den abweichungsfesten allgemeinen Grundsätzen des Naturschutzes (vgl. § 6 Abs. 1 BNatSchG).[829] Die brandenburgische Regelung enthält entsprechend dem Entwurf aber keine Abweichung von diesem Grundsatz, sondern regelt nur ausführend, dass gesammelte Daten

828 Dabei handelt es sich um § 4 Abs. 4, § 6 Abs. 1, § 7 Abs. 2, § 8 Abs. 3, § 18 Abs. 2 u. § 29 Abs. 4 BbgNatSchAG-E.

829 Vgl. auch *Schulze-Fielitz*, NVwZ 2007, 249 (257).

dem Bund auf Anforderung zur Verfügung zu stellen sind. Es handelt sich hier nicht um eine Abweichung i. S. d. Abweichungsgesetzgebungskompetenz, sondern um das Gebrauchmachen von der Landeskompetenz.

b) Landschaftsplanung (§§ 4–5 BbgNatSchAG-E)

Die Zuständigkeit, das Verfahren der Aufstellung und das Verhältnis von Landschaftsprogrammen und Landschaftsrahmenplänen zu Raumordnungsplänen richten sich gemäß § 10 Abs. 4 BNatSchG nach Landesrecht. Mit § 4 und § 5 BbgNatSchAG-E füllt der brandenburgische Landesgesetzgeber die zur Regelung überlassenen Bereiche der Landschaftsplanung aus. Es handelt sich grundsätzlich nicht um eine Abweichung i. S. v. Art. 72 Abs. 3 GG.

Eine Ausnahme hierzu bildet jedoch § 4 Abs. 4 BbgNatSchAG-E, welcher es ermöglichen soll, wie bisher in kreisfreien Städten auf die Aufstellung von Landschaftsrahmenplänen verzichten zu können. Diese Abweichung i. S. v. Art. 72 Abs. 3 GG verletzt jedoch nicht das abweichungsfeste Instrument der Landschaftsplanung als solches oder die ebenfalls abweichungsfeste Mehrstufigkeit (Unterscheidung zwischen örtlicher und überörtlicher Planung).[830] Dies bedeutet nicht etwa, dass die Unterscheidung zwischen örtlicher und überörtlicher Ebene aufgehoben wird, sondern lediglich, dass die örtliche und überörtliche Landschaftsplanungen gemeinsam dargestellt werden können.[831] Dies ist vergleichbar mit der ebenfalls verfassungsmäßigen Rechtslage in den Stadtstaaten Hamburg, Berlin und Bremen, für die der Bundesgesetzgeber selbst in § 11 Abs. 4 BNatSchG eine Ausnahmeregelung vorgesehen hat.[832] Die mit § 4 Abs. 4 BbgNatSchAG-E vorgenommene Abweichung verletzt nicht einen allgemeinen Grundsatz des Naturschutzes i. S. d. Verfassung.

c) Eingriffe in Natur und Landschaft (§§ 6–7 BbgNatSchAG-E)

aa) Ersatzzahlung

So sollen gemäß § 6 Abs. 1 BbgNatSchAG-E abweichend von § 15 Abs. 6 letzter Satz (Satz 7) BNatSchG Ersatzzahlungen im Gebiet des betroffenen Landkreises oder der kreisfreien Stadt verwendet und nicht zweckgebunden für Maßnahmen des Naturschutzes in dem betroffenen Naturraum verwenden werden. Diese Abweichung i. S. d. Abweichungskompetenz ist verfassungsmäßig unbedenklich,

830 s. zum Mehrstufigkeitsprinzip bei Fn. 657.

831 Vgl. *Appel* in: Frenz/Müggenborg, BNatSchG, 2011, § 8, Rn. 49.

832 So auch Bbg. LT-Drs. 5/4349, S. 11.

da sie nicht das gemäß § 13 BNatSchG abweichungsfeste Instrument der Eingriffsregelung oder dessen Definition aus § 14 Abs. 1 BNatSchG verletzt.

bb) Zuständigkeit und Verfahren bei Eingriffen

Aufgrund der Öffnungsklauseln in § 17 Abs. 1 und 11 BNatSchG werden in § 7 BbgNatSchAG-E die notwendigen ergänzenden Zuständigkeits- und Verfahrensregelungen bei Eingriffen getroffen.

Mit § 7 Abs. 2 BbgNatSchAG-E hat der Landesgesetzgeber in seinem Entwurf jedoch auch eine von Bundesrecht abweichende Regelung vorgesehen. So sieht § 17 Abs. 3 BNatSchG vor, dass für einen Eingriff, der nicht von einer Behörde durchgeführt wird und der keiner behördlichen Zulassung nach anderen Rechtsvorschriften bedarf, eine Genehmigung der zuständigen Behörde erforderlich ist. Gemäß der gegenständlichen brandenburgischen Norm soll eine Genehmigung darüber hinaus auch dann erforderlich sein, wenn für einen Eingriff auf Basis anderer fachrechtlicher Prüfung auf die Durchführung eines Zulassungsverfahrens verzichtet wird. Diese Abweichung i. S. d. Abweichungskompetenz ist verfassungsrechtlich ebenfalls unbedenklich, da auch sie weder das Instrument der Eingriffsregelung infrage stellt noch die Eingriffsdefinition verletzt.

d) Schutzgebiete (§§ 8–13 BbgNatSchAG-E)

In den §§ 8 bis 13 BbgNatSchAG-E wurden hauptsächlich gemäß der Öffnungsklausel aus § 22 Abs. 2 BNatSchG Bestimmungen zu Form und Verfahren der Unterschutzstellung, die Beachtlichkeit von Form- und Verfahrensfehlern und die Möglichkeit ihrer Behebung getroffen.

Abweichend von § 22 Abs. 1 BNatSchG können nach § 8 Abs. 3 Satz 1 BbgNatSchAG-E RVO bestimmte Handlungen in Schutzgebieten von einer Genehmigung abhängig machen. Hintergrund für diese Abweichung ist, dass der brandenburgische Landesgesetzgeber die seines Erachtens bewährte landesrechtliche Regelung beibehalten will, die derzeit in § 19 Abs. 2 Sätze 4 und 5 BbgNatSchG geregelt ist.[833] Danach bestimmen RVO den Schutzgegenstand, den Schutzzweck, die zur Erreichung des Schutzzwecks erforderlichen Gebote und Verbote und, soweit erforderlich, die Pflege-, Entwicklungs- und Wiederherstellungsmaßnahmen oder enthalten die erforderlichen Ermächtigungen hierzu.

Da es sich bei § 8 Abs. 3 Satz 1 BbgNatSchAG-E um eine Bestimmung zum Inhalt von Schutzgebieten handelt, stellt diese Vorschrift eine Abweichung i. S. v.

---

833 Bbg. LT-Drs. 5/4349, S. 17.

Art. 72 Abs. 3 GG dar.[834] Hierdurch wird jedoch kein abweichungsfester allgemeiner Grundsatz des Naturschutzes verletzt. Denn abweichungsfest i. S. d. Verfassung sind in diesem Zusammenhang nur der Numerus Clausus der Schutzgebietskategorien und deren Inhalt entsprechend §§ 23 bis 29 BNatSchG.[835] Die vorgesehene Abweichung des BbgNatSchAG-E ist insoweit verfassungsgemäß.

e) Netz „Natura 2000" (§§ 14–16 BbgNatSchAG-E)

Die §§ 14 bis 16 BbgNatSchAG-E dienen der Umsetzung europäischer Vorgaben aus der FFH- und der Vogelschutz-RL und enthalten lediglich Ausführungsbestimmungen.[836] Abweichungen i. S. v. Art. 72 Abs. 3 GG liegen nicht vor.

f) Gesetzlich geschützte Teile von Natur und Landschaft (§§ 17–18 BbgNatSchAG-E)

aa) Alleenschutz

Gemäß § 29 Abs. 3 BNatSchG können die Länder ihre Vorschriften zum Alleenschutz fortführen. Davon macht § 17 BbgNatSchAG-E Gebrauch, denn der Schutz der Alleen ist seit 1992 in § 31 BbgNatSchG verankert und genießt in Brandenburg einen besonderen Stellenwert. Die Gesamtlänge der Alleen beläuft sich in diesem Bundesland immerhin auf rund 8.200 Kilometer.[837]

bb) Biotopschutz

Nach § 18 Abs. 1 BbgNatSchAG-E gelten die Verbote von § 30 Abs. 2 Satz 1 BNatSchG auch für Feuchtwiesen, Moorwälder und andere Biotope Brandenburgs. Diese Ergänzung durch Landesrecht ist in § 18 Abs. 1 Satz 2 BNatSchG ausdrücklich vorgesehen.

§ 18 Abs. 2 BbgNatSchAG-E benennt konkret Handlungen, die geeignet sind, geschützte Biotope zu beeinträchtigen, und präzisiert insoweit den abstrakten Begriff „Handlungen" der Bundesnorm. Denn der Bundesgesetzgeber spricht lediglich von Handlungen, „die zu einer Zerstörung oder einer sonstigen erheblichen Beeinträchtigung führen könnten" (§ 30 Abs. 2 Satz 1 BNatSchG).

---

834 s. auch Bbg. LT-Drs. 5/4349, S. 17.

835 Vgl. zur Abweichungsfestigkeit bei Fn. 706.

836 s. Bbg. LT-Drs. 5/4349, S. 20 f.

837 Ministerium für Umwelt, Gesundheit und Verbraucherschutz Brandenburg, abrufbar auf: www.mugv.brandenburg.de unter dem Suchbegriff „Schutz der Alleen".

Außerdem weicht Abs. 2 in einem zweiten Punkt von § 30 Abs. 2 Satz 1 BNatSchG ab, indem er bezüglich der Eintragung von Stoffen nicht auf deren Eignung zur nachteiligen Beeinflussung des Naturhaushalts abstellt, sondern auf die Eignung zur nachteiligen Beeinflussung des Biotops. Denn Bezugspunkt für die Schädlichkeit der Maßnahme sei nicht der Naturhaushalt, sondern das zu schützende Biotop.[838]

Beide Abweichungen verletzen nicht das Instrument des Biotopschutzes als solches, das als „allgemeiner Grundsatz des Naturschutzes" i. S. v. Art. 72 Abs. 3 Satz 1 Nr. 2 GG abweichungsfest ist.[839] Verfassungsrechtlich bestehen daher keine Bedenken.

g) Schutz wild lebender Tier- und Pflanzenarten (§§ 19–21 BbgNatSchAG-E)

Der brandenburgische Landesgesetzgeber hat in der Erkenntnis, dass der Artenschutz eine abweichungsfeste Materie ist, im Entwurf des BbgNatSchAG die meisten Regelungen des noch geltenden BbgNatSchG zum Artenschutz nicht übernommen.[840] In der Folge enthalten die §§ 19 bis 21 BbgNatSchAG-E lediglich Ausführungen zu bundesrechtlichen Öffnungsklauseln.

h) Erholung in Natur und Landschaft (§§ 22–24 BbgNatSchAG-E)

Das Betreten der freien Landschaft hat der Bundesgesetzgeber in § 59 Abs. 1 BNatSchG als „allgemeinen Grundsatz" ausgestaltet. § 22 BbgNatSchAG-E enthält hierzu Ergänzungen. So dürfen etwa nach Abs. 1 in der freien Landschaft auch für eine Nacht Zelte aufgestellt werden, jedoch nach Abs. 4 nur auf dafür vorgesehenen Plätzen. Diese Ergänzungen durch Landesrecht sind in § 59 Abs. 2 BNatSchG explizit vorgesehen und stellen keine Abweichung i. S. v. Art. 72 Abs. 3 GG dar.

i) Eigentumsbindung, Befreiungen (§§ 25–29 BbgNatSchAG-E)

aa) Befreiung von Verboten

Laut der Auflistung aus § 1 Satz 2 BbgNatSchAG-E enthält § 29 Abs. 4 BbgNatSchAG-E eine Abweichung i. S. v. Art. 72 Abs. 3 GG.

838 Bbg. LT-Drs. 5/4349, S. 28.

839 s. hierzu BT-Drs. 16/12274, S. 62 f.; *Heugel* in: Lütkes/Ewer, BNatSchG, § 30, Rn. 3; *Kratsch/Czybulka* in: Schumacher/Fischer-Hüftle, BNatSchG, § 30, Rn. 5.

840 Bbg. LT-Drs. 5/4349, S. 28 f.

§ 29 BbgNatSchAG-E regelt die Befreiung von Verboten entsprechend § 67 BNatSchG. Nach Abs. 4 bedarf es einer Befreiung abweichend von § 28 Abs. 2 BNatSchG nicht für Maßnahmen, die der Feststellung oder Beseitigung einer von einem Naturdenkmal ausgehenden Gefahr dienen. Dadurch soll die Erfüllung der Verkehrssicherungspflicht für Naturdenkmäler von dem Erfordernis der Befreiung freigesprochen werden, ohne durch ein möglicherweise zähes Verwaltungsverfahren behindert zu werden.[841] Zwar ist die Schutzgebietskategorie des Naturdenkmals gemäß § 20 Abs. 2 Nr. 6 BNatSchG als abweichungsfester Grundsatz ausgestaltet, diese wird jedoch durch die Abweichung aus § 29 Abs. 4 BbgNatSchAG-E nicht verletzt.

dd) Duldungspflicht

Neben der offenkundigen Abweichung aus § 29 Abs. 4 BbgNatSchAG-E enthält möglicherweise auch § 25 Abs. 3 BbgNatSchAG-E (Duldungspflicht der Grundstückseigentümer) eine Abweichung i. S. d. Abweichungskompetenz, die nicht in § 1 Satz 1 BbgNatSchAG-E genannt ist.

In § 25 Abs. 1, 2 und 3 Satz 1 BbgNatSchAG-E macht der brandenburgische Landesgesetzgeber von der durch Bundesrecht eingeräumten Möglichkeit Gebrauch, die Duldungspflicht aus § 65 Abs. 1 BNatSchG weitergehend auszugestalten. Nach dessen Abs. 3 Satz 2 bedarf es keiner Ankündigung, wenn Bedienstete oder Beauftragte der Naturschutzbehörde zum Zwecke der Umweltbeobachtung ein Privatgrundstück betreten wollen. Gemäß § 65 Abs. 2 BNatSchG sind dagegen vor der Durchführung jeder Maßnahmen (auch zum Zwecke der Umweltbeobachtung) die Berechtigten in geeigneter Weise zu benachrichtigen. Hiervon weicht § 25 Abs. 3 Satz 2 BbgNatSchAG-E ab.

Fraglich ist, ob diese Regelung noch von der Öffnungsklausel aus § 65 Abs. 3 BNatSchG gedeckt ist. Die entscheidende Frage ist insoweit, ob diese Öffnungsklausel alleine die bloße Befugnis zum Betreten meint, oder auch das damit im Zusammenhang stehende Verfahren (wie insbesondere die Ankündigung einer Maßnahme). Nach *Kraft* soll § 65 Abs. 3 BNatSchG allgemein klarstellen, dass „das Betreten von Grundstücken zur Erfüllung naturschutzrechtlicher Aufgaben [also auch der Umweltbeobachtung] vollständig den Ländern überantwortet" werde.[842] Aufgrund der Verwendung des Wortes „vollständig" könnte man schließen, dass *Kraft* der Auffassung sei, dass der Landesgesetzgeber auch das Erfordernis der Ankündigung i. S. v. § 65 Abs. 2 BNatSchG streichen könne, da diese im weitesten Sinne auch zum Betretendürfen gehört. Dies ist aber meines

841 Ebd. S. 36.
842 *Kraft* in: Lütkes/Ewer, BNatSchG, § 65, Rn. 15.

Erachtens nicht mit Sinn und Zweck der Absätze 2 und 3 von § 65 BNatSchG vereinbar.

Vielmehr wollte der Bundesgesetzgeber hier Regelungen zum Kreis der berechtigten Personen dem Landesrecht überlassen. Denn der zuständige Personenkreis ist laut Gesetzesbegründung von Land zu Land unterschiedlich geregelt.[843] Daher spricht der Bundesgesetzgeber in Abs. 3 lediglich allgemein von „Bediensteten und Beauftragten der Naturschutzbehörden" und in Abs. 2 von „Berechtigten". Mit § 65 Abs. 3 BNatSchG wollte der Bundesgesetzgeber also primär die Frage den Ländern überlassen, welcher Personenkreis zum Betreten befugt ist. Hätte der Bundesgesetzgeber gewollt, dass die Länder auch darüber entscheiden können, ob eine vorherige Benachrichtigung an den betroffenen Grundstückseigentümer ergehen soll, so hätte er Abs. 2 und 3 systematisch als einen zusammengehörigen Abs. formulieren müssen. Abs. 3 bezieht sich alleine auf die Befugnis zum Betreten im engsten Sinn und den dazu berechtigten Personenkreis. Die in Abs. 2 normierte Pflicht zur vorzeitigen Benachrichtigung in geeigneter Weise ist nicht Gegenstand der Öffnungsklausel.

Es handelt sich folglich um eine Abweichung i. S. d. Abweichungskompetenz. Ein abweichungsfester Kern i. S. v. Art. 72 Abs. 3 Satz 1 Nr. 2 GG wird durch die Abweichung jedoch nicht verletzt. Ob die besagte Landesregelung aber einen unverhältnismäßigen Eingriff in das Grundrecht auf Eigentum aus Art. 14 Abs. 1 GG darstellt, soll hier nicht untersucht werden. Es scheint bedenklich, dass Vertreter einer Behörde sich ohne jegliche Vorwarnung Zugang zu einem Privatgrundstück verschaffen können, um Handlungen der Umweltbeobachtung vorzunehmen.

j) Behörden und Naturschutzfonds (§§ 30–33 BbgNatSchAG-E)

Die §§ 30 bis 33 BbgNatSchAG-E enthalten die notwendigen landesrechtlichen Regelungen zu den Naturschutzbehörden und ihren Befugnissen und Zuständigkeiten sowie zum Unterrichtungs- und Weisungsrecht i. S. d. Kommunalrechts. § 33 BbgNatSchAG-E enthält Ausführungen zum „Naturschutzfonds Brandenburg". Es handelt sich bei den genannten Regelungen nicht um Bereiche, die in der Gesetzgebungskompetenz des Bundes unterliegen.

§ 36 BbgNatSchAG-E ergänzt auf Grundlage der Öffnungsklausel in § 63 Abs. 2 Nr. 8 BNatSchG das Recht von anerkannten Naturschutzvereinigungen zur Einsicht in einschlägige Sachverständigengutachten.

---

843 BT-Drs. 16/12274, S. 76.

k) Ehrenamtlicher Naturschutz (§§ 34–38 BbgNatSchAG-E)

Den Bereich des ehrenamtlichen Naturschutzes hat der Bundesgesetzgeber wie schon in den vorherigen Fassungen des BNatSchG ungeregelt gelassen und damit nicht von der konkurrierenden Gesetzgebungskompetenz aus Art. 72 Abs. 1 GG Gebrauch gemacht, sondern den Ländern hier die Gesetzgebung überlassen.

l) Ordnungswidrigkeiten (§§ 39–41 BbgNatSchAG-E)

Mit § 39 BbgNatSchAG-E führt der brandenburgische Gesetzgeber ergänzend zu § 69 BNatSchG aus, welche Handlungen als Ordnungswidrigkeiten einzustufen sind. Der Landesgesetzgeber wird hierzu durch die Öffnungsklausel aus § 69 Abs. 7 BNatSchG ermächtigt. Es handelt sich nicht um eine Abweichung i. S. d. Abweichungskompetenz.

Die Vorschrift zur Einziehung von Gegenständen aus § 41 BbgNatSchAG-E bezieht sich ausschließlich auf Einziehungen aufgrund von Ordnungswidrigkeiten, die nach dem BbgNatSchAG begangen wurden, und ist von der bundesrechtlichen Einziehungsregelung aus § 72 BNatSchG zu trennen. Es handelt sich daher auch hier nicht um eine Abweichung i. S. d. Abweichungskompetenz.

3. Fazit zum BbgNatSchAG-E

Der Entwurf des BbgNatSchAG dient laut Gesetzesbegründung vorrangig der „Ausführung“ bundesgesetzlicher Öffnungsklauseln oder Ergänzungen des BNatSchG in Bereichen, die der Bundesgesetzgeber bewusst ungeregelt gelassen hat (wie z. B. den ehrenamtlichen Naturschutz). „Abweichungen“ i. S. d. Verfassung sind rar und beschränken sich mit Ausnahmen von § 25 Abs. 3 Satz 2 BbgNatSchAG-E (keine Ankündigung des Betretens bei Umweltbeobachtung) auf die in § 1 Satz 2 BbgNatSchAG-E aufgelisteten Bereiche.

Verfassungsrechtliche Bedenken wegen eines Verstoßes gegen die neueingeführte Abweichungskompetenz aus Art. 72 Abs. 3 GG bestehen nicht. Jedoch liegen begründete Zweifel an der Grundrechtskonformität bei § 25 Abs. 3 Satz 2 BbgNatSchAG-E vor (Betreten von Privatgrundstücken ohne vorherige Ankündigung).

IV. Zusammenfassung der verfassungswidrigen Landesregelungen

Die vorangegangene Untersuchung hat gezeigt, dass die Kompromisslösung der Abweichungskompetenz in Grenzfällen Probleme bereitet. Die Frage, ob eine Landesregelung von einem abweichungsfesten Kern in verfassungswidriger Weise abweicht – sei dieser ein allgemeiner Grundsatz des Naturschutzes, eine supranationale Regelung oder eine sonstige Beschränkung durch die Verfassung – kann zu erheblichen Abgrenzungsschwierigkeiten führen. Trotz dieser sehr komplexen und daher schwierig zu überblickenden Rechtslage ist die Zahl der problematischen Abweichungen noch eher gering. Für unzulässig, weil verfassungswidrig, hat der Bearbeiter letztlich nur eine Regelung des bayerischen sowie eine Regelung des brandenburgischen Landesgesetzgebers befunden.

Im Ergebnis ist nach meiner Auffassung Art. 13 BayNatSchG eindeutig unzulässig. Nach diesem Artikel sollen Nationalparke, abweichend von § 24 Abs. 1 Nr. 1 BNatSchG, eine Mindestfläche von 10.000 Hektar haben. Hiermit weicht der bayerische Landesgesetzgeber in verfassungswidriger Weise von einem allgemeinen Grundsatz des Naturschutzes ab.

Der brandenburgische Gesetzgeber erkennt nicht, dass er mit § 25 Abs. 3 Satz 2 BbgNatSchAG-E von § 65 Abs. 2 BNatSchG abweicht. Diese Abweichung verletzt zwar nicht Art. 72 Abs. 3 GG, könnte jedoch gegen Grundrechte verstoßen.

C) Rechtsfolgen des Verfassungsverstoßes

Fraglich ist, welches die rechtlichen Konsequenzen eines Verfassungsverstoßes durch einen Landesgesetzgeber sind und welches Risiko in der weiteren Konsequenz für Bürger und Unternehmen besteht.

I. Nichtigkeit des verfassungswidrigen Gesetzes

In der Regel ist ein Gesetz, dass gegen das GG verstößt, ex tunc nichtig.[844] Denn grundsätzlich kommt dem GG ein Geltungsvorrang zu und kein bloßer Anwendungsvorrang.[845] Die Folge der Nichtigkeit ist, dass das einfache Gesetz nicht

---

844 BVerfGE 84, 9 (29 f.); *Jarass* in: Jarass/Pieroth, Art. 20, Rn. 33; *Huster/Rux* in: Epping/Hillgruber, GG, Art. 20, Rn. 155; *Sachs* in: Sachs, GG, Art. 20, Rn. 95.

845 *Jarass* in: Jarass/Pieroth, Art. 20, Rn. 33.

mehr angewendet werden darf.[846] Ist eine verfassungskonforme Auslegung des einfachen Gesetzes möglich, so greift die Folge der Nichtigkeit nicht.[847]

In Ausnahmefällen kann das BVerfG statt der Nichtigkeit der verfassungswidrigen Regelung lediglich die „Unvereinbarkeit" mit der Verfassung feststellen.[848] So sehen es auch ausdrücklich § 31 Abs. 2 Satz 2, 3 sowie § 79 Abs. 1 BVerfGG vor. Ein solcher Ausnahmefall liegt nach ständiger Rechtsprechung des BVerfG vor, wenn die sofortige Nichtigkeit zu einer Situation führte, die der verfassungsrechtlichen Ordnung noch ferner steht.[849] Ebenfalls kann ein verfassungswidriges Gesetz für bloß unvereinbar erklärt werden, wenn die Betroffenen eine „gewisse Anpassungszeit" benötigen, um sich entsprechend der eigentlichen Verfassungslage zu positionieren.[850] Möglich ist außerdem, dass der Verfassungsverstoß durch eine Ergänzung oder Änderung des Gesetzes behoben wird. Dies hat das BVerfG mehrmals bei Grundrechtsverstößen entschieden.[851]

Die Unvereinbarkeit führt zu einer Suspendierung des Gesetzes bis zur Behebung des Verfassungsverstoßes durch den Gesetzgeber.[852] Während dieses Zeitraums dürfen Gerichte und Behörden das verfassungswidrige Gesetz nicht anwenden, es sei denn, das BVerfG sieht etwas anderes vor.[853]

Solange das BVerfG jedoch eine Norm nicht gemäß § 78 BVerfGG für nichtig bzw. unvereinbar[854] erklärt hat, muss das betroffene Gesetz weiter angewendet werden, unabhängig davon, ob es allgemein für verfassungswidrig gehalten wird.[855] Gemäß § 79 Abs. 2 BVerfGG bleiben alle Hoheitsakte, die auf der Grundlage einer nichtigen Norm ergangen sind, weiterhin wirksam, sofern sie bestandskräftig sind. Sind gegen solche Hoheitsakte hingegen noch Rechtsbehelfe oder Rechtsmittel möglich, dürften sie in der Rechtsmittelinstanz für rechtswidrig erklärt werden, weil sie auf einer nichtigen Rechtsgrundlage beruhen.[856] Vor allem bei größeren gewerblichen oder industriellen Vorhaben werden häufig

846 Ebd.

847 *Huster/Rux* in: Epping/Hillgruber, GG, Art. 20, Rn. 155.

848 *Jarass* in: Jarass/Pieroth, Art. 20, Rn. 35.

849 BVerfGE 84, 9 (20); 92, 53 (73); 111, 191 (224); 117, 163 (201).

850 BVerfGE 103, 1 (19).

851 s. BVerfGE 81, 242 (243); 87, 114 (136); 100, 226 (247 f.); 101, 397 (409); 114, 1 (70).

852 BVerfGE 81, 363 (384); 87, 114 (136); 103, 242 (270).

853 BVerfGE 73, 40 (101 f.).

854 Die Unvereinbarkeitserklärung ist nicht ausdrücklich in § 78 BVerfGG genannt, ist aber von der Literatur und Rechtsprechung anerkannt. Dazu m. w. N.: *Lechner/Zuck*, BVerfGG, § 78, Rn. 8.

855 Schluss aus § 78 Satz 1 BVerfGG; s. auch *Louis*, NuR 2010, 77 (78); *Lütkes* in: Lütkes/Ewer, BNatSchG, Einleitung, Rn. 42.

856 *Lechner/Zuck*, BVerfGG, § 78, Rn. 4.

Rechtsmittel bis in die letzte Instanz eingelegt, die dann oft erst nach fünf bis acht Jahren entscheidet.[857]

II. Rechtsunsicherheit und finanzielles Risiko für Bürger und Industrie

Investitionen, die auf Grundlage eines L-NatSchG getätigt wurden, welches möglicherweise nicht im Einklang mit Art. 72 Abs. 3 GG ist, unterliegen einem gewissen finanziellen Risiko. Zum Beispiel können gemäß § 35 Abs. 2 BauGB Bauvorhaben im Außenbereich im Einzelfall zugelassen werden, wenn sie öffentliche Belange nicht beeinträchtigen. Eine Beeinträchtigung öffentlicher Belange liegt gemäß § 35 Abs. 3 Satz 1 Nr. 5 BauGB vor, wenn das Vorhaben Belange des Naturschutzes und der Landschaftspflege beeinträchtigt. Es ist theoretisch denkbar, dass Bauvorhaben aufgrund in verfassungswidriger Weise abweichenden Landesrechts fälschlicherweise genehmigt oder auch nicht genehmigt werden.

Die Erteilung bzw. die Verweigerung einer Baugenehmigung, als Verwaltungsakte könnten entsprechend § 79 Abs. 2 BVerfGG, sofern sie nicht bestandskräftig sind, in der Rechtsmittelinstanz für rechtswidrig erklärt werden. Nach § 51 VwVfG können sogar bestandskräftige Verwaltungsakte aufgehoben werden, wenn sich die Rechtslage geändert hat. Die Nichtigkeits- oder Unvereinbarkeitserklärung stellt jedoch nach allgemeiner Meinung keine solche Veränderung dar.[858] Denn diese Erklärungen oder Entscheidungen wirken nicht konstitutiv auf das materielle Recht ein.[859] Die konstitutive Gesetzgebung ist der Legislative und nicht der Judikative vorbehalten. Bis zur Bestandskraft besteht also für Bürger oder Industrie ein gewisser Grad an Rechtsunsicherheit, der auch mit einem finanziellen Risiko einhergehen kann.

---

857 *Louis*, NuR 2010, 77 (78).

858 BVerfGE 20, 230 (235); BVerwG, NJW 1981, 2595; BSG, NVwZ 1989, 998 (999); *Stelkens/Bonk/Sachs* in: Sachs, GG, VwVfG, § 51, Rn. 100; *Pietzner* in: Schoch/Schmidt-Aßmann/Pietzner, VwGO, § 183, Rn. 54; *Lechner/Zuck*, BVerfGG, § 79, Rn. 12.

859 *Stelkens/Bonk/Sachs* in: Sachs, GG, VwVfG, § 51, Rn. 100.

Kapitel 6: Abschließende Beurteilung der Einführung der Abweichungskompetenz im Naturschutz

Die Frage, ob die Einführung der Abweichungskompetenz im Allgemeinen sowie im konkreten Fall des Naturschutzes und der Landschaftspflege zu einer Verbesserung der „Handlungs- und Entscheidungsfähigkeit von Bund und Ländern“,[860] „einer deutlicheren Zuordnung der Gesetzgebungskompetenzen“[861] und der „Steigerung der Zweckmäßigkeit und Effizienz der Aufgabenerfüllung“[862] sowie zu einer Stärkung der Europatauglichkeit des Grundgesetzes[863] geführt hat, muss im Wesentlichen verneint werden. Lediglich die Handlungs- und Entscheidungsfähigkeit von Bund und Ländern wurde gesteigert. Auch dem Ziel, die Europatauglichkeit des Grundgesetzes zu stärken, ist die Reform entgegengekommen.

A. Stärkung der Europatauglichkeit

Die Umsetzung von europarechtlichen Vorgaben erwies sich vor allem aufgrund der Aufteilung der Gesetzeskompetenzen zwischen Bund und Ländern bei der Rahmenkompetenz als schwerfällig und konfliktgefährdet.[864] Die Fristen zur Umsetzung waren wegen der Zweistufigkeit des Gesetzgebungsverfahrens vor der Föderalismusreform kaum einzuhalten.[865] Den immensen Verfahrensaufwand verdeutlicht beispielhaft die Wasserrahmen-RL, für deren Umsetzung 17 parlamentarische Gesetze und 16 RVO erforderlich waren.[866]

Mit der Reform ist man dem Problem der verbesserungswürdigen Europatauglichkeit auf zwei Wegen begegnet. Zum einen wurde Art. 104a Abs. 6 GG neu eingeführt, wodurch sich die Länder nun an Strafzahlungen an die EU beteili-

860 BT-Drs. 16/813, S. 7.
861 Ebd.
862 Ebd.
863 Ebd., S. 8.
864 *Schulze-Fielitz*, NVwZ 2007, 249 (250); *Huber* in: Henneke, Föderalismusreform in Deutschland, S. 89; *Grandjot*, DÖV 2006, 511 (512 f.); *Rehbinder/Wahl*, NVwZ 2002, 21 (22).
865 *Grandjot*, DÖV 2006, 511 (512); *Schink*, UPR 2004, 206 (209).
866 *Ginzky/Rechenberg*, ZUR 2006, 344 (345).

gen müssen, die der Bund wegen einer verspäteten Umsetzung von Richtlinien zahlen muss. Damit wird der Umsetzungsdruck zumindest teilweise auch auf die Länder übertragen und somit eine gewisse Motivation für eine zügigere Umsetzung durch die einzelnen Landesgesetzgeber geschaffen.

Zum anderen wurde die als problematisch erachtete Zweistufigkeit des Gesetzgebungsverfahrens angegangen: Die Rahmengesetzgebung wurde abgeschafft und durch die Abweichungsgesetzgebung ersetzt. Da nun der Bund im Naturschutzrecht eine Vollkompetenz hat, kann eine Umsetzung europarechtlicher Vorgaben in diesem Bereich grundsätzlich aus einer Hand geschehen, nämlich durch den Bundesgesetzgeber. Nach Art. 72 Abs. 3 Satz 2 GG unterliegen Bundesgesetze auf diesen Gebieten einer sechsmonatigen Karenzzeit.[867] In Eilfällen besteht jedoch die Möglichkeit eines früheren Inkrafttretens, wenn eine 2/3-Mehrheit im Bundesrat dem zustimmt (Art. 72 Abs. 3 Satz 2 GG). Diese Zustimmungsbedürftigkeit bezieht sich nur auf die Fristverkürzung, nicht aber auf das Gesetz an sich.[868] Den Ländern wurde keine Frist für den Gebrauch des Abweichungsrechts gesetzt. Sinn und Zweck dieser Regelung ist insbesondere, in Eilfällen einer europarechtlichen Umsetzungspflicht genügen zu können.[869] *Lütkes* hält diese Inkrafttretensregelung für „nicht ohne Weiteres eingängig" und hat daher Zweifel, ob durch die Einführung der Abweichungskompetenz die Europatauglichkeit der Gesetzgebung „insoweit verbessert" wurde.[870] Auch wenn man *Lütkes* Auffassung teilt, dass die Inkrafttretensregelung nicht sehr eingängig sei, so lässt sich nicht leugnen, dass die Umsetzung von europarechtlichen Vorgaben im Bereich des Naturschutzrechts durch die hier neu eingeführte Vollkompetenz des Bundes erheblich verbessert wurde.[871] Nun kann der Bund grundsätzlich im Alleingang für die rechtzeitige Umsetzung von europarechtlichen Richtlinien sorgen; daran ändert auch die Abweichungsmöglichkeit durch Landesrecht nichts.[872] *Mayen* ist hier anderer Ansicht und geht davon aus, dass auch weiterhin „bis zu 16" Umsetzungsvorgänge erforderlich sind.[873] Dieser Ansicht ist aus dem einfachen Grund entgegenzutreten, dass für die Umsetzung – seit Einführung der Abweichungsgesetzgebung – (zunächst) nur ein einziger Vorgang auf Bundesebene erforderlich ist. Ob die Länder später unter Verstoß gegen den

867 s. dazu bei Fn. 172.

868 *Pieroth* in: Jarass/Pieroth, Art. 72, Rn. 31; *Dittmann* in: Sachs, GG, Art. 84, Rn. 14; *Meyer,* Die Föderalismusreform 2006, S. 168.

869 BT-Drs. 16/813, S. 11; *Dittmann* in: Sachs, GG, Art. 84, Rn. 14.

870 So auch *Lütkes*, NVwZ 2008, 598 (602).

871 So auch: *Schulze-Fielitz*, NVwZ 2007, 249 (251); *Grandjot*, DÖV 2006, 511 (512 f.); *Ginzky/Rechenberg*, ZUR 2006, 344 (350); *Häde*, JZ 2006, 930 (936).

872 *Kloepfer*, ZG 2006, 250 (269); *Ginzky/Rechenberg*, ZUR 2006, 344 (350).

873 *Mayen*, DRiZ 2007, 51 (55).

Grundsatz der Bundestreue davon abweichen, wäre allenfalls Gegenstand späterer Vorgänge, die aber die Europatauglichkeit nicht berühren.

Eine Einschränkung der Stärkung der Europatauglichkeit besteht jedoch dann, wenn die Umsetzung in nationales Recht auch eine Anpassung von Regelungen erforderlich macht, die außerhalb des Naturschutzrechts liegen (etwa dem Bauordnungsrecht oder Immissionsschutzrecht). In derartigen Fällen kann eine europarechtliche Vorgabe nur vollständig umgesetzt werden, wenn auch die Landesgesetzgeber jeweils ihr entsprechendes Landesrecht anpassen. Dieser „Mosaikarbeit“[874] kann letztlich nur durch eine materienübergreifende Normsetzung wie sie mit dem Vorhaben eines UGB angestrebt wird, Einhalt geboten werden.[875]

Somit hat die Abschaffung der Rahmengesetzgebung und die Einführung der Abweichungskompetenz die Europatauglichkeit des Grundgesetzes nur insoweit verbessert, als es in Anbetracht der noch immer bestehenden Rechtszersplitterung möglich ist. Eine darüberhinausgehende entscheidende Verbesserung der Europatauglichkeit auf dem Gebiet des Naturschutz- und Umweltrechts ist nicht zu erkennen.

B. Verbesserung der Handlungs- und Entscheidungsfähigkeit

Die Einführung der Abweichungskompetenz soll laut Gesetzesbegründung zur Föderalismusreform zu einer Verbesserung der „Handlungs- und Entscheidungsfähigkeit von Bund und Ländern“ führen.[876] Aus Sicht des Bundes ist hier in der Tat eine Verbesserung eingetreten. Denn nun hat der Bund für die Kompetenztitel der Abweichungskompetenz eine Vollkompetenz und muss nicht – wie bei der damaligen Rahmengesetzgebung – aufwendig prüfen, wieweit seine Kompetenz reicht. Bei den Bereichen, die der Abweichungskompetenz unterliegen, muss nicht einmal die „Erforderlichkeit“ einer bundeseinheitlichen Regelung i. S. v. Art. 72 Abs. 2 GG vorliegen, wie dies vor der Reform gemäß Art. 75 Abs. 1 i. V. m. Art. 72 Abs. 2 GG a. F. verlangt wurde. Dadurch kann der Bund mit deutlich geringerem Prüfungsaufwand von seiner Gesetzgebungskompetenz bei den besagten Kompetenztiteln Gebrauch machen.

Auch die Handlungs- und Entscheidungsfähigkeit der einzelnen Länder wurde gegenüber der früheren Rahmengesetzgebung verbessert. Denn mit Einführung

874 *Koch* in Kloepfer, Das kommende Umweltgesetzbuch, S. 22.
875 UGB-KomE, Einleitung, S. 87 f.
876 BT-Drs. 16/813, S. 7.

der Abweichungsgesetzgebung anstelle der Rahmengesetzgebung ist die Verpflichtung zur Ausfüllung von bundesrechtlichen Rahmenvorschriften weggefallen. Heute steht es den Ländern frei, ob sie ausführende Regelungen zum BNatSchG 2010 erlassen wollen oder nicht.

Des Weiteren sind die Länder nicht mehr auf eine reine Ausfüllung von Rahmenvorschriften beschränkt, sofern sie sich dazu entscheiden, von ihrem Abweichungsrecht Gebrauch zu machen. Grundsätzlich steht ihnen – wie auch dem Bund – eine Vollkompetenz zu.[877] Theoretisch könnten die Länder nun Gesetze erlassen, die den eigenen landespolitischen Leitlinien folgt als dem entsprechenden Bundesrecht. Dass diese Vollkompetenz der Länder gewissen Einschränkungen unterliegt (insbesondere den abweichungsfesten Kernen), ändert nichts an der Tatsache, dass im Vergleich zur alten Rechtslage eine Verbesserung der Handlungs- und Entscheidungsfähigkeit der Länder stattgefunden hat.[878]

C. Deutlichere Zuordnung der Gesetzgebungskompetenzen

Die Prüfung der L-NatSchG Niedersachsens und Bayerns sowie des Entwurfs aus Brandenburg haben aufgezeigt, dass der verfassungsändernde Gesetzgeber es versäumt hat, die Gesetzeskompetenzen „deutlicher zuzuordnen", wie er es eigentlich angestrebt hatte.[879]

Die Landesgesetzgeber haben kein einheitliches Verständnis von dem Begriff „Abweichung" i. S. d. Abweichungskompetenz. Sie wechseln teilweise wahllos zwischen den Begriffen „Ergänzen" und „Abweichen", wobei eine „Abweichung" i. S. d. Landesgesetzgeber nicht immer gleichbedeutend ist mit dem Begriff „Abweichung" i. S. d. Abweichungsgesetzgebungskompetenz. In dieser Arbeit wurden hierzu Beispiele genannt, an denen die Verwirrung deutlich wird.[880]

Insbesondere der unbestimmte Rechtsbegriff der „allgemeinen Grundsätze des Naturschutzes" bereitet weitere erhebliche Verständnisprobleme. Der verfassungsändernde Gesetzgeber hat es unterlassen, dem Rechtsanwender konkrete Maßstabskomponenten zur Inhaltsbestimmung dieses Rechtsbegriffs an die Hand zu geben. In Anlehnung an die Staatspraxis, insbesondere an die damalige Rahmengesetzgebung, lassen sich jedoch einige abstrakte Kriterien zur Inhaltsbestimmung aufstellen: So müssen „allgemeine Grundsätze des Naturschutzes"

877 *Ipsen*, NJW 2006, 2801 (2802); *Pieroth* in: Jarass/Pieroth, Art. 72, Rn. 29.
878 So auch *Oeter* in: v. Mangoldt/Klein/Stark, GG, 2010, Art. 72, Rn. 122.
879 BT-Drs. 16/813, S. 7.
880 s. nach Fn. 225.

zu der Herstellung gleichwertiger Lebensverhältnisse im Bundesgebiet oder der Wahrung der Rechts- oder Wirtschaftseinheit im gesamtstaatlichen Interesse erforderlich sein. Darüber hinaus muss die Erforderlichkeit sachlich zwingend dem Zwecke eines wirksamen Naturschutzes dienen. Es muss sich bei einem „allgemeinen Grundsatz des Naturschutzes“ um eine Leitregel abstrakt-genereller Art handeln, die unabhängig von spezifischen örtlichen Besonderheiten Gültigkeit für das gesamte Bundesgebiet hat.

An dieser Stelle wird der Kompromisscharakter der neu eingeführten Abweichungskompetenz besonders deutlich. Die involvierten Parteien mussten die Inhaltsbestimmung der „allgemeinen Grundsätze“ letztlich der Rechtspraxis überlassen. Wie schon bei dem früheren Begriff der „Rahmenvorschriften“ sind Rechtsstreitigkeiten über die Reichweite der allgemeinen Grundsätze des Naturschutzes zu erwarten.[881] Rechtsprechung zu der Abweichungsgesetzgebung gibt es bislang noch nicht.[882]

Insbesondere die L-NatSchG Niedersachsens und Bayerns fallen durch eine hohe Zahl an Regelungen auf, die sich in einem Graubereich zwischen verfassungsmäßiger und verfassungswidriger Abweichung bewegen. Je nach Betrachtungswinkel können sich hier unterschiedliche Ergebnisse ergeben. Teilweise werden Landesregelungen in der Literatur als verfassungswidrige Abweichungen i. S. v. Art. 72 Abs. 3 GG gewertet.[883] Meines Erachtens sind diese Bedenken – wie oben dargestellt – jedoch unbegründet.

Die Zuordnung der Gesetzgebungskompetenzen im Bereich des Umweltrechts unterliegt zusammengefasst einer komplexen Gemengelage, die auch als „unübersichtlicher und unsystematischer Vorschriftendschungel“ beschrieben werden kann:[884]

Einige Bereiche fallen in die ausschließliche Gesetzgebungskompetenz des Bundes, wie etwa die Erzeugung von Kernenergie und die Beseitigung radioaktiver Stoffe (Art. 71 i. V. m. Art. 73 Abs. 1 Nr. 14 GG). Andere Bereiche fallen in die konkurrierende Gesetzgebung, wie z. B. die Abfallwirtschaft und Luftreinhaltung (Art. 72 Abs. 1 und 2 i. V. m. Art. 74 Abs. 1 Nr. 24 GG). Bei der konkurrierenden Gesetzgebung sind sodann drei Unterfälle zu unterscheiden.

881 Zu den Streitigkeiten der Reichweite der Rahmengesetzgebung s. etwa: das Altenpflege-, Kampfhunde-, Ladenschlussurteil des BVerfG (BVerfGE 106, 62 ff.; 110, 141 ff.; 111, 10 ff.) oder das Urteil zu Studiengebühren (BVerfGE 112, 226 ff.).

882 Stand Mai 2012.

883 So etwa *Franzius*, ZUR 2010, 346 (352) im Falle von § 6 Abs. 1 NAGBNatSchG der vom BNatSchG dadurch abweicht, dass er die Höhe von Ersatzzahlungen auf einen Maximum begrenzt.

884 Begriff bei BT-Drs. 7/5684, S. 23; *Peine*, Kodifikation des Landesumweltrechts, 1996, S. 26 ff.; *Kloepfer/Durner*, DVBl 1997, 1081 (1081).

Kompetenztitel, die der Erforderlichkeitsklausel aus Art. 72 Abs. 2 GG unterliegen (Recht der Wirtschaft); Kompetenztitel, die der Erforderlichkeitsklausel gemäß Art. 72 Abs. 1 GG nicht unterliegen (die Raumordnung) sowie Bereiche, die der Abweichungsgesetzgebung nach Art. 72 Abs. 3 GG unterliegen (Naturschutz oder auch der Wasserhaushalt). Für Bereiche wie den Klimaschutz oder die erneuerbaren Energien fehlen noch immer Kompetenztitel.[885] Hier lassen sich Zuständigkeiten nur unter Hinzuziehung anderer Kompetenztitel begründen, wie z. B. dem Recht der Wirtschaft (Art. 74 Abs. 1 Nr. 11 GG). Relevante umweltrechtliche Normen sind auf unterschiedliche Gesetzeswerke verteilt und haben jeweils selbstständige Kompetenzzuweisungen.[886]

Hier von einer „deutlicheren Zuordnung der Gesetzgebungskompetenzen" zu sprechen, ist nicht haltbar. Die Abschaffung der Rahmengesetzgebung und die Einführung der Abweichungsgesetzgebungskompetenz hat vielmehr die Zuordnung noch undurchsichtiger gemacht.

D. Steigerung der Zweckmäßigkeit und Effizienz der Aufgabenerfüllung

Das Ziel, die Zweckmäßigkeit und Effizienz der Aufgabenerfüllung zu steigern, ist unmittelbar mit der deutlicheren Zuordnung der Gesetzgebungskompetenzen und der Verbesserung der Handlungs- und Entscheidungsfähigkeit von Bund und Ländern verknüpft.

Der gesetzgeberische Ansatzpunkt ist auch hier, die effizienzhinderlichen Verflechtungen zwischen Bund und Ländern abzubauen.[887] Die ausufernde Verflechtung der unterschiedlichen politischen Ebenen wurde seit über zwei Jahrzehnten von verfassungsrechtlicher und verfassungspolitischer Seite kritisiert.[888] Kritisiert wurden insbesondere Funktionsverluste wegen zu geringer Entscheidungsautonomie der betroffenen Ebenen,[889] die Schwerfälligkeit der Entscheidungsprozesse,[890] Gefahr von Kompromissentscheidungen „auf dem kleinsten gemeinsamen Nenner"[891] und auch Entscheidungsblockaden.[892]

885 *Köck/Ziehm*, ZUR 2006, 337 (337).
886 *Kloepfer*, JZ 1992, 817 (820).
887 BT-Drs. 16/813, S. 7.
888 Statt vieler: *Koch/Krohn*, NuR 2006, 673 (673) m. w. N. in Fn. 3.
889 *Scharpf*, PVS 1985, 323 (325).
890 *Ipsen*, NJW 2006, 2801 (2802).
891 *Schulze-Fielitz*, NVwZ 2007, 249 (250), *Färber*, DÖV 2001, 485 (493).
892 *Huber*, Deutschland in der Föderalismusfalle?, 2003, Vorwort, S. V.

Nach dem Beschluss der Bundeskanzlerin und der Regierungschefs der Länder vom 14.12.2005 sollte diesen Kritikpunkten (neben den oben aufgezeigten Änderungen der Kompetenzverteilungsregelungen) auch durch die Neubestimmung der Zustimmungsbedürftigkeit von Bundesgesetzen im Bundesrat entgegengewirkt werden.[893] Aufgrund von Art. 77 Abs. 2 Satz 4 GG[894] bedurften damals wie heute einige Gesetze der Zustimmung des Bundesrates. Diese Beteiligungsrechte des Bundesrats beim Gesetzgebungsverfahren wurden vom BVerfG soweit gestärkt, dass die Zahl der zustimmungsbedürftigen Gesetze in den letzten Jahren bis auf über 50 % angestiegen sein soll.[895] Das Zusammenwirken von Regierung und Bundesrat als Ausdruck des kooperativen Föderalismus ist nicht per se schlecht. Doch wurde dieses Instrument zunehmend parteipolitisch missbraucht, um Gesetze zu blockieren, die von der Gegenseite initiiert wurden. So gibt es statistische Untersuchungen, wonach in 90 % der zustimmungsbedürftigen Gesetze der Vermittlungsausschuss angerufen wurde.[896]

Zur Verkürzung der Mitwirkungsrechte des Bundesrats hat der verfassungsändernde Gesetzgeber mit Art. 84 Abs. 1 GG die Zustimmungspflicht bei Bundesgesetzen mit organisations- und verwaltungsrechtlichen Vorschriften grundsätzlich abgeschafft und den Ländern Abweichungsrechte eingeräumt.[897] Von diesem Abweichungsrecht wurde das Umweltverfahrensrecht gemäß Art. 84 Abs. 1 Sätze 5 GG ausgenommen, da hier – laut Koalitionsvertrag und Gesetzesbegründung – stets ein besonderes Bedürfnis nach bundeseinheitlicher Regelung bestehe.[898] Dies hat zur Folge, dass diese Regeln keine Abweichungsbefugnisse der Länder auslösen und daher wie bisher zustimmungsbedürftig gemäß Art. 84 Abs. 1 Satz 6 GG sind. Die Veränderungen der zustimmungsbedürftigen Gesetze haben im Bereich des Umweltrechts, speziell des Naturschutzrechts, nicht zu einer Entflechtung und damit zu einer „Steigerung der Zweckmäßigkeit und Effizienz der Aufgabenerfüllung“ geführt, wie in der Gesetzesbegründung als Ziel dargestellt.[899] Genauso wenig konnte – wie oben[900] bereits aufgezeigt – die neue Kompetenzzuordnung der Entflechtung dienen. Um es mit den Worten von

---

893 s. bei BT-Drs. 16/813, S. 7 unten.

894 Art. 77 Abs. 2 Satz 4 GG ist heute wortgleich mit der Fassung vor der Reform.

895 s. Wissenschaftlicher Dienst des Deutschen Bundestages, Zustimmungsgesetze nach der Föderalismusreform, 2006, S. 3.

896 So *Sanden*, Die Weiterentwicklung der föderalen Strukturen der Bundesrepublik Deutschland, 2005, S. 517 m. w. N.

897 Vgl. dazu schon *Huber* in: Blanke/Schwanengel, Zustand und Perspektiven des deutschen Bundesstaats, 2005, S. 21 u. S. 37 f.

898 BT-Drs. 16/813, S. 15, mit Verweis auf die Koalitionsvereinbarung vom 18.11.2005, Anlage 2, Rn. 31.

899 Ebd., S. 7.

900 s. bei Fn. 879.

Fischer-Hüftle zusammenzufassen, mutet das Versprechen der Gesetzesbegründung „eher ironisch an".[901]

E. Hat die Reform die Grundlage für ein „Mehr oder Weniger an Naturschutz" in den Ländern geschaffen?

Seit Inkrafttreten des derzeit geltenden BNatSchG, das unter Berücksichtigung der neueingeführten Abweichungskompetenz erlassen wurde, sind rund zwei Jahre vergangen.[902] In der Zwischenzeit haben zehn Bundesländer[903] auf das BNatSchG reagiert und eigene L-NatSchG erlassen. Brandenburg wird sich als elftes Bundesland einreihen. Es kann also eine erste Zwischenbilanz gezogen und die Frage beantwortet werden, ob die Föderalismusreform insbesondere nach Erlass des BNatSchG und der genannten L-NatSchG die Voraussetzungen für eine qualitative Verbesserung des Naturschutzes in diesen Ländern geschaffen hat. Mit qualitativer Verbesserung ist nicht nur eine Stärkung der reinen naturschutzrechtlichen Belange und Interessen analog zu den Zielen aus § 1 BNatSchG gemeint, sondern auch die Anwendbarkeit und Rechtsklarheit aus Sicht der Gesetzesadressaten.

I. Stärkung des Naturschutzes?

Mit Einführung der Abweichungskompetenz wurde in der Literatur die Befürchtung geäußert, dass die Länder ihre Regelungsspielräume politisch dazu nutzen könnten, um ihr Land als Wirtschaftsstandort durch Deregulierungsmaßnahmen attraktiver zu gestalten als andere Länder.[904] Das befürchtete Ergebnis wäre ein sogenanntes „race to the bottom", wie ihn der Wettbewerbsföderalismus in den USA im Steuerrecht hervorgebracht hat.[905] Konkret heißt das, dass Umweltstan-

---

901 *Fischer-Hüftle*, NuR 2007, 78 (85).

902 Stand Mai 2012.

903 Bayern (Bay. GVBl 2011, S. 82); Bremen (GVBl. HB 2010, S. 315); Hamburg (HmbGVBl. 2010, S. 350); Hessen (GVBl. Hessen 2010, 629); M-V (GVOBl. M-V 2010, S. 66); Niedersachsen (Nds. GVBl. 2010, 104); NRW (GV. NRW. 2010, S. 185); Sachsen (Sächs. GVBl. 2010, S. 114); S-A (GVBl. LSA 2010, S. 569); S-H (GVOBl. S-H 2010, S. 486).

904 *Benz*, VerwArch 2006, 318 (324); *Ginzky/Rechenberg*, ZUR 2006, 344 (344 u. 350); *Schulze-Fielitz*, NVwZ 2007, 249 (252) mit Verweis auf *Köck/Ziehm*, ZUR 2006, 337 (338) u. SRU, Stellungnahme vom 8.2.2006, Rn. 40f., 44, 51.

905 *Schulze-Fielitz*, NVwZ 2007, 249 (254).

dards gesenkt werden, um Anreize für Unternehmen zu schaffen, sich in diesem Bundesland anzusiedeln. Dadurch sollen Steuereinnahmen gesteigert und Verwaltungskosten gesenkt werden.[906]

Mittlerweile, nachdem zehn Länder seit März 2010 ihre Naturschutzgesetze novelliert haben, ist festzustellen, dass die Befürchtungen eines Deregulierungswettlaufs unbegründet waren. Naturgemäß gibt es bei zehn verschiedenen Landesgesetzen auch Gesetze, die unternehmensfreundlicher sind und andere, die aus Sicht der Unternehmen strikter sind. So ist die niedersächsische Begrenzung von Ersatzzahlungen auf eine maximal 7 % der Investitionssumme für Unternehmen aus Gründen der höheren Planungssicherheit attraktiver als Regelungen, die keine Obergrenze vorsehen.

Derartige Unterschiede sind charakteristisch für den Föderalismus. Ob dieses eine gute oder schlechte Eigenschaft ist, ist eine Frage des Betrachtungswinkels. Dass der Föderalismus auch zu einem Wettbewerb zwischen den Ländern führt, liegt in der Natur der Sache.[907] Es ist jedoch zweifelhaft, ob naturschutzrechtliche bzw. umweltrechtliche Deregulierungsmaßnahmen überhaupt dazu geeignet sind, die Attraktivität eines Landes als Wirtschaftsstandort spürbar zu steigern. Empirischen Studien zum internationalen Regulierungswettbewerb haben belegt, dass die Gefahr des wechselseitigen Unterbietens von Regulierungsstandards überschätzt wird.[908] Diese Gefahr realisiere sich allenfalls bei Regulierungen, die bewegliche Produkte betreffen, weil diese mit geringen Kosten über Landesgrenzen verlagert werden können.[909] Außerdem sind andere Faktoren bei der unternehmerischen Standortwahl vorrangig ausschlaggebend. Deutlich wichtiger als die Gesetzeslage im Umweltrecht ist das Vorliegen einer guten Infrastruktur und eines starken Arbeits- und Absatzmarktes.[910] Darüber hinaus sei, so *Benz* zutreffend, der politische Druck zu groß, um eine Eigendynamik des Regulierungswettbewerbs schädlichen Ausmaßes zuzulassen. So ist anzunehmen, dass der Bund den Gesetzgebungsprozess mit den Ländern in informellen Gesprächen abstimmt und so inhaltliche „Exzesse“ verhindert.[911] Letztlich kann der Bund ein „race to the bottom“ im Notfall auch durch Novellierung des BNatSchG jederzeit (vorerst) beenden.[912] Auch sind im Umweltrecht durch europarechtliche Vorga-

906 *Benz*, VerwArch 2006, 318 (324).
907 Vgl. BT-Drs. 16/813, S. 7 („Wettbewerb ausbalancieren“).
908 *Benz*, VerwArch 2006, 318 (324) mit Verweisen auf unterschiedliche Forschungsberichte.
909 Ebd.
910 Zur volkswirtschaftlichen Standorttheorie s. *Weber*, Über den Standort der Industrien, 1909.
911 *Schulze-Fielitz*, NVwZ 2007, 249 (254); *Thiele*, JA 2006, 714 (717).
912 *Benz*, VerwArch 2006, 318 (325); *Schulze-Fielitz*, NVwZ 2007, 249 (254).

ben die Gestaltungsräume der Landesgesetzgeber erheblich eingeengt und lassen einen Unterbietungswettbewerb kaum zu.[913]

Die Einführung der Abweichungskompetenz wird im Umweltrecht nicht zu einem nennenswerten Deregulierungswettlauf führen. Es ist aber auf der anderen Seite nicht zu erkennen, dass die Föderalismusreform die Voraussetzung für eine Stärkung des Naturschutzes geschaffen hat. Aufgrund der hohen Dichte an europarechtlichen Regelungen im Bereich des Umweltrechts finden etwaige Verstärkungen des Naturschutzes zunehmend dort ihren Ursprung und weniger auf Ebene der Mitgliedstaaten. Eine Stärkung des Naturschutzes kann nur insofern bejaht werden, als diese Vorgaben zügiger und effizienter umgesetzt werden können. Darüber hinaus hat die Reform jedoch nicht die Grundlage für eine Stärkung des Naturschutzes geschaffen.

II. Verbesserung der Anwendbarkeit und Rechtsklarheit für Gesetzesadressaten?

Mit der Reform der Gesetzgebungskompetenzen und der Novellierung des BNatSchG sollten bundeseinheitliche Vollregelungen im Bereich des Naturschutzes geschaffen werden, mit dem Ziel, so der Rechtszersplitterung auf diesem Gebiet entgegenzuwirken.[914] Dieses Ziel wurde verfehlt:[915]

Im Vergleich mit der früheren Rechtslage zur Zeit der Rahmengesetzgebung besteht die Gefahr der Rechtszersplitterung heute sogar in verstärktem Maße.[916] Denn dadurch, dass die Länder nicht einheitlich abweichen müssen und es ihnen nach Art. 72 Abs. 3 GG frei steht, überhaupt abzuweichen, ist im Bereich des Naturschutzes und der Landschaftspflege keine wesentliche Verbesserung zur alten Rechtslage zu erkennen. Zwar mögen einige Bereiche wie z. B. die allgemeinen Grundsätze des Naturschutzes von der Abweichungskompetenz der Länder ausgenommen sein, jedoch vermag das im Vergleich zur Rahmengesetzgebung in puncto Rechtseinheit keine Verbesserung auszumachen.[917] Im Gegenteil, mit Einführung der Abweichungskompetenz wurde der Anreiz gegeben, abwei-

913 *Benz*, VerwArch 2006, 318 (326).

914 BT-Drs. 16/12274, S. 39.

915 So auch *Engel/Ketterer*, VBl.BW 2010, 293 (301); *Uhle* in Kluth, Föderalismusreformgesetz, Art. 72, Rn 54; *Degenhart*, NVwZ 2006, 1209 (1215); *Schütte/Kattau*, ZUR 2010, 353 (353); *Köck/Ziehm*, ZUR 2006, 337 (338).

916 *Uhle* in: Kluth, Föderalismusreformgesetz, Art. 72, Rn 54; *Degenhart*, NVwZ 2006, 1209 (1215).

917 Auf den Vergleich der Rahmengesetzgebung zur heutigen Abweichungskompetenz wird später detaillierter eingegangen.

chende Regelungen zu erlassen, da ansonsten die L-NatSchG zu großen Teilen gegenstandslos wären. Heute stellt sich die Rechtslage im Ergebnis wesentlich unübersichtlicher dar als zu Zeiten der Rahmengesetzgebung:

In einigen Bereichen gilt das abweichungsfeste Bundesrecht, in anderen Bereichen gilt Landesrecht. Unklar ist jedoch, welche Bereiche nun konkret abweichungsfest und welche einer Landesabweichung zugänglich sind. Der Anwendungsvorrang von abweichendem Landesrecht betrifft darüber hinaus allein die Gesetzesteile des BNatSchG, von denen tatsächlich abgewichen wurde. Das heißt, dass die Teile, von denen nicht abgewichen wird, Bundesrecht bleiben.[918] Theoretisch ist es also denkbar, dass Bereiche aus dem Naturschutzrecht paragraphenweise über das jeweilige Landesrecht und das BNatSchG verteilt sind. Dies sorgt für erhebliche Unsicherheiten.

Der Rechtsanwender muss durch mühsames Gegenlesen ermitteln, ob und welche Landesregelung für ihn gilt. Bei Investitionsentscheidungen sind vorsichtshalber alle relevanten Regelungen eines Landesabweichungsgesetzes daraufhin zu prüfen, ob sie einen abweichungsfesten Kern des Bundesrechts verletzen, um nachhaltige Planungssicherheit zu erlangen. Die Informationskosten und Risiken der Rechtsanwender haben sich in der Konsequenz erhöht.[919]

Auch die darüber hinaus theoretisch bestehende Gefahr einer Ping-Pong-Gesetzgebung kann zur Verunsicherung beim Gesetzesadressaten führen. Praktisch scheint sich jedoch die Gefahr einer Ping-Pong-Gesetzgebung nicht zu realisieren. Zumindest hat der Bund zum heutigen Tage eine „Nachbesserung“ des geltenden BNatSchG 2010 nicht geplant,[920] obwohl bereits die weite Mehrheit der Länder eigene L-NatSchG erlassen hat, mit teilweise nicht unerheblichen Abweichungen vom BNatSchG.[921] Letztlich wirken hier auch die hohen Kosten von Gesetzgebungsverfahren abschreckend.[922]

Vor dem Hintergrund der theoretisch bestehenden Gefahr einer wechselseitigen Ping-Pong-Gesetzgebung ist auch kritisch hervorzuheben, dass Art. 72 GG nicht vorsieht, dass in den L-NatSchG vorgenommene Abweichungen als solche kenntlich gemacht werden. Ein Zitiergebot wäre aus Gründen der Rechtsklarheit und -sicherheit sowie demokratischer Transparenz jedoch äußerst wünschenswert.[923] Bislang haben die Landesgesetzgeber in der Praxis jedoch in ihren L-NatSchG stets freiwillig Abweichungen vom BNatSchG kenntlich gemacht. So

918 *Meyer*, Die Föderalismusreform 2006, S. 171.

919 So auch bei *Franzius*, NVwZ 2008, 492 (493).

920 Stand Mai 2012.

921 s. z. B. § 6 Abs. 1 Sätze 1 u. 2, § 7 Abs. 1 NAGBNatSchG.

922 *Schulze-Fielitz*, NVwZ 2007, 249 (254); *Thiele*, JA 2006, 714 (716 f.); *Kloepfer*, ZG 2006, 250 (268).

923 So auch: *Fischer-Hüftle*, NuR 2007, 78 (80); *Degenhart*, DÖV 2010, 422 (424).

heißt es etwa in § 5 NAGBNatSchG „abweichend von § 14 BNatSchG". Diese Hinweise sind jedoch teilweise fehlerhaft und daher – zulasten des Rechtsanwenders – mit Vorsicht zu genießen.[924]

Zusammenfassend hat die Reform nicht zu einer Vereinfachung der Rechtsanwendbarkeit oder zu einer Verbesserung der Rechtsklarheit im Bereich des Naturschutzes geführt.

III. Fazit zur Frage des „Mehr oder Weniger an Naturschutz"

Die Föderalismusreform hat nicht die Grundlage für eine qualitative Verbesserung des Naturschutzes in den Ländern geschaffen. Zwar ist die Befürchtung, dass der Naturschutz aufgrund eines Deregulierungswettlaufs zwischen den Ländern abgeschwächt wird, im Ergebnis nicht begründet. Jedoch ist nicht zu erkennen, dass eine Stärkung der reinen naturschutzrechtlichen Belange und Interessen analog zu den Zielen aus § 1 BNatSchG erreicht wurde. Dagegen ist aber eine Verschlechterung der Rechtsklarheit aus Sicht der Gesetzesadressaten zu bemängeln. Der Versuch, das Problem der Rechtszersplitterung zu beseitigen ist fehlgeschlagen und hat zu einer Verschlechterung der Benutzerfreundlichkeit und Rechtssicherheit geführt. Der verfassungsändernde Gesetzgeber hat die Chance vertan, der Rechtszersplitterung durch einen einheitlichen Bundeskompetenztitel „Recht der Umwelt" entgegenzuwirken.[925]

924 s. zum Thema der fehlerhaften Beschreibung von Abweichungen oben nach Fn. 225 und bei Fn. 755.

925 Die Forderung nach dem Bundeskompetenztitel „Recht der Umwelt" in der Literatur bei: *Köck/Ziehm*, ZUR 2006, 337 (337); *Epiney*, NuR 2006, 403 (410); *Grandjot*, DÖV 2006, 511 (514); *Kloepfer*, ZG 2006, 250 (259); *Koch/Mechel*, NuR 2004, 277 (286); in der Politik: Fraktion Bündnis 90/Die Grünen, BT-Drs. 16/654, S. 3; Fraktion der FDP, BT-Drs. 16/674, S. 3 u. Fraktion Die Linke, BT-Drs. 16/927, S. 3.

Bilanz und Ausblick

Zusammengefasst kann festgehalten werden, dass die Reformierung der Kompetenzregelungen weder inhaltlich noch „handwerklich“ gut gelungen ist. So fehlt in dem neuen Art. 72 Abs. 3 GG die ausdrückliche „Verleihung“ der Gesetzgebungskompetenz für die dortigen Bereiche, wie es Art. 70 Abs. 1 GG verlangt. Die Verleihung muss hier unnötigerweise durch Auslegung der Verfassung erfolgen. Bei einer Veränderung des GG kann man ein höheres Maß an Sorgfalt erwarten.

Auch inhaltlich bestehen erhebliche Schwachstellen, die auf den Kompromisscharakter der Abweichungskompetenz zurückzuführen sind. Zwar wurden die Europatauglichkeit des Grundgesetzes gesteigert und die Handlungs- und Entscheidungsfähigkeit von Bund und Ländern verbessert, jedoch wurde das erklärte Ziel verfehlt, die Gesetzgebungskompetenzen deutlicher zuzuordnen und die Zweckmäßigkeit und Effizienz der Aufgabenerfüllung zu steigern. Die Abschaffung der Rahmengesetzgebung war sicherlich der richtige Schritt auf dem Weg zur Erreichung der gesteckten Ziele, jedoch wurde dieser Fortschritt durch die Ausgestaltung der Abweichungskompetenz zunichte gemacht. Denn diese hat dazu geführt, dass das Kernproblem der Rechtszersplitterung nicht abgebaut, sondern gefördert wurde. Durch die Einführung der Abweichungskompetenz wurde die Möglichkeit nicht genutzt, die bestehende Verflechtungsfalle[926] zu beseitigen und Rechtsunsicherheiten auszuräumen.

Die Rechtsunsicherheit wurde durch die Verwendung von unbestimmten Rechtsbegriffen gefördert. So ist die Reichweite der abweichungsfesten Kerne nicht klar erkennbar. Im Naturschutz ist hier insbesondere die Inhaltsbestimmung des Begriffs „allgemeine Grundsätze des Naturschutzes“ problematisch. Die Erkenntnis, dass es sich bei der Abweichungsgesetzgebung im Wesentlichen um die Fortsetzung der Rahmengesetzgebung in anderem Gewand handelt, stellt einen gewissen Leitfaden für die Inhaltsbestimmung der allgemeinen Grundsätze dar. Letztlich kann aber nur das BVerfG im jeweiligen Einzelfall diesen unbestimmten Begriff abschließend ausfüllen und Klarheit schaffen.

Derzeit bewegen sich mehrere Regelungen[927] der L-NatSchG im Grenzbereich zur Verfassungswidrigkeit und würden meines Erachtens teilweise einer Über-

---

926 *Scharpf*, PVS, 1985, S. 323 (323).

927 Etwa Art. 13 BayNatSchG (Mindestfläche bei Nationalparks), § 6 Abs. 1 NAGBNatSchG (Maximalhöhe von Ersatzzahlungen) oder § 24 LNatSchG M-V (Konkretisierung des Begriffs

prüfung durch das BVerfG nicht standhalten. Diese Erkenntnis ist unbefriedigend.

Der Ursprung der geschilderten Rechtsprobleme liegt in der derzeitigen Ausgestaltung des Föderalismus. Dass der Föderalismus in seiner heutigen Spielart erhebliche Schwächen hat, wurde eingangs bereits anhand der Beispiele des Verfassungsschutzes und der Bildungspolitik angedeutet.[928] Bundestag und Bundesrat blockieren sich gegenseitig und lassen das politische System daher teilweise als handlungsunfähig erscheinen.[929] Die Schwachstelle der föderalen Kompetenzverteilung ist, dass es keine allgemeinen Kriterien gibt, nach denen entschieden werden kann, ob im konkreten Einzelfall eine Zentralisierung oder Dezentralisierung staatlicher Kompetenzen vorzugswürdig ist.[930] Zwar hat die Wissenschaft eine Reihe von theoretischen Maßstäben entwickelt, nach denen die Wirkung von Kompetenzzuweisungen überprüft werden kann.[931] Letztlich kann aber die Frage, ob mehr Einheitlichkeit oder mehr Vielfalt besser oder schlechter ist, nicht nach wissenschaftlichen Kriterien bestimmt werden, sondern ist eine rein politische Frage. Dies kann unter Umständen zu einem politischen Kräftemessen führen, auch „Kompetenzgerangel" genannt.[932] Das Resultat sind Kompromisse wie z. B. die Abweichungskompetenz. DER SPIEGEL definiert „Kompromiss" überspitzt als „Lösung, von der jeder Beteiligte meint, sie sei immerhin besser als gar keine".[933] Mit ständigen Kompromisslösungen kann eine sinnvolle Gesetzgebung auf lange Zeit nur schwer durchgesetzt werden. Auch der ehemalige Präsident des BVerfG, *Papier*, sieht den heutigen Föderalismus in der Krise und sieht die bundesstaatliche Ordnung Deutschlands nach der Föderalismusreform gleichermaßen vor „großen Problemen" wie zuvor.[934] Kern des Problems sei die offensichtliche Diskrepanz zwischen dem „Loblied der bundesstaatlichen Vielfalt", das dem Föderalismus sonntags gesungen werde, und den „Schmähungen, denen er sich werktags ausgesetzt fühle".[935]

Deutschland hat es bei den Reformen im Jahr 1994 und 2006 versäumt, den Föderalismus soweit zu überarbeiten, dass eine Blockadepolitik nachhaltig verhindert und ein kooperatives konstruktives Zusammenarbeiten gefördert wird.

„Küstengewässer").

928 s. bei Fn. 26.

929 *Huber*, Deutschland in der Föderalismusfalle?, 2003, Vorwort, S. V.

930 *Benz* in: Kommissionsdrucksache 0017, Zur Reform der Kompetenzverteilung im Bundesstaat, S. 1.

931 Insbesondere die ökonomische Theorie des Föderalismus.

932 Begriff etwa bei: FAZ, vom 9.2.2012, Nr. 34, Kompetenzgerangel bei Aufklärung des NSU-Terrors Bund-Länder-Kommission zur Rolle der Behörden, S. 4

933 DER SPIEGEL, Nr. 20 vom 12.5.2003, Die enthauptete Republik, S. 49.

934 *Papier*, NJW 2007, 2145 (2148).

935 Ebd.

Weder Regierung noch Opposition wagen es, den Föderalismus grundlegend zu modernisieren, und scheinen ihn zu einem unantastbaren Heiligtum hochstilisiert zuhaben. So konnte im Zuge der Reform von 2006 nicht einmal ein zentraler Bundeskompetenztitel für das Umweltrecht durchgesetzt werden. Dabei hinkt Deutschland gerade im Umweltrecht dem europäischen Standard des „harmonisierten Umweltrechts“ hinterher.[936] So sind in Portugal, den Niederlanden, Belgien, Schweden, Polen, Italien, mit Einschränkungen auch Frankreich, Finnland, Schweiz und England bereits einheitliche Umweltrechtskodifikationen entstanden.[937] Das Umweltrecht in Deutschland ist dagegen verstreut auf zahlreiche Landes- und Bundesgesetze, und Gesetzgebungskompetenzen stellen sich als „komplexes Mosaik“ dar.[938] Dementsprechend ergibt sich für manche Aufgabenfelder, wie z. B. dem Klimaschutz oder dem Recht der erneuerbaren Energien, die Gesetzgebungskompetenz aus einem bunten „Kompetenzmix“.[939]

Eine überfällige einheitliche Umweltrechtskodifikation in Gestalt eines UGB ist in der Vergangenheit an Kompetenzproblemen gescheitert.[940] Mit der Föderalismusreform von 2006, auch „Föderalismusreform I“[941] genannt, wurde die Chance vertan, dieses Problem durch die Schaffung eines zentralen und umfassenden Bundeskompetenztitels „Recht der Umwelt“ endgültig zu beerdigen.[942] Dieser Kompetenztitel wird nicht nur in der Literatur, sondern auch von der der Politik – und zwar aus unterschiedlichen Lagern – gefordert.[943]

Ob die eingeführte Abweichungsgesetzgebungskompetenz einem UGB kompetenzrechtlich im Wege steht, ist heftig umstritten.[944] Allein das bloße Vorliegen

---

936 Vgl. *Kloepfer*, JZ 1992, 817 (817).

937 Ders. in: Bohne/Kloepfer, Das Projekt eines Umweltgesetzbuchs 2009, S. 9.

938 SRU, Stellungnahme vom 8.2.2006, Rn. 5; *Peine* in: Kloepfer, Umweltföderalismus, 2002, S. 110.

939 *Schulze-Fielitz*, NVwZ 2007, 249 (252).

940 *Oeter* in: v. Mangoldt/Klein/Stark, GG, 2010, Art. 74, Rn. 183; *Sendler* in: Erbguth, Europäisierung des nationalen Umweltrechts, S. 18; *Kloepfer* in: Bohne/Kloepfer, Das Projekt eines UGB 2009, S. 11; auch schon: Pressemitteilung 139/99 des BMU, 16 Legislaturperiode, 2.9.1999; *Rehbinder/Wahl*, NVwZ 2002, 21 (22); *Schmidt-Preuß*, NVwZ 2000, 252 (252).

941 s. *Papier*, NJW 2007, 2145 (2145).

942 Die Forderung nach dem Bundeskompetenztitel „Recht der Umwelt“ bei *Köck/Ziehm*, ZUR 2006, 337 (337); *Epiney*, NuR 2006, 403 (410); *Grandjot*, DÖV 2006, 511 (514); *Kloepfer*, ZG 2006, 250 (259); *Koch/Mechel*, NuR 2004, 277 (286).

943 Fraktion Bündnis 90/Die Grünen, BT-Drs. 16/654, S. 3; Fraktion der FDP, BT-Drs. 16/674, S. 3 u. Fraktion Die Linke, BT-Drs. 16/927, S. 3.

944 Bejahend: *Kluth* in: Kluth, Föderalismusreformgesetz, Art. 74, Rn. 27; *Kloepfer*, ZG 2006, 250 (253 f.); vorsichtig: *Scheidler*, GewArch 2006, 453 (458); wohl auch: *Frenz*, NVwZ 2006, 742 (747);
Verneinend: *Ekardt/Weyland*, NVwZ 2006, 737 (739 ff.) mit Verweis auf SRU, Stellungnahme vom 8.2.2006, Ziff. 20; Gemeinsame öffentliche Anhörung des Rechtsausschusses des Deutschen Bundestages und des Ausschusses für Innere Angelegenheiten des Bundesrates zur

dieses Streits ist jedoch geeignet, die Schaffung eines UGB bis auf weiteres zu blockieren.[945] Die mit der Föderalismusreform I eingeführte Abweichungsgesetzgebung stellt jedenfalls keine solide Grundlage für ein UGB dar.

Auch aus diesem Grund kann die nur als Kompromisslösung geschaffene Abweichungsgesetzgebungskompetenz in der heutigen Form nicht auf Dauer fortbestehen. Es bleibt auf die Föderalismusreform II zu hoffen.

Föderalismusreform, Mai 2006, Stellungnahmen von *Erbguth*, S. 6 A, *Schmidt-Jortzig*, S. 16 B, C und *Schrader*, S. 17 B; *Epiney*, NuR 2006, 403 (408 f.).

945 So wohl auch: *Kloepfer*, ZG 2006, 250 (259).

Literaturverzeichnis

Albrecht, Juliane / Leibenath, Markus: „Biotopverbund im Planungsrecht", in ZUR 2008, Seiten 518–526
zit.: *Albrecht/Leibenath*, ZU R 2008, 518 (Seite)

Anschütz, Gerhard / Thoma, Richard: „Handbuch des Deutschen Staatsrechts", Band I, Tübingen 1930
zit.: Anschütz, Handbuch des Deutschen Staatsrechts, Band I, 1930

Anschütz, Gerhard: „Die Verfassung des Deutschen Reiches vom 11. August 1919", 14. Auflage, Berlin 1933
zit.: *Anschütz,* Die Verfassung des Deutschen Reiches, 1933

Appel, Markus: „Die Befugnis zur einfach-gesetzlichen Ausgestaltung der allgemeinen Grundsätze des Naturschutzes i. S. d. Art. 72 Abs. 3 Satz 1 Nr. 2 GG – zugleich ein Beitrag über Inhalt und Reichweite des abweichungsfesten Kerns der Landschaftsplanung gemäß § 8 BNatSchG 2009", in NUR 2010, Seiten 171–179
zit.: *Appel*, NUR 2010, 171 (Seite)

Bayrische Akademie für Naturschutz und Landschaftspflege (Hrsg.): „Begriffe aus Ökologie, Landschaftsnutzung und Umweltschutz", Laufen 1994
zit.: BayANL

Behrends, Okko / Henckel, Wolfram: „Gesetzgebung und Dogmatik",1. Auflage, Göttingen 1989
zit.: *Bearbeiter* in: Behrends/Henckel, Gesetzgebung und Dogmatik

Benz, Arthur / Bundesrat (Hrsg.): „Zur Reform der Kompetenzverteilung im Bundesstaat", Kommission von Bundestag und Bundesrat zur Modernisierung der bundesstaatlichen Ordnung, Kommissionsdrucksache 0017 vom 21.1.2004
zit.: *Benz* in: Kommissionsdrucksache 0017, Zur Reform der Kompetenzverteilung im Bundesstaat

Benz, Arthur: „Verwaltungspolitik im föderativen Wettbewerb der Länder?", in VerwArch 2006, Seiten 318–331
zit.: *Benz*, VerwArch 2006, 318 (Seite)

Berghoff, Peter / Steg, Katharina: „Das neue Bundesnaturschutzgesetz und seine Auswirkungen auf die Naturschutzgesetze der Länder", in NuR 2010, Seiten 17–26
zit.: *Berghoff/Steg*, NuR 2010

Bischoff, Björn: „Auf dem Weg zu einem Umweltgesetzbuch nach der Föderalismusreform“, in DVBl. 2008, Seiten 1039–1041
zit.: *Bischoff*, DVBl. 2008, 1039 (Seite)

Blanke, Herman-Josef / Schwanengel, Wito: „Zustand und Perspektiven des deutschen Bundesstaates“, 2005 Tübingen
zit.: *Bearbeiter* in: Blanke/Schwanengel, Zustand und Perspektiven des deutschen Bundesstaates, 2005

Bleckmann, Albert: „Der Grundsatz der Völkerrechtsfreundlichkeit der deutschen Rechtsordnung“, in DÖV 1996, Seiten 137–145
zit.: *Bleckmann*, DÖV 1996, 137 (Seite)

Bleckmann, Albert: „Die Völkerrechtsfreundlichkeit der deutschen Rechtsordnung“, in DÖV 1979, Seiten 309–318
zit.: *Bleckmann*, DÖV 1979, 309 (Seite)

Bohne, Eberhard / Kloepfer, Michael (beide Hrsg.): „Das Projekt eines Umweltgesetzbuchs 2009“, Schriften zum Umweltrecht, Band 165, Speyer/Berlin 2009
zit.: *Bearbeiter* in: Bohne/Kloepfer, Das Projekt eines UGB 2009

Bohr, Kurt (Hrsg.) / Isensee, Josef: „Föderalismus – Demokratische Struktur für Deutschland und Europa“, Festschrift, München 1992
zit.: *Bearbeiter* in: Bohr, Föderalismus – Demokratische Struktur für Deutschland und Europa

Breuer, Rüdiger: „Zunehmende Vielgestaltigkeit der Instrumente in deutschen und europäischen Umweltrecht – Probleme der Stimmigkeit und des Zusammenwirkens“, in NVwZ 1997, Seiten 833–936
zit.: *Breuer*, NVwZ 1997, 833 (Seite)

Büchner, Hans: „Bürokratieabbau – was damit auch gemeint sein könnte!“, in ZfBR 2010, Seiten 220–222
zit.: *Büchner*, ZfBR, 2010, 220 (Seite)

Bullinger, Martin: „Ungeschriebene Kompetenzen im Bundesstaat“ in AöR 1971, Seiten 237–285
zit.: *Bullinger*, AöR 1971, 237 (Seite)

Bundesministerium für Umwelt, Natur-schutz und Reaktorsicherheit (Hrsg.): „Umweltgesetzbuch (UGB-KomE) Entwurf der Unabhängigen Sachverständigenkommission zum Umweltgesetzbuch beim Bundesministerium für Umwelt, Naturschutz und Reaktorsicherheit“, Berlin 1997
zit.: UGB-KomE

Burghart, Axel: „Die Pflicht zum guten Gesetz Beiträge zum Parlamentsrecht“, Band 34, Berlin 1969
zit.: *Burghart*, Die Pflicht zum guten Gesetz, 1996

Burhenne, Wolfgang: „Internationales Umweltrecht – Multilaterale Verträge“, Loseblattsammlung, Stand 1994,

zit.: *Burhenne*, Internationales Umweltrecht – Multilaterale Verträge, 1994, Nr. 885, 48
Christoph, Karl-Heinz: „Zur Bedeutung des Landeskulturgesetzes“, in StuR 1970, Seiten 1953–1968
zit.: *Christoph*, StuR 1970, 1953 (Seite)
Degenhart, Christoph : „Verfassungsrechtliche Rahmenbedingungen der Abweichungsgesetzgebung“, in DÖV 2010, Seiten 422–430
zit.: *Degenhart*, DÖV 2010, 422 (Seite)
Degenhart, Christoph: „Die Neuordnung der Gesetzgebungskompetenzen durch die Föderalismusreform“, in NVwZ 2006, Seiten 1209–1216
zit.: *Degenhart*, NVwZ 2006, 1209 (Seite)
Deutscher Bundestag (Hrsg.) / Wissenschaftlicher Dienst des Deutschen Bundestages (Georgii, Harald / Borhanian, Sarab): „Zustimmungsgesetze nach der Föderalismusreform“, Berlin 2006
zit.: Wissenschaftlicher Dienst des Deutschen Bundestages, Zustimmungsgesetze nach der Föderalismusreform, 2006
Deutscher Bundestag und Bundesarchiv (Hrsg.): Der Parlamentarische Rat 1948–1949, Akten und Protokolle, Bd. II, Boppard am Rhein 1981, S. 505 ff.
zit.: Der Parlamentarische Rat 1948–1949, Bd. II, S. 505 ff.
Deutscher Bundestag und Bundesarchiv (Hrsg.): Der Parlamentarische Rat 1948–1949
Akten und Protokolle, Bd. I: Vorgeschichte, Boppard am Rhein 1981, S. 328 ff.
zit.: Der Parlamentarische Rat 1948–1949, Bd. I, S. 328 ff.
Deutsches Notarinstitut: „BNatSchG § 66–Vorkaufsrecht der Länder gem. § 66 BNatSchG; Verhältnis zu landesrechtlichen Regelungen; Geltung des bundesrechtlichen Vorkaufsrecht“, im DNotI-Report 8/2010, Seiten 64–68
zit.: DNotI-Report, 2010, 64 (Seite)
Doemming von, Klaus-Berto / Füsslein, Rudolf / Matz, Werner: „Entstehungsgeschichte der Artikel des GG“, in JöR, Tübingen 1951
zit.: *v. Doemming/Füsslein/Matz*, JöR 1951 Band 1
Dolde, Klaus-Peter: „Artenschutz in der Planung – Die ‚kleine‘ Novelle zum Bundesnaturschutzgesetz“, in NVwZ 2008, Seiten 121–126
zit.: *Dolde*, NVwZ 2008, 121 (Seite)
Dolzer, Rudolf / Kahl, Wolfgang / Waldhoff, Christian / Graßhof, Karin: „Bonner Kommentar zum Grundgesetz“, Loseblattsammlung, Heidelberg, Stand 1953
zit.: *Bearbeiter* in: BK, GG, 1953
Dolzer, Rudolf / Kahl, Wolfgang / Waldhoff, Christian / Graßhof, Karin: „Bonner Kommentar Grundgesetz“, Art. 20–21, 146. Aktualisierung, Heidelberg, Juli 2010
zit.: *Bearbeiter* in: BK, GG, 2010

DPMA : „DPMA-Jahresbericht 2010“, München, Juli 2011, abrufbar unter: http://www.dpma.de/service/veroeffentlichungen/jahresberichte/index.html
zit.: DPMA-Jahresbericht 2010

Dreier, Horst: „Grundgesetz Kommentar“, Band II, 2. Auflage, Tübingen 2006
zit.: *Bearbeiter* in: Dreier, GG

Dudenredaktion (Hrsg.): „Duden – Das Bedeutungswörterbuch“, Band 10, 4. Auflage, Mannheim, Leipzig, Wien, Zürich 2011
zit.: Duden, Bd. 10

Dudenredaktion (Hrsg.): „Duden, Das Synonymwörterbuch“, Auflage, Band 8, Mannheim 2006
zit.: Duden, Das Synonymwörterbuch, Bd. 8, 2006

Ekardt, Felix / Weyland, Raphael: „Föderalismusreform und europäisches Verwaltungsrecht“, in NVwZ 2006, Seiten 737–742
zit.: *Ekardt/Weyland*, NVwZ 2006, 737 (Seite)

Engel, Rüdiger / Ketterer, Lena: „Die Auswirkungen des neuen Bundesnaturschutzgesetzes auf das Landesnaturschutzrecht“, in VBl.BW 2010, Seiten 293–301
zit.: *Engel/Ketterer*, VBl.BW 2010, 293 (301)

Engelhardt, Dieter: „Naturschutz in Bayern“, in PdK, Band G10 Bay, Stand 2005
zit.: PdK G10 Bay – Engelhardt, 2005, Seite

Epiney, Astrid : „Föderalismusreform und Europäisches Umweltrecht“, in NuR 2006, Seiten 403–412
zit.: Epiney, NuR 2006, 403 (Seite)

Epping, Volker / Hillgruber, Christian: „Grundgesetz Kommentar“, 1. Auflage, München 2009
zit.: *Bearbeiter* in: Epping/Hillgruber, GG

Erbguth, Wilfried (Hrsg.): „Europäisierung des nationalen Umweltrechts: Stand und Perspektiven“, Baden-Baden, 2000
zit.: *Bearbeiter* in: Erbguth, Europäisierung des nationalen Umweltrechts

Erbs, Georg / Kohlhaas, Max / Ambs, Friedrich (Hrsg.): „Strafrechtliche Nebengesetze“, Loseblattsammlung, Band 3, 187. Ergänzungslieferung, München Stand Oktober 2011
zit.: *Erbs/Kohlhaas*, N 16

Everling, Ulrich: „Durchführung und Umsetzung des Europäischen Gemeinschafts-rechts im Bereich des Umweltschutzes unter Berücksichtigung der Rechtsprechung des EuGH“, in NVwZ 1993, Seiten 209–304
zit.: *Everling*, NVwZ 1993, 209 (Seite)

Färber, Gisela: „Effizienzprobleme des Verwaltungsföderalismus“, in DÖV 2001, Seiten 485–496
zit.: *Färber*, DÖV 2001, 485 (Seite)

Fischer-Hüftle, Peter: „Zur Gesetzgebungskompetenz auf dem Gebiet ‚Naturschutz und Landschaftspflege' nach der Föderalismusreform", in NuR 2007, Seiten 78–85
zit.: *Fischer-Hüftle*, NuR 2007, 78 (Seite)
Flemming, Klaus: „Entwicklung und Zukunft des Föderalismus in Deutschland", Freiburg 1980
zit.: *Flemming*, Entwicklung und Zukunft des Föderalismus in Deutschland
Franzius, Claudio: „Die Abweichungskompetenz", in NVwZ 2008, Seiten 492–499
zit.: *Franzius*, NVwZ 2008, 492 (Seite)
Franzius, Claudio: „Die Zukunft der naturschutzrechtlichen Eingriffsregelung – Eine Bewährungsprobe für die Abweichungsgesetzgebung nach dem Inkrafttreten des neuen Bundesnaturschutzgesetzes", in ZUR 2010, Seiten 346–353
zit.: *Franzius*, ZUR 2010, 346 (Seite)
Frenz, Walter / Müggenborg, Hans-Jürgen: „Bundesnaturschutzgesetz – Kommentar", 1. Auflage, Göttingen 2011
zit.: *Bearbeiter* in: Frenz/Müggenborg, BNatSchG, 2011
Frenz, Walter: „Föderalismusreform im Umweltschutz", in NVwZ 2006, Seiten 742–747
zit.: *Frenz*, NVwZ 2006, 742 (Seite)
Frenzel, Eike Michael: „Das Gesetzgebungsverfahren – Grundlagen, Problemfälle und neuere Entwicklungen", in JuS 2010, Seiten 27–30, 119–124
zit.: *Frenzel*, JuS 2010, 27 (Seite) bzw. 119 (Seite)
Freytag, Christoph / Iven, Klaus: „Anforderungen und Konsequenzen der neuen Rahmengesetzgebungskompetenz des Bundes für das Bundesnaturschutzrecht", in NuR 1997, Seiten 121–128
zit.: *Freytag/Iven*, NuR 1997, 121 (Seite)
Gassner, Erich / Bendomir-Kahlo, Gabriele / Schmidt-Räntsch, Annette / Schmidt-Räntsch, Jürgen: „Bundesnaturschutzgesetz – Kommentar", 2. Auflage, München 2003
zit.: *Bearbeiter* in: Gassner/Bendomir-Kahlo/Schmidt-Räntsch, 2003
Gassner, Erich / Heugel, Michael: „Das neue Naturschutzrecht", München 2010
zit.: *Gassner/Heugel*, Das neue Naturschutzrecht 2010
Gellermann, Martin: „Naturschutzrecht nach der Novelle des Bundesnaturschutzgesetz", in NVwZ 2010, Seiten 73–79
zit.: *Gellermann*, NVwZ 2010, 73 (Seite)
Giese, Friedrich: „Die Bundeskompetenz zur Regelung des Wasserhaushaltswesens", in ZGStW 1954, Seiten 257–278
zit.: *Giese*, ZGStW 1954, 257 (Seite)

Ginzky, Harald / Rechenberg, Jörg: „Der Gewässerschutz in der Föderalismusreform“, in ZUR 2006, Seiten 344–350
zit.: *Ginzky/Rechenberg*, ZUR 2006, 344 (Seite)

Glaser, Andreas: „Schwerpunktbereich – Grundstrukturen des Naturschutzrechts“, in JuS 2010, Seiten 209–215
zit.: *Glaser*, JuS 2010, 209 (Seite)

Gramm, Christof: „Gewaltenverschiebung im Bundesstaat – Zu Möglichkeiten und Grenzen der Verfassungsrechtsdogmatik -“, in DÖV 1999, Seiten 213–236
zit.: *Gramm*, DÖV 1999, 212 (Seite)

Gramm, Christof: „Zur Gesetzgebungskompetenz des Bundes für ein Umweltgesetzbuch – Zugleich ein Beitrag zur Auslegung von Art. 75 Abs. 2 GG -“, in DÖV 1999, Seiten 540–549
zit.: *Gramm*, DÖV 1999, 540 (Seite)

Grandjot, René: „Zur Konzeption eines Kompetenztitels ‚Recht der Umwelt‘“, in DÖV 2006, Seiten 511–516
zit.: *Grandjot*, DÖV 2006, 511 (Seite)

Grewe, Wilhelm: „Das bundesstaatliche System des GG“, in DRZ 1949, Seiten 349–352
zit.: *Grewe*, DRZ 1949, 349 (Seite)

Grünewald, Volker: „Die Abweichungsgesetzgebung der Bundesländer – ein Fortschritt im föderalen Kompetenzgefüge des GG?“, Dissertation, Berlin 2010
zit.: *Grünewald*, Die Abweichungsgesetzgebung der Bundesländer

Häde, Ullrich: „Zur Föderalismusreform in Deutschland“, in JZ 2006, Seiten 930–940
zit.: *Häde*, JZ 2006, 930 (Seite)

Hansmann, Klaus: „Schwierigkeiten bei der Umsetzung und Durchführung des europäischen Umweltrechts“, in NVwZ 1995, Seiten 320–325
zit.: *Hansmann*, NVwZ 1995, 320 (Seite)

Haug, Volker: „Die Abweichungsgesetzgebung – ein Kuckucksei der Föderalismusreform?“, in DÖV 2008, Seiten 851–857
zit.: *Haug*, DÖV, 2008, 851 (Seite)

Heinze, Stefan: „Die Neuregelung des § 66 BNatSchG und das Vorkaufsrecht nach § 36 a LG NRW“, in NJW 2011, Seiten 388–390
zit.: *Heinze*, NJW 2011, 388 (Seite)

Hendrischke, Oliver „Allgemeine Grundsätze“ als abweichungsfester Kern der Naturschutzgesetzgebung des Bundes“, in NuR 2007, Seiten 454–458
zit.: *Hendrischke*, NuR 2007, 454 (Seite)

Henneke, Hans-Günter: „Föderalismusreform in Deutschland“, Frankfurt a.M. 2005
zit.: *Huber* in: Henneke, Föderalismusreform in Deutschland

Herzog, Roman: „Mängel des deutschen Föderalismus“, in BayVBl 1991, Seiten 513–517
zit.: *Herzog*, BayVBL 1991, 513 (Seite)

Hofmann, Rainer: „Art. 25 GG und die Anwendung völkerrechtswidrigen ausländischen Rechts“, in ZaöRV 1989, Seiten 41–60
zit.: *Hofmann*, ZaöRV 1989, 41 (Seite)

Hoppe, Werner: „Kompetenzdebakel für die «Raumordnung» durch die Föderalismusreform infolge der uneingeschränkten Abweichungszuständigkeit der Länder?“, in DVBl. 2007, Seiten 144–152
zit.: *Hoppe*, DVBl. 2007, 144 (Seite)

Huber, Peter: „Deutschland in der Föderalismusfalle?“, Heidelberger Forum, Band 120, Heidelberg 2003
zit.: *Huber*, Deutschland in der Föderalismusfalle?, 2003

Ipsen, Hans Peter: „Die Unzulässigkeit einer Neuregelung des Personalvertretungsrechts durch den Landesgesetzgeber (Rahmenvorschriften mit Sperrwirkung – Zur Auslegung des § 8 BetrVG.)“, in RdA 1954, Seite 81
zit.: *Ipsen*, RdA 1954, 81(Seite)

Ipsen, Jörn: „Die Kompetenzverteilung zwischen Bund und Ländern nach der Föderalismusnovelle“, in NJW 2006, Seiten 2801–2806
zit.: *Ipsen*, NJW 2006, 2801 (Seite)

Ipsen, Jörn: „Allgemeines Verwaltungsrecht“, 7. Auflage, München 2011
zit.: *Ipsen*, Allgemeines Verwaltungsrecht

Ipsen, Jörn: „Staatsrecht I, Staatsorganisationsrecht“, 19. Auflage, Neuwied Kriftel 2007
zit.: *Ipsen*, Staatsrecht I

Isensee, Josef / Kirchhof, Paul: „Handbuch des Staatsrechts der Bundesrepublik Deutschland“, Band I – Grundlagen von Staat und Verfassung, 2. Auflage, Heidelberg 1995
zit.: *Bearbeiter* in: Isensee/Kirchhof, HStR I, 1995

Isensee, Josef / Kirchhof, Paul: „Handbuch des Staatsrechts der Bundesrepublik Deutschland“, Band IV – Finanzverfassung – Bundesstaatliche Ordnung, 2. Auflage, Heidelberg 1999
zit.: *Bearbeiter* in: Isensee/Kirchhof, HStR IV, 1999

IUCN: „Tenth General Assembly“, Vigyan Bhavan, Neu Delhi, Indien 24.11. – 1.12.1969, Morges, Schweiz 1970
zit.: Beschluss der 10. Generalversammlung der IUCN vom 24.11. – 1.12.1969

Jarass, Hans / Kloepfer, Michael / Kunig, Philip / Papier, Hans-Jürgen / Peine, Franz-Joseph / Rehbinder, Manfred / Salzwedel, Jürgen / Schmidt-Aßmann, Eberhard: „Umweltgesetzbuch – Besonderen Teil", 1994
zit.: *Jarass/Kloepfer/Kunig/Papier/Peine/Rehbinder/Salzwedel/Schmidt-Aßmann*, UGB, 1994

Jarass, Hans / Pieroth, Bodo: „Grundgesetz für die Bundesrepublik Deutschland", Kommentar, 10. Auflage, München 2009
zit.: *Bearbeiter* in: Jarass/Pieroth

Jarass, Hans / Pieroth, Bodo: „Grundgesetz für die Bundesrepublik Deutschland", Kommentar, 8. Auflage, München 2006
zit.: *Bearbeiter* in: Jarass/Pieroth, 2006

Jarass, Hans: „Allgemeine Probleme der Gesetzgebungskompetenz des Bundes", in NVwZ 2000, Seiten 1089 bis 1216
zit.: *Jarass*, NVwZ 2000, 1089 (Seite)

Kaltenborn, Markus: „Rahmengesetzgebung im Bundesstaat und im Staatenverbund", in AöR 2003, Seiten 412–457
zit.: *Kaltenborn*, AöR, 2003, 412 (Seite)

Karpen, Ulrich / Rönn von, Matthias: „Bericht über die Rechtsprechung des BVerfG und der Länderverfassungsgerichte zum Bundesstaatsprinzip (seit 1980)", in JZ 1990, Seiten 579–585
zit.: *Karpen/von Rönn*, JZ 1990, 579 (Seite)

Katzenstein, Dietrich: „Rechtliche Erscheinungsformen der Machtverschiebung zwischen Bund und Ländern seit 1949", in DÖV 1958, Seiten 593–604
zit.: *Katzenstein*, DÖV 1958, 593 (Seite)

Kimms, Frank / Schlünder, Irene: „Verfassungsrecht II", Grundrechte, München 1998
zit.: *Kimms/Schlünder*, Verfassungsrecht II

Kirchner, Hildebert: „Abkürzungsverzeichnis der Rechtssprache", 6. Auflage, Berlin 2008
zit.: *Kirchner, Hildebert*: Abkürzungsverzeichnis der Rechtssprache, 6. Auflage, Berlin 2008

Klein, Oliver / Schneider, Karsten: „Art. 72 GG n.F. im Kompetenzgefüge der Föderalismusreform", in DVBl 2006, Seiten 1549–1556
zit.: *Klein/Schneider*, DVBl 2006, 1549 (Seite)

Kloepfer, Michael (Hrsg.): „Umweltföderalismus – Föderalismus in Deutschland: Motor oder Bremse für den Umweltschutz?", Schriften zum Umweltrecht, Band 120, Berlin 2002
zit.: *Bearbeiter* in: Kloepfer, Umweltföderalismus, 2002

Kloepfer, Michael / Durner, Wolfgang: „Der Umweltgesetzbuch-Entwurf der Sachverständigenkommission (UGB-KomE)", Zum Entwurf der Unabhän-

gigen Sachverständigenkommission zum Umweltgesetzbuch beim Bundesministerium für Umwelt, Naturschutz und Reaktorsicherheit, in DVBl 1997, Seiten 1081–1107
zit.: *Kloepfer/Durner*, DVBl 1997, 1081 (Seite)

Kloepfer, Michael / Franzius, Claudio / Reinert, Sigrid: „Zur Geschichte des deutschen Umweltrechts“, Schriften zum Umweltrecht, Band 50, Berlin 1994
zit.: *Kloepfer/Franzius/Reinert*, Zur Geschichte des deutschen Umweltrechts

Kloepfer, Michael / Rehbinder, Manfred / Schmidt-Aßmann, Eberhard / (Kunig, Philip): „Umweltgesetzbuch – Entwurf eines Allgemeinen Teils“, 1991
zit.: Entwurf eines Allgemeinen Teils von *Kloepfer/Rehbinder/Schmidt-Aßmann* unter Mitwirkung von *Kunig*, UGB 1991

Kloepfer, Michael: „Bemerkung zur Föderalismusreform“, in DÖV 2004, Seiten 566–571
zit.: *Kloepfer*, DÖV 2004, 566 (Seite)

Kloepfer, Michael: „Das kommende Umweltgesetzbuch“, Tagungsband zur Fachtagung „Auf dem Weg zum Umweltgesetzbuch“ des Forschungszentrums Umweltrecht – FZU der Humboldt-Universität zu Berlin am 21. Juni 2006, Schriften zum Umweltrecht, Band 155, Berlin 2007,
zit.: *Bearbeiter* in: Kloepfer, Das kommende Umweltgesetzbuch

Kloepfer, Michael: „Empfiehlt es sich, ein Umweltgesetzbuch zu schaffen, gegebenenfalls mit welchen Regelungsbereichen?“, in JZ 1992, Seiten 817–828
zit.: *Kloepfer*, JZ 1992, 817 (Seite)

Kloepfer, Michael: „Föderalismus und Umweltgesetzgebungskompetenzen“, in ZG 2006, Seiten 250–271
zit.: *Kloepfer*, ZG 2006, 250 (Seite)

Kloepfer, Michael: „Grundrisse des Rechts – Umweltschutzrecht“, München 2008
zit.: *Kloepfer*, Umweltschutzrecht

Kloepfer, Michael: „Umweltrecht“, 3. Auflage, München 2004
zit.: *Kloepfer*, UmwR

Kluth, Winfried: „Föderalismusreformgesetz“, 1. Auflage, Halle-Wittenberg 2007
zit.: *Bearbeiter* in: Kluth, Föderalismusreformgesetz

Koch, Hans-Joachim / Krohn, Susan / Umweltbundesamt (Hrsg.): „Das Naturschutzrecht im Umweltgesetzbuch – Den Auftrag der Föderalismusreform erfüllen“, Forum Umweltgesetzbuch, Heft 7, Dessau-Roßlau, 2008
zit.: *Koch/Krohn*, Das Naturschutzrecht im Umweltgesetzbuch, 2008

Koch, Hans-Joachim / Krohn, Susan: „Umwelt in schlechter Verfassung? Der Umweltschutz nach der Föderalismusreform“, in NuR 2006, Seiten 673–680
zit.: *Koch/Krohn*, NuR 2006, 673 (Seite)

Koch, Hans-Joachim / Mechel, Friederike: „Naturschutz und Landschaftspflege in der Reform der bundesstaatlichen Ordnung“, in NuR 2004, Seiten 277–286
zit.: *Koch/Mechel*, NuR 2004, 277 (Seite)

Köck, Wolfgang / Wolf, Rainer: „Grenzen der Abweichungsgesetzgebung im Naturschutz – Sind Eingriffsregelung und Landschaftsplanung allgemeine Grundsätze des Naturschutzes?“, in NVwZ 2008, Seiten 353–360
zit.: *Köck/Wolf*, NVwZ 2008, 353 (Seite)

Köck, Wolfgang / Ziehm Cornelia: „Föderalismusreform: Chance für das Umweltrecht vertan“, in ZUR 2006, Seiten 337–338
zit.: *Köck/Ziehm*, ZUR 2006, 337 (Seite)

Kohl, Gerald / Neschwara, Christian / Simon, Thomas (Hrsg.): „Festschrift für Wilhelm Brauneder zum 65. Geburtstag“, Wien 2008
zit.: *Bearbeiter* in: Kohl/Neschwara/Simon, Festschrift für Wilhelm Brauneder

Kolodziejcok, Karl-Günther / Recken, Josef: „Naturschutz, Landschaftspflege“, Kommentar, Loseblattsammlung, 43. Ergänzungslieferung, Berlin 2003
zit.: *Bearbeiter* in: Kolodziejcok/Recken, Naturschutz, Landschaftspflege

Kotulla, Michael: „Umweltschutzgesetzgebungskompetenzen und ‚Föderalismusreform‘“, in NVwZ 2007, Seiten 489–495
zit.: *Kotulla*, NVwZ 2007, 489 (Seite)

Kratsch, Dietrich / Schumacher, Jochen: „Naturschutzrecht: Ein Leitfaden für die Praxis“, 1. Auflage, Berlin 2005
zit.: *Kratsch/Schumacher*, Naturschutzrecht

Krings, Petra: „Neues Naturschutzrecht in Schleswig-Holstein, Niedersachsen und Mecklenburg-Vorpommern“, in NordÖR 2010, Seiten 181–191
zit.: *Krings*, NordÖR 2010, 181 (Seite)

Kunig, Philip: „Das Rechtsstaatsprinzip – Überlegungen zu seiner Bedeutung für das Verfassungsrecht der Bundesrepublik Deutschland“, Tübingen 1986
zit.: *Kunig*, Das Rechtsstaatsprinzip

Landmann, Robert / Rohmer, Robert: „Umweltrecht“, Band IV, Sonstiges Umweltrecht (Bundes- und Europarecht), Kommentar, 62. Auflage, München 2010
zit.: *Bearbeiter* in: Landmann/Rohmer, UmwR IV, 2010

Larenz, Karl: „Methodenlehre der Rechtswissenschaft“, 6. Auflage, Berlin / Heidelberg / New York / London / Paris / Tokyo / Hong Kong / Barcelona / Budapest 1991
zit.: *Larenz*, Methodenlehre

Lechner, Hans / Zuck, Rüdiger: „Bundesverfassungsgerichtsgesetz“, Kommentar, 6. Auflage, München 2011
zit.: *Lechner/Zuck*, BVerfGG

Lenz, Carl Otto / Borchardt, Klaus-Dieter: „EU-Verträge“, Kommentar nach dem Vertrag von Lissabon, 5. Auflage, Köln 2010

zit.: *Bearbeiter* in: Lenz/Borchardt, EU-Verträge
Lersner von, Heinrich: „Zum Rechtsbegriff der Natur“, in NuR 1999, S. 61–62
zit.: *Lersner*, NuR 1999, 61 (Seite)
Lorz, Albert / Müller, Markus / Stöckel, Heinz: „Naturschutzrecht mit Artenschutz und Europarecht/Internationales Recht“, 2. Aufl., München 2003
zit.: *Lorz/Müller/Stöckel*, Naturschutzrecht mit Artenschutz und Europarecht/Internationales Recht, 2003
Lorz, Albert: „Naturschutzrecht mit Artenschutz, Internat. Übereinkommen, EG-Recht, Bundes- u. Landesrecht sowie fortgeltendem Reichsrecht“, 1. Auflage, München 1985
zit.: *Lorz*, Naturschutzrecht mit Artenschutz, 1985
Louis, Hans Walter / Schumacher, Jochen / Bosecke, Thomas / Täufer, Katrin / Kersandt, Peter (alle Hrsg.): „Meeresnaturschutz, Erhaltung der Biodiversität und andere Heraus-forderungen im „Kaskadensystem“ des Rechts“, Festgabe zur Emeritierung von Detlef Czybulka, Schriftenreihe Natur und Recht, Band 13, Berlin, Heidelberg 2012
zit.: *Bearbeiter* in: Festgabe zur Emeritierung von Detlef Czybulka
Louis, Hans Walter: „Artenschutz durch Ausweisung von Naturdenkmalen, Landschaftsschutzgebieten und besonders geschützten Landschaftsbestandteilen“, in NuR 1990, Seiten 105–108
zit.: *Louis*, NuR 1990, 105 (Seite)
Louis, Hans Walter: „Bundesnaturschutzgesetz“, Kommentar der §§ 1 bis 19f., 2. Auflage, Braunschweig 2000
zit.: *Louis*, BNatSchG 2000
Louis, Hans Walter: „Das Gesetz zur Neuregelung des Rechtes des Naturschutzes und der Landschaftspflege (BNatSchG NeuregG) – Die wesentlichen Änderungen des Bundesnaturschutzgesetzes durch das BNatSchGNeuregG vom 25.3.2002 (BGBl. I S. 1193)“, in NuR 2002, Seiten 385–393
zit.: *Louis*, NuR 2002, 385 (Seite)
Louis, Hans Walter: „Das neue Bundesnaturschutzgesetz“, in NuR 2010, Seiten 77–89
zit.: *Louis*, NuR 2010, 77 (Seite)
Louis, Hans Walter: „Die Gesetzgebungszuständigkeit für Naturschutz und Landschafts-pflege nach dem Gesetzesentwurf zur Föderalismusreform“, in ZUR 2006, Seiten 340–344
zit.: *Louis*, ZUR 2006, 340 (Seite)
Louis, Hans Walter: „Zur Verfassungsgemäßheit der 3. Novelle des Bundesnaturschutz-gesetzes“, in ZuR 1998, Seiten 526–528
zit.: *Louis*, NuR 1998, 526 (Seite)

Lütkes, Stefan / Ewer, Wolfgang: „BNatSchG“, Kommentar, 1. Auflage, München 2011
zit.: *Bearbeiter* in: Lütkes/Ewer
Lütkes, Stefan: „Artenschutz in Genehmigung und Planfeststellung“, in NVwZ 2008, Seiten 598–602
zit.: *Lütkes*, NVwZ 2008, 598 (Seite)
Mangoldt von, Herrmann / Klein, Friedrich / Pestalozza, Christian: „Das Bonner Grundgesetz“, Band 8: Artikel 70 bis 75, Die Gesetzgebungskompetenzen, 3. Auflage, München 1996
zit.: *Bearbeiter* in: v. Mangoldt/Klein/Pestalozza, GG, 1996
Mangoldt von, Herrmann / Klein, Friedrich / Starck, Christian: „Kommentar zum Grundgesetz“, Band 2: Artikel 20–82, 5. Auflage, München 2005
zit.: *Bearbeiter* in: v. Mangoldt/Starck/Klein, GG, 2005
Mangoldt von, Herrmann / Klein, Friedrich / Starck, Christian: „Kommentar zum Grundgesetz“, Band 3: Artikel 83–146, 5. Auflage, München 2005
zit.: *Bearbeiter* in: v. Mangoldt/Starck/Klein, GG, 2005
Mangoldt von, Herrmann / Klein, Friedrich / Starck, Christian: „Kommentar zum Grundgesetz“, Band 2: Artikel 20–82, 6. Auflage, München 2010
zit.: *Bearbeiter* in: v. Mangoldt/Starck/Klein, GG, 2010
Mangoldt von, Herrmann / Klein, Friedrich /Starck, Christian: „Kommentar zum Grundgesetz“, Band 2: Artikel 20–78, 4. Auflage, München 2000
zit.: *Bearbeiter* in: v. Mangoldt/Starck/Klein, GG, 2000
Mangoldt von, Herrmann / Klein, Friedrich: „Das Bonner Grundgesetz“, Band II, Artikel 29–78, 2. Auflage, Berlin und Frankfurt 1964
zit.: *Bearbeiter* in: v. Mangoldt/Klein, GG, 1964
Mangoldt von, Herrmann / Klein, Friedrich: „Das Bonner Grundgesetz“, Band III, Artikel 29–78, 2. Auflage, Berlin und Frankfurt 1974
zit.: *v. Mangoldt/Klein*, GG, 1974
Mangoldt von, Herrmann: „Das Bonner Grundgesetz“, 1. Auflage, Berlin und Frankfurt 1953
zit.: *v. Mangoldt*, GG, 1953
März, Wolfgang: „Bundesrecht bricht Landesrecht – Eine staatsrechtliche Untersuchung zu Artikel 31 des GG“, Tübingen 1989
zit.: *März*, Bundesrecht bricht Landesrecht
Marzik, Ulf / Wilrich, Thomas: „Bundesnaturschutzgesetz“, Kommentar, 1. Auflage, Baden Baden 2004
zit.: *Marzik/Wilrich*, BNatSchG, 2004
Maunz, Theodor / Dürig, Günter / Herzog, Roman / Scholz, Rupert /Herdegen, Matthias / Klein, Hans: „Grundgesetz Kommentar“, Loseblattsammlung, Band VI, Art. 86–106a, 63. Ergänzungslieferung, München, Oktober 2011

zit.: *Bearbeiter* in: Maunz/Dürig, GG

Maunz, Theodor / Dürig, Günter / Herzog, Roman / Scholz, Rupert / Herdegen, Matthias / Klein, Hans: „Grundgesetz Kommentar", Loseblattsammlung, Band IV, Art. 23–53a, 63. Ergänzungslieferung, München, Oktober 2011
zit.: *Bearbeiter* in: Maunz/Dürig, GG

Maunz, Theodor / Dürig, Günter / Herzog, Roman: „Grundgesetz Kommentar", Loseblattsammlung, Band VII, Art. 107–146, 17. Ergänzungslieferung, München, April 1962/1979
zit.: *Bearbeiter* in: Maunz/Dürig, GG,1979

Mayen, Thomas: „Neuordnung der Gesetzgebungskompetenzen von Bund und Ländern", in DRiZ 2007, Seiten 51–56
zit.: *Mayen*, DRiZ 2007, 51 (Seite)

Meder, Stephan: „Die Krise des Nationalstaates und ihre Folgen für das Kodifikationsprinzip", in JZ 2006, Seiten 477–484
zit.: *Meder*, JZ 2006, 477 (Seite)

Meßerschmidt, Klaus: „Bundesnaturschutzrecht", Kommentar, Loseblattsammlung, 99. Ergänzungslieferung, Heidelberg August 2010
zit.: *Meßerschmidt*, Bundesnaturschutzrecht

Meßerschmidt, Klaus: „Das künftige Naturschutzrecht. Naturschutz und Landschaftspflege im Dritten Buch des Umweltgesetzbuchs und die mögliche Abweichungsgesetzgebung der Länder", in UPR, Seiten 361–369
zit.: *Meßerschmidt*, UPR 2008, 361 (Seite)

Meyer, Hans: „Die Föderalismusreform 2006 – Konzeption, Kommentar, Kritik", 2008 Berlin
zit.: *Meyer*, Die Föderalismusreform 2006

Möstl, Markus : „Neuordnung der Gesetzgebungskompetenzen von Bund und Ländern", in ZG 2003, Seiten 297–315
zit.: *Möstl*, ZG 2003, 297 (Seite)

Müller, Jörg Paul (Hrsg.): „Festschrift für Hans Huber zum 80. Geburtstag", Bern 1981
zit.: *Bearbeiter* in: Müller, Festschrift für Huber, 1982

Münch von, Ingo / Kunig, Philip: „Grundgesetz Kommentar", Band 2 (Art. 20–69), 4./5. Auflage, München 2001
zit.: *Bearbeiter* in: v. Münch/Kunig, GG

Münch von, Ingo / Kunig, Philip: „Grundgesetz Kommentar", Band 3 (Art. 70–146 und Gesamtregister), 5. Auflage, München 2003
zit.: *Bearbeiter* in: v. Münch/Kunig, GG, 2003

Nawiasky, Hans: „Die Grundgedanken des GG für die Bundesrepublik Deutschland – Systematische Darstellung und kritische Würdigung", Köln/Stuttgart 1950 zit.: *Nawiasky*, Die Grundgedanken des GG für die Bundesrepublik Deutschland, 1950

Papier, Hans-Jürgen: „Abschluß völkerrechtlicher Verträge und Föderalismus – Lindauer Abkommen“, in DÖV 2003, Seiten 265–270
zit.: *Papier*, DÖV 2003, 265 (Seite)

Papier, Hans-Jürgen: „Aktuelle Fragen der bundesstaatlichen Ordnung“, in NJW 2007, Seiten 2145–2148
zit.: *Papier*, NJW 2007, 2145 (Seite)

Peine, Franz-Joseph: „Allgemeines Verwaltungsrecht“, 9. Auflage, Heidelberg, München, Landsberg, Berlin 2008
zit.: *Peine*, Allgemeines Verwaltungsrecht

Peine, Franz-Joseph: „Die Gesetzgebung des Bundes für den Bodenschutz“, in NuR 1992, Seiten 353–360
zit.: *Peine*, NuR 1992, 353 (Seite)

Peine, Franz-Joseph: „Kodifikation des Landesumweltrechts – Zur „Möglichkeit“ und zum „Aussehen“ eines Landesumweltgesetzes“, in Schriften zum Umweltrecht, Band 69, Berlin 1996
zit.: *Peine*, Kodifikation des Landesumweltrechts, 1996

Peine, Franz-Joseph: „Probleme der Umweltschutzgesetzgebung im Bundesstaat“, in NuR 2000, Seiten 421–427
zit.: *Peine*, NuR 2000, 421 (Seite)

Pestalozza, Christian: „Rechtsausschussprotokoll 12 vom 15./16.05.2006“, Stellungnahme zu einigen Fragen des Entwurfs BT-Drs. 16/813, 9. Mai 2006, „Anhörung Föderalismusreform: Themenstruktur“ Seiten 315–327
zit.: *Pestalozza*, Rechtsausschussprotokoll 12 vom 15./16.5.2006, Seite 315 (Seite)

Philipp, Renate: „Artenschutz in Genehmigung und Planfeststellung“, in NVwZ 2008, Seiten 593–598
zit.: *Philipp*, NVwZ 2008, 593 (Seite)

Pitschas, Rainer / Uhle, Arnd / Aulehner, Josef (Mitherausgeber) „Wege gelebter Verfassung in Recht und Politik“, Festschrift für Rupert Scholz zum 70. Geburtstag, Berlin 2007
zit.: *Bearbeiter* in: Pitschas/Uhle/Aulehner, Festschrift für R. Scholz, 2007

Poetzsch-Heffter, Fritz: „Handkommentar der Reichsverfassung vom 11 August 1919 – Ein Handbuch für Verfassungsrecht und Verfassungspolitik“, 3. Auflage, Berlin 1928
zit.: *Poetzsch-Heffter,* Handkommentar der Reichsverfassung, 1928

Präsidentinnen und Präsidenten der deutschen Landesparlamente: Entwurf – Beschluss der Konferenz der Präsidentinnen und Präsidenten der deutschen

Landesparlamente vom 22./23.5.200: „Weiterentwicklung und Stärkung des Föderalismus“, abgedruckt in ZG Sonderheft 2000, Seiten 1–39
zit.: Beschluss der Konferenz der Präsidentinnen und Präsidenten der deutschen Landesparlamente (Entwurf) abgedruckt in: ZG SH 2000, 1 (Seite)

Radbruch, Gustav: „Rechtsphilosophie“, 4. Auflage, Heidelberg 1950
zit.: *Radbruch*, Rechtsphilosophie 1950

Rehbinder, Eckard / Wahl, Rainer: „Kompetenzprobleme bei der Umsetzung von europäischen Richtlinien“, in NVwZ 2002, Seiten 21–28
zit.: *Rehbinder/Wahl*, NVwZ 2002, 21 (Seite)

Reinhardt, Michael: „Gesetzgebungskompetenzen im Wasserrecht – Die Abweichungs-kompetenz und das neue Wasserhaushaltsgesetz“, in AöR 2010, Seiten 459–497
zit.: *Reinhardt*, AöR 2010, 459 (Seite)

Rengeling, Hans-Werner: „Die Bundeskompetenzen für das Umweltgesetzbuch I“, in DVBl. 1998, Seiten 997–1008
zit.: *Rengeling*, DVBl. 1998, 997 (Seite)

Rengeling, Hans-Werner: „Föderalismus und Gesetzgebungskompetenzen“, in DVBL 2006, Seiten 1537–1608
zit.: *Rengeling*, DVBL 2006, 1537 (Seite)

Rybak, Hubertus / Hofmann, Hans: „Verteilung der Gesetzgebungsrechte zwischen Bund und Ländern nach der Reform des GG“, in NVwZ 1995, Seiten 230–235
zit.: *Rybak/Hofmann*, NVwZ 1995, 230 (Seite)

Sachs, Michael: „Grundgesetz Kommentar“, 1. Auflage, München 1996
zit.: *Bearbeiter* in: Sachs, GG, 1996

Sachs, Michael: „Grundgesetz Kommentar“, 2. Auflage, München 1999
zit.: *Bearbeiter* in: Sachs, GG, 1999

Sachs, Michael: „Grundgesetz Kommentar“, 3. Auflage, München 2003
zit.: *Bearbeiter* in: Sachs, GG, 2003

Sachs, Michael: „Grundgesetz Kommentar“, 5. Auflage, München 2009
zit.: *Bearbeiter* in: Sachs, GG

Sachs, Michael: „Professor – Einheitsbezeichnung für alle Hochschullehrer?“, in DÖV 1980, Seiten 827–833
zit.: *Sachs*, DÖV 1980, 827 (Seite)

Salzwedel, Jürgen / Reinhardt, Michael: „Neue Tendenzen im Wasserrecht“, in NVwZ 1991, Seiten 946–952
zit.: *Salzwedel/Reinhardt*, NVwZ 1991, 946 (Seite)

Sanden, Joachim: „Die Weiterentwicklung der föderalen Strukturen der Bundesrepublik Deutschland: Staatsrechtliche Studie zu einem postmodernen

Ansatz der Bundesstaatsreform", Schriften zum Öffentlichen Recht, Band 986, Berlin 2005
zit.: *Sanden*, Die Weiterentwicklung der föderalen Strukturen der Bundesrepublik Deutschland, 2005

Scharinger, Bernd Peter: „Rechtsgrundlagen für die Errichtung von Nationalparken in Deutschland, Österreich, der Schweiz und in Italien", Dissertation, Rostocker Schriften zum Seerecht und Umweltrecht, Nr. 7, Augsburg 1999
zit.: *Scharinger*, Rechtsgrundlagen für die Errichtung von Nationalparken 1999

Scharpf, Fritz: „Die Politikverflechtungs-Falle: Europäische Integration und deutscher Föderalismus im Vergleich", in PVS 1985, Seiten 323–356
zit.: Scharpf, PVS, 1985, 323 (Seite)

Scheidler, Alfred: „Die Föderalismusreform als neue Chance für ein Umweltgesetzbuch?", in GewArch 2006, Seiten 453–458
zit.: *Scheidler*, GewArch 2006, 453 (Seite)

Schenke, Wolf-Rüdiger: „40 Jahre Grundgesetz", in JZ 1989, Seiten 653–663
zit.: *Schenke*, JZ 1989, 653 (Seite)

Schink, Alexander: „Neuordnung der Gesetzgebungskompetenzen im Abfallrecht?", in UPR 2004, Seiten 206–211
zit.: *Schink*, UPR 2004, 206 (Seite)

Schmidt-Bleibtreu, Bruno / Hofmann, Hans / Hopfauf, Axel: „Grundgesetz Kommentar", 12. Auflage, Neuwied 2011
zit.: *Bearbeiter* in: Schmidt-Bleibtreu/Hofmann/Hopfauf, GG, 2011

Schmidt-Bleibtreu, Bruno / Klein, Friedrich: „Grundgesetz Kommentar", 10. Auflage, Neuwied 2004
zit.: *Bearbeiter* in: Schmidt-Bleibtreu/Klein, GG, 2004

Schmidt-Preuß, Matthias: „Integrative Anforderungen an das Verfahren der Vorhabenzulassung – Anwendung und Umsetzung der IVU-Richtlinie", in NVwZ 2000, Seiten 252–260
zit.: *Schmidt-Preuß*, NVwZ 2000, 252 (Seite)

Schoch, Friedrich / Schmidt-Aßmann, Eberhard / Pietzner, Rainer: „Verwaltungsgerichtsordnung", Loseblatt-Kommentar, Band 1, 22. Auflage, München, Stand: September 2011
zit.: *Bearbeiter* in: Schoch/Schmidt-Aßmann/Pietzner, VwGO

Schröder, Meinhard: „Europarecht und integriertes Umweltrecht", in NuR 2000, Seiten 481–486
zit.: *Schröder*, NuR 2000, 481 (Seite)

Schulze-Fielitz, Helmuth: „Umweltschutz im Föderalismus – Europa, Bund und Länder", in NVwZ 2007, Seiten 249–259
zit.: *Schulze-Fielitz*, NVwZ 2007, 249 (Seite)

Schumacher, Jochen / Fischer-Hüftle, Peter: „Bundesnaturschutzgesetz“ – Kommentar, 2. Auflage, Stuttgart 2011
zit.: *Bearbeiter* in: Schumacher/Fischer-Hüftle, BNatSchG

Schütte, Peter / Kattau, Sandra: „Die Neuordnung des Naturschutzrechts in den Bundesländern“, in ZUR 2010, Seiten 353–358
zit.: *Schütte/Kattau*, ZUR 2010, 353 (Seite)

Schwanengel, Wito: „Die Malaise des deutschen Bundesstaates -Zu Möglichkeiten und Grenzen der Föderalismusreform-“, in DÖV 2004, Seiten 553–560
zit.: *Schwanengel*, DÖV 2004, 553 (Seite)

Seibel, Wolfgang / Benz, Arthur / Mäding, Heinrich (Hrsg.): „Verwaltungsreform und Verwaltungspolitik im Prozess der deutschen Einheit“, Baden-Baden 1993
zit.: *Bearbeiter* in: Seibel/Benz/Mäding, Verwaltungsreform und Verwaltungspolitik im Prozess der deutschen Einheit

Sendler, Horst: „Deutsche Schwierigkeiten mit dem EG-Recht – Zur Misere der Umsetzung von EG-Umweltschutz-Richtlinien“, in NJW 2000, 2871–2872
zit.: *Sendler*, NJW 2000, 2871 (Seite)

Spannowsky, Willy / Hofmeister, Andreas: „Die Landschaftsplanung und ihr Beitrag für die räumliche Planung“, Köln 2007
zit.: *Spannowsky/Hofmeister*, Die Landschaftsplanung und ihr Beitrag für die räumliche Planung

SRU: „Der Umweltschutz in der Föderalismusreform“, Stellungnahme Nr. 10, Berlin Februar 2006
zit.: SRU, Stellungnahme vom 8.2.2006

SRU: „Umweltgutachten vom 18.06.2008“, Kapitel 5 – Naturschutz, Berlin, 2008
zit.: SRU, Umweltgutachten vom 18.6.2008

Stelkens, Paul / Bonk, Heinz Joachim / Sachs, Michael: „Verwaltungsverfahrensgesetz“, Kommentar, 7. Auflage, München 2008
zit.: *Bearbeiter* in: Stelkens/Bonk/Sachs, VwVfG

Stern, Klaus: „Das Staatsrecht der Bundesrepublik Deutschland“, Band II, Staatsorgane, Staatsfunktionen, Finanz- und Haushaltsverfassung, Notstandsverfassung, München, 1980
zit.: *Stern*, Staatsrecht II

Stern, Klaus: „Revitalisierung der deutschen bundesstaatlichen Ordnung im europäischen Kontext“, in Nds.VBl. 2004, Seiten 321–328
zit.: *Stern*, Nds.VBl. 2004, 321 (Seite)

Stoll, Peter-Tobias / Schillhorn, Kerrin: „Das völkerrechtliche Instrumentarium und transnationale Anstöße im Recht der natürlichen Lebenswelt“, in NuR 1998, Seiten 625–632
zit.: *Stoll/Schillhorn*, NuR 1998, 625 (Seite)

Storm, Peter-Christoph / Lohse, Siegbert: „EG-Umweltrecht; systematische und ergänzbare Sammlung der Verordnungen, Richtlinien und sonstiger Rechtsakte der Europäischen Union zum Schutz der Umwelt“, Loseblattsammlung, Band 1, Berlin 1994
zit.: *Storm/Lohse*, EG-Umweltrecht, Berlin 1994, Bd. 1

Streyl, Edmund: „Die Beziehung des Bundes zu den Ländern im Wasserrecht“, Dissertation aus 1959
zit.: *Streyl*, Die Beziehung des Bundes zu den Ländern im Wasserrecht

Stüer, Bernhard: „Auf dem Weg zum Umweltgesetzbuch“ und „Die Artenschutznovelle des Ersten BNatSchG-ÄndG“ – Zugleich: Bericht über die 31. Umweltrechtliche Fachtagung der Gesellschaft für Umweltrecht, in DVBl. 2007, Seite 1544–1549
zit.: *Stüer*, DVBl. 2007, 1544 (Seite)

Teßmer, Dirk: „Rahmenrechtliche Vorgaben des neuen BNatSchG für die Landesnaturschutzgesetze – Eine Untersuchung anhand der jüngsten Novellierung des HENatG“, in NuR 2002, Seiten 714–719
zit.: *Teßmer*, NuR 2002, 714 (Seite)

Thiele, Alexander: „Die Neuregelung der Gesetzgebungskompetenzen durch die Föderalismusreform – ein Überblick“, in JA 2006, Seiten 714–719
zit.: *Thiele*, JA 2006, 714 (Seite)

Tiemann, Burkhard: „Die Grundsatzgesetzgebung im System der verfassungsrechtlichen Gesetzgebungskompetenzen“, in DöV 1974, Seiten 229–237
zit.: *Tiemann*, DÖV 1974, 229 (Seite)

Tiemann, Burkhard: „Gemeinschaftsaufgaben und bundesstaatliche Kompetenzordnung – Stellungnahme zu Goroncy in DÖV 1970, 109 ff. und DVBl. 1970, 310 ff.“, in DÖV 1970, Seiten 725–730
zit.: *Tiemann*, DÖV 1970, 725 (Seite)

Umweltbundesamt (Hrsg.): „Umweltgesetzbuch – Besonderer Teil“, Berlin, 1994
zit.: UGB-BT – *Bearbeiter*

Vitzthum, Wolfgang Graf: „Völkerrecht“, 4. Auflage, Berlin 2007
zit.: *Bearbeiter* in: Vitzthum, Völkerrecht

Wassermann, Rudolf (Hrsg.): „Kommentar zum Grundgesetz für die Bundesrepublik Deutschland“, Reihe Alternativkommentare, Band 2, Art. 18–80a, 3. Auflage, Neuwied 2001
zit.: *Bearbeiter* in: AK, GG

Wassermann, Rudolf (Hrsg.): „Kommentar zum Grundgesetz für die Bundesrepublik Deutschland“, Reihe Alternativkommentare, Band 3, Art. 81–146, 3. Auflage, Neuwied 2001
zit.: *Bearbeiter* in: AK, GG

Wassermann, Rudolf (Hrsg.): „Kommentar zum Grundgesetz für die Bundesrepublik Deutschland", Reihe Alternativkommentare, Band 2, Art. 38–146, 2. Auflage, Neuwied 1989
zit.: *Bearbeiter* in: AK, GG, 1989

Weber, Alfred: „Über den Standort der Industrien – Reine Theorie des Standorts, mit einem mathematischen Anhang von Georg Pick", 1. Auflage, Tübingen 1909
zit.: *Weber*, Über den Standort der Industrien, 1909

Weber, Werner: „Besoldungssperrgesetz und Rahmengesetzgebung", in ZBR 1954, Seiten 321–324
zit.: *Weber*, ZBR 1954, 321 (Seite)

Weber, Werner: „Erfordernisse der Rahmengesetzgebung. Zur Frage der Verfassungsmäßigkeit des schleswig-holsteinischen Personalvertretungsgesetzes", in DÖV 1954, Seiten 417–420
zit.: *Werner*, DÖV 1954, 417 (Seite)

www.ingramcontent.com/pod-product-compliance
Ingram Content Group UK Ltd.
Pitfield, Milton Keynes, MK11 3LW, UK
UKHW021908290926
8980IPUK00015B/1120

9 783631 640746